广东省管理会计师协会系列丛书

中晟宏大教育科技有限公司独家资助出版

U0674200

初级管理会计师能力认证考试用书

商业环境

《商业环境》 编写组　编著

中国财经出版传媒集团

经济科学出版社

Economic Science Press

图书在版编目（CIP）数据

商业环境/《商业环境》编写组编著. —北京：

经济科学出版社，2019.1（2022.2 重印）

（广东省管理会计师协会系列丛书）

ISBN 978 - 7 - 5218 - 0202 - 3

Ⅰ.①商⋯　Ⅱ.①商⋯　Ⅲ.①商业环境　Ⅳ.①F71

中国版本图书馆 CIP 数据核字（2019）第 014403 号

责任编辑：杜　鹏　凌　健
责任校对：王肖楠
责任印制：邱　天

初级管理会计师能力认证考试用书
商业环境
《商业环境》编写组　编著

经济科学出版社出版、发行　新华书店经销
社址：北京市海淀区阜成路甲 28 号　邮编：100142
编辑部电话：010 - 88191441　发行部电话：010 - 88191522
网址：www. esp. com. cn
电子邮件：esp_bj@ 163. com.
天猫网店：经济科学出版社旗舰店
网址：http://jjkxcbs. tmall. com
固安华明印业有限公司印装
710×1000　16 开　15. 75 印张　250000 字
2019 年 2 月第 1 版　2022 年 2 月第 2 次印刷
ISBN 978 - 7 - 5218 - 0202 - 3　定价：36. 00 元
（图书出现印装问题，本社负责调换。电话：010 - 88191510）
（版权所有　侵权必究　打击盗版　举报热线：010 - 88191661
QQ：2242791300　营销中心电话：010 - 88191537
电子邮箱：dbts@esp. com. cn）

前　言

　　管理会计是一门实践性非常强的运用学科。在西方市场经济国家，尤其是美国和英国，管理会计已经完全职业化。所谓管理会计职业化，通俗地说，就是会计从业人员将管理会计作为一种谋生的职业。这样，管理会计职业化的主体就是从事管理会计工作的从业人员，即管理会计师（Management Accountants）。

　　2010 年，中共中央、国务院发布了《国家中长期人才发展规划纲要（2010～2020 年)》，对中国当前和未来一个时期内的人才发展做出了总体部署。2010 年，为落实人才强国战略，全面提升会计人才工作总体水平，促进经济社会又好又快发展，财政部制定并发布了《会计行业中长期人才发展规划（2010～2020 年)》，统筹推进会计人才队伍建设。2014 年，财政部发布的《关于全面推进管理会计体系建设的指导意见》使管理会计成为会计发展的重点。2016 年，财政部发布的《会计改革与发展"十三五"规划纲要》更是明确地提出"到2020 年培养三万名精于理财、善于管理和决策的管理会计人才"的宏伟目标。

　　2016 年，中共中央办公厅、国务院办公厅印发的《关于改革社会组织管理制度促进社会组织健康有序发展的意见》强调"支持社会组织提供公共服务"，"结合政府职能转变和行政审批改革，将政府部门不宜行使、适合市场和社会提供的事务性管理工作及公共服务，通过竞争性方式交由社会组织承担"。财政部发布的《关于全面推进管理会计体系建设的指导意见》也明确提出"探索管理会计人才培养的其他途径"。

　　基于国家人才战略与政策驱动，中国有必要启动由民间组织主导的管理会计师能力认证工作，加快培养胜任管理会计工作的管理会计师，推进管理会计的人才培养，实现会计强国的"中国梦"。

正是基于上述背景，广东省管理会计师协会经过广泛调研和充分酝酿，决定逐步推出包括初级管理会计师、中级管理会计师和高级管理会计师在内的管理会计师能力认证资格考试。为了配合管理会计师能力认证资格考试，广东省管理会计师协会专门成立"管理会计师能力框架研究小组"，致力于"管理会计师能力框架"的研究，向社会各界发布"GAMA能力框架"。根据"GAMA能力框架"，广东省管理会计师协会组织专家制定各级别管理会计师能力认证资格考试大纲，并据此编写、出版相应的系列考试用书。

广东省管理会计师协会组织编写的考试用书系列具有以下主要特色：

第一，强调知识转化为能力。尽管"考证"是中国的特色，但对"考证"的争议却从未间断。"考证"备受指责的关键问题在于考试能力与工作能力背离，"持证者"的工作能力未必就强，"高分低能"。为了克服"考证"存在的这种弊端，将单纯的"考证"转化为"考证"与"考能"相结合，"高分低能"向"高分高能"转变，根据"GAMA能力框架"，围绕"多技能、善沟通、会管理、有远见、敢担当"的基本素质要求，广东省管理会计师协会组织编写的系列考试用书强调知识转化为能力并贯穿始终，致力于锻造管理会计师的工作能力。

第二，立足于中国管理情境。与财务会计不同，管理会计具有技术（technical）、组织（organizational）、行为（behavioral）和情境（contextual）四个维度。后三个维度统称为"管理情境"，具有鲜明的"本土化"特征，体现中国管理情境。即便是技术维度（管理会计技术方法的现实运用），也强烈地受到组织、行为与情境的影响。从宏观层面看，管理会计师必须"懂中国国情、察中国政情、明中国社情、通中国人情"；从微观层面看，管理会计师必须深刻地理解中国企业的战略、行业特征和商业模式，身临其境地把握其业务流程和管理情境。有鉴于此，广东省管理会计师协会组织编写的系列考试用书始终强调"中国元素"，特别是强调管理会计在中国管理情境的现实运用。

第三，培养科技理工艺术素养。管理会计不是单纯意义上的会计，而是会计与管理的有机结合。因此，管理会计师必须立足管理会计，但又超越管理会计。根据管理会计的性质，基于数字化时代，借鉴美国的 STEAM（science 即科学、technology 即技术、engineering 即工程、art 即艺术、mathematics 即数学）教育理念，广东省管理会计师协会组织编写的系列考试用书力图构造 STEAM 理念，打破学科领域边界，培养科技理工艺术素养，整合 STEAM 的知识与技能，力求培养能够解决企业管理会计实践问题的能力。

第四，注重职业精神与道德。人才，必须先成人，后成才；先学会做人，再学会做事。有才无德，害人害己。生意的本质是一种道德选择。基于数字化时代，职业精神与职业道德越来越重要。一位合格的管理会计师必须要有良好的职业精神与职业道德，诚实守信、忠诚敬业、精益求精、保守秘密。因此，职业精神与职业道德、通用技能和专业技能，"三位一体"，构成管理会计师能力的三维框架。广东省管理会计师协会组织编写的系列考试用书特别凸显职业精神与职业道德，突出社会主义核心价值观。

尽管广东省管理会计师协会力图做好系列考试用书的编写工作，但是，由于水平与时间限制，难免存在不妥之处。敬请各位读者批评指正。

胡玉明

2019 年 1 月 1 日

目 录

第三编　税务基础

第一编

法规基础

·第一章·

法律基本原理

　　法律基本原理是指符合一个国家与地区当时的政府要求的法律规章制度的基本原理基础。法律基本原理是由一个国家或地区的社会制度所决定的。在现代中国，凡是违背法理基本核心原理的法律规定都是错误的，这些错误，往往是在管理方法或具体方法上的失误，都是必须纠正的。

　　本章包括以下内容：第一节，阐述法律基本概念。这一节除了介绍法律基本概念，还介绍了法系、法律体系、法律渊源与法律规范等概念。第二节，阐述法律关系的定义与分类等。第三节，阐述法律责任的定义与分类等。本章涉及的基本概念的定义与构成如表 1 - 1 所示。

表 1 - 1　　　　　　　　重要的法律基本概念的定义与构成

重要概念	定义与构成
法系	凡是在内容上和形式上具有某些共同特征，形成一种传统或派系的各国法律，就属于同一个法系。主要分为两类：英美法系，又称普通法法系；大陆法系，又称民法法系
法律体系	法律体系又称为"法的体系"，是指由一国现行的全部法律规范按照不同的法律部门分类组合而形成的一个呈体系化的有机联系的统一整体。我国的法律体系包括：宪法及宪法相关法、刑法、行政法、民商法、经济法、社会法、诉讼与非诉讼程序法七个部门法
法律渊源	法律渊源在中国也称为法的形式，用以指称法的具体的外部表现形态。我国的法律渊源主要有宪法、法律、法规、规章、司法解释、国际条约和协定
法律规范	法律规范是指由国家制定或认可的，反映国家意志的，具体规定权利义务及法律后果的行为准则。法律规范通常由三个部分组成，即假定、处理、制裁

重要概念	定义与构成
法律关系	法律关系是法律规范在调整人们行为过程中形成的权利义务关系。法律关系由法律关系主体、法律关系内容（权利义务）和法律关系客体三要素构成
法律责任	法律责任是指因违反了法定义务或契约义务，或不当行使法律权利、权力所产生的，由行为人承担的不利后果。根据违法行为所违反的法律的性质，可以把法律责任分为民事责任、行政责任、经济法责任、刑事责任、违宪责任和国家赔偿责任

第一节 法律基本概念

一、法的基本概念与特征

法是一种社会规范，法的概念是法学理论中最根本的问题。马克思主义认为，法是反映由一定物质条件所决定的统治阶级意志的、由国家制定或认可的并得到国家强制力保证实施的，通过赋予社会关系参与者权利和义务的社会规范的总称。根据这个定义，与其他社会规范相比，法具有如下特征。

（一）法是由一定物质条件所决定的统治阶级意志的体现

马克思主义认为，统治阶级的意志通过法律的形式上升为国家意志。法作为统治阶级意志的体现，同时又具有代表全社会的属性。一方面，法代表的是统治阶级整体利益；另一方面，法也根据不同阶级、阶层和利益群体相互斗争、相互妥协的具体情况，尽可能地关注被统治阶级、社会弱势群体等的权利和利益。从本质上来说，法集中体现的是统治阶级的利益。

按照马克思主义"经济基础决定上层建筑"的基本原理，作为上层建筑重要组成部分的法，是由法所处社会的经济基础即特定物质生活条件所决定的。这表明统治阶级可以通过一定的方式将统治阶级的意志上升为法律，但不得任意立法，统治阶级意志受到物质条件约束，从而有规律可循。

（二）法是由国家制定或认可的行为规范

法是由国家制定或认可的行为规范，体现了国家意志。"制定"即国家机关可以根据调整社会关系和规范人的行为的需要，依据一定的程序制定新的法律规范。通常，国家机关通过立法机关、行政机关立法的形式制定法律，也有一些国家通过司法机关判决的形式形成判例法，这些都属于国家制定法律的方式。"认可"即由国家权力确认某种社会上已经通行的规则具有法律效应，这些规则可能来源于习惯、习俗、教义或礼仪等。国家制定或认可的特征使得法具有权威性和统一性。法的权威性是指法的不可违抗性，任何人均应遵守和执行。法的统一性是指不同法律规范之间的根本原则是一致的，除极特殊情况外，一个国家只能有一个总的法律体系，且该法律体系内部各规范之间不能相互矛盾，在本国主权范围内具有普遍约束力。

（三）法是由国家强制力保证实施的行为规范

法与其他社会规范不同的是，法是由国家强制力保障实施的。国家强制力由军队、警察、监狱等国家机构作为支持。当然，法由国家强制力保障实施，这并不意味着法律规范的实施都需要依靠国家强制力实现，国家强制力并不是保障法律实施的唯一力量。如果国家权力代表了大多数人的利益，社会公众就会自觉遵守法律。事实上，法律的实施主要依赖社会主体的自觉遵守和执行。只有在相关社会主体不遵守法律规定并依据法律规范应当就不遵守法律规定的行为承担相应法律责任时，才会由国家机器保证其实施。

（四）法是调整人的行为和社会关系的行为规范

行为规范大致可以分为两类：一类是社会规范，调整人与人之间的关系，约束人的行为；另一类是技术规范，调整人与自然、人与劳动工具之间的关系，技术规范一般不属于法的范畴。随着管理科学的出现与发展，人类管理社会的规则不断技术化，出现了所谓的社会技术规范，如环境保护、食品安全、建筑质量标准等。这些规范经国家制定或认可后，都可以纳入法律规范的范畴。社会规范与社会技术规范经国家制定或认可后，可以纳入法的范畴。

（五）法是通过赋予社会关系参与者权利和义务的社会规范

法通过确定各方的权利和义务，进而发挥影响人们的行为动机、指引人们的行为和调节社会关系的功能。法律规定的权利和义务不仅指个人、组织（法人和其他组织）及国家的权利和义务，还包括国家机关及其公职人员在依法执行公务时所行使的职权和职责。应该指出的是，法律虽然是调整人类社会关系的重要社会规范，但并不是唯一的社会规范。在规范人的行为、调整社会关系方面，道德、宗教规范以及风俗习惯等也在不同范围内和不同程度上发挥着十分重要的作用。

二、法系

法系是西方法学中一个常见的概念。一般认为，凡是在内容上和形式上具有某些共同特征，形成一种传统或派系的各国法律，就属于同一个法系。西方法学家在法系的划分上也很不一致，多数学者认为，大陆法系、英美法系、中华法系、印度法系、伊斯兰法系五大法系。这五大法系除大陆法系和英美法系外，其余的基本上已经成为法制史上的概念。

大陆法系，又称民法法系、罗马法系、法典法系、罗马－德意志法系，是以罗马法为基础而发展起来的法律的总称。大陆法系最先产生于欧洲大陆，以罗马法为历史渊源，以民法为典型，以法典化的成文法为主要形式。大陆法系包括两个支系，即法国法系和德国法系。法国法系是以 1804 年《法国民法典》为蓝本建立起来的，它以强调个人权利为主导思想，反映了自由资本主义时期社会经济的特点。德国法系是以 1896 年《德国民法典》为基础建立起来的，强调国家干预和社会利益，是垄断资本主义时期法的典型。

属于大陆法系的国家和地区除了法国、德国外，还包括意大利、西班牙等欧洲大陆国家，也包括曾是法国、西班牙、荷兰、葡萄牙四国殖民地的国家和地区，如阿尔及利亚、埃塞俄比亚等及中美洲的一些国家。

大陆法系有如下特点：（1）全面继承罗马法，吸收了许多罗马私法的原则、制度，如赋予某些人的集合体以特定的权利能力和行为能力；所有权的绝对性，取得财产的各种方法，某人享有他人所有物的某些权利；侵权行为与契约制度；遗嘱继承与法定继承相结合制度等。还接受了罗马法学家的整套技术方法，如公法与私法的划分，人法、物法、诉讼法的私法体系，物权与债权的分类，所有与占有、使用收益权地役权以及思维、推理的方式。（2）实行法典化，法律规范的抽象化概括化。（3）明确立法与司法的分工，强调制定法的权威，一般不承认法官的造法功能。（4）法学在推动法律发展中起着重要作用，法学创立了法典编纂和立法的理论基础，如自然法理论、分权学说、民族国家理论等，使法律适应社会发展需要的任务由法学家来完成。

英美法系，又称普通法法系、英国法系，是以英国自中世纪以来的法律，特别是它的普通法为基础而发展起来的法律的总称。英美法系起源于11世纪诺曼人入侵英国后逐步形成的以判例形式出现的普通法。

这种采用大量判例的法律体系是英国社会内部自生自发的产物，是经验主义的结果，因此，许多具体的法律制度在注重逻辑概念体系的大陆法系人士眼里，普通法显得比较繁杂、不成体系。这种法系最大的特点就是以公序良俗和最广大的社会大众的公平认知作为判案的基础，因此"形散而神不散"。最初是通过英国（以及后来的美国）的文化影响力扩张传播的，故而当今英美法系的版图与18~19世纪英美文明的扩张版图大致吻合。

除了英美法系国家之外，由于英美国家在西方文明的影响力和英美法本身的特点，英美法在当今世界的某些领域有着广泛的影响力，尤其是在国际贸易和海商运输等方面。经常有国际贸易的合约，虽然参与各方都与英国无关，却指名以英格兰法律约束合约。

英美法系的范围，除英国（不包括苏格兰）、美国（不包括路易斯安那州）以外，主要是曾为英国殖民地、附属国的国家和地区，如印度、巴基斯坦、新加坡、缅甸、加拿大（不包括魁北克省）、澳大利亚、新西兰、马来西亚等。中国香港地区也属于英美法系。

英美法系有如下特点：（1）以英国为中心，以英国普通法为基础；（2）以判例法为主要表现形式，遵循先例；（3）变革相对缓慢，具有保守性、"向后看"的思维习惯；（4）在法律发展中，法官具有突出作用；（5）体系庞杂，缺乏系统性；（6）注重程序的"诉讼中心主义"。

三、法律体系

法律体系（legal system），也称为"法的体系"，是指由一国现行的全部法律规范按照不同的法律部门分类组合而形成的一个呈体系化的有机联系的统一整体。简单地说，法律体系就是部门法体系。部门法，又称法律部门，是根据一定标准、原则所制定的同类规范的总称。

根据全国人大常委会规定，我国的法律体系包括宪法及宪法相关法、刑法、行政法、民商法、经济法、社会法、诉讼与非诉讼程序法七个部门法。

（一）宪法及宪法相关法

宪法是国家根本大法，规定了国家的根本制度和根本任务、公民的基本权利和义务等内容。宪法相关法是与宪法相配套，直接保障宪法实施和国家政权运作的法律规范，主要包括：国家机构的产生、组织、职权和基本工作制度的法律；有关民族区域自治制度、特别行政区制度、基层群众自治组织的法律；有关维护国家主权、领土完整和国家安全的法律；保障公民基本政治权利方面的法律。

（二）刑法

刑法是规定犯罪、刑事责任和刑罚的法律，是掌握政权的统治阶级为了维护本阶级政治上的统治和各阶级经济上的利益，根据自己的意志，规定哪些行为是犯罪并且应当负何种刑事责任，并给予犯罪嫌疑人何种刑事处罚的法律规范的总称。刑法有广义与狭义之分。广义刑法是一切刑事法律规范的总称，狭义刑法仅指刑法典，在我国即《中华人民共和国刑法》。与广义刑法、狭义刑法相联系的，刑法还可区分为普通刑法和特别刑法。普通刑法指具有普遍使用效力的刑法，实际上即指刑法典。特别刑法指仅适用于特定的人、时、地、事（犯罪）的刑法。刑罚是保证其他法律有效实施的后盾。

（三）行政法

所谓行政法，是指行政主体在行使行政职权和接受行政法制监督过程中而与行政相对人、行政法制监督主体之间发生的各种关系，以及行政主体内部发生的各种关系的法律规范的总称。行政法由规范行政主体和行政权设定的行政组织法、规范行政权行使的行政行为法、规范行政权运行程序的行政程序法、规范行政权监督的行政监督法和行政救济法等部分组成。其重心是控制和规范行政权，保护行政相对人的合法权益。

行政法尚没有统一完整的实体行政法典，这是因为行政法涉及的社会领域十分广泛，内容纷繁丰富，行政关系复杂多变，因而难以制定一部全面而又完整的统一法典。行政法散见于层次不同、名目繁多、种类不一、数量可观的各类法律、行政法规、地方性法规、规章以及其他规范性文件之中。凡是涉及行政权力的规范性文件，均存在行政法规范。重要的综合性行政法律在我国和国外主要有：行政组织法、国家公务员法、行政处罚法、行政强制法、行政许可法、行政程序法、行政公开法、行政复议法、行政诉讼法等。

（四）民商法

民商法是指民法与商法。关于民法和商法的关系，有两种体例：一种是民商合一；另一种是民商分立。所谓民商合一，是指民法包含商法，是商法的母法，并指导和统帅商法，而商法是民法的子法，如瑞士、意大利等国；所谓民商分立，是指民法与商法属两个并存的独立的部门法，通常在民法典以外还制定了商法典，如法国、德国等国。我国尚未就属于何种体例作出明确说明，但根据我国现今要求和现代民法发展趋势，我国应采取民商合一体例。

民法又包括财产法和人身法。财产法，从民法理论上讲由物权法、债法组成。物权法规定所有权、用益物权、担保物权的取得、变更、消灭，以及占有制度、共有制度、相邻关系。债法规定债的发生原因、债的履行、债的转移、债的保全、债的消灭等。人身法由人格权法和亲属法组成，其中"身"是指亲属身份。人格权法规定身体权、生命权、健康权、自由权、隐私权、姓名权及名称权、肖像权、名誉权和荣誉权的法律规范。亲属法在我国是指婚姻法、继承法、收养法等关于婚姻家庭继承的法律规范。在我国，民法的成文法规范包括：民法通则、婚姻法、继承法、收养法、物权法、合同法、担保法、侵权责任法等。

商法包括但不限于企业法、保险法、票据法、破产法、证券法。在我国，商法的成文法规范包括公司法、合伙企业法、个人独资企业法、企业破产法、保险法、票据法、证券法等。

（五）经济法

经济法是调整因国家从社会整体利益出发对经济活动进行干预、管理或调控所产生的社会经济关系的法律规范的总称。经济法作为一个独立的、新兴的法律部门，与传统的相邻法律部门相比，其主要特点有：第一，经济法是国家干预经济的法。经济法的产生是国家干预经济的必然结果，它把调整的重点始终放在引导各类经济主体依法进行经济活动，保证经济关系的正确确立和有序进行，以形成本国经济可持续发展的经济环境和经济秩序。第二，经济法是社会责任本位法。经济法与民法、行政法相比较，在调整社会整体与社会个体的关系上，各有自己的主导思想。经济法是"社会责任本位法"，它以社会利益为基点，无论是国家机关，还是社会组织或个人，都必须对社会负责，在此基础上处理和协调相互之间的关系。第三，经济法是商品经济发达的法。只有当商品经济成为社会的主导，经济法才会伴随着生产力的发展而产生和发展，因而经济法是商品经济高度发展的产物。第四，经济法是以经济为目的的法。经济法始终调整经济关系，调整的目的就是使社会的整体经济能持续、稳定的发展，提高社会生产力水平，而且在这个调整过程中甚至会有意使局部利益或个体利益有所损失。第五，经济法是综合调整的法。经济法所调整的经济关系是纵向经济关系，但对横向经济关系会产生明显的影响；采取的手段既有惩罚性的，也有补偿性的，既有鼓励类的，也有禁止、限制类的，体现了明显的综合调整的特征。

（六）社会法

社会法是与社会主义制度最为契合的法。社会法在缓和社会矛盾、维护社会稳定方面能够发挥积极作用，和谐社会的建立尤其离不开社会法的发展。随着社会建设和经济建设、政治建设、文化建设被摆在同等重要的位置，社会法的重要性日益凸显。社会法的主旨在于保护公民的社会权利，尤其是保护弱势群体的利益。在社会关系中，有天生的强势群体和弱势群体之分，而且市场经济会自发的导致强者越强、弱者越弱。此时如果没有公权力的介入来保护弱者的利益，将使社会关系的失衡状态加剧并最终导致严重的社会问题。通过法治途径即制定和完善社会法是改变这种失衡局面的必然选择，尤其在当前我国深化改革而社会法理论与实践又比较薄弱的环境下，完善社会法，保障公民的社会权，使人们实现真正的解放，这对构建和谐社会具有重大而深远的理论和现实意义。

（七）诉讼与非诉讼程序法

诉讼与非诉讼程序法是规范解决社会纠纷的诉讼活动和非诉讼活动的法律规范的总称。我国的诉讼制度包括刑事诉讼、民事诉讼和行政诉讼。此外，我国还针对海事诉讼活动的特殊性，制定了海事特别诉讼法，作为对民事诉讼法的补充；针对引渡问题的特殊性，制定了引渡法，作为对刑事诉讼法的补充。

非诉讼程序在解决纠纷中也占有重要地位。我国制定了仲裁法，作为解决民事纠纷，保障当事人合法权益的重要方式。人民调解法将人民调解工作的长期经验上升为法律，从法律上完善人民调解制度，加强对人民调解工作的支持和保障。劳动争议调解仲裁法和农村土地承包经营纠纷调解仲裁法，充分发挥调解和仲裁两个纠纷解决渠道的作用，明确规定了相关调解和仲裁的方式和程序，为及时化解纠纷、维护当事人合法权益提供了法律依据。

四、法律渊源

法的渊源理论通常把法律渊源分为正式意义上的和非正式意义上的两种。正式意义上的法的渊源，主要指以规范性法的文件形式表现出来的成文法，如立法机关或立法主体制定的宪法、法律、法规、规章和条约等。非正式意义上的法的渊源，主要指具有法的意义的观念和其他有关准则，如正义和公平等观念，政策、道德和习惯等准则，还有权威性法学著作等。

法律渊源在中国也称为法的形式，用以指称法的具体的外部表现形态。任何法都有一定的表现形态，例如以成文法形式表现或以判例法形式表现，以法律形式表现或以行政法规形式表现。立法者或执政者的重要职责之一，便在于使所制定或认可的法，获得适当的、科学的形式。执法、司法和守法者要明了不同的法的形式或渊源与自己和自己经办的各方面事项的关系。具体而言，我国的法律渊源主要有如下几类。

（一）宪法

作为法的渊源，宪法是国家最高权力机关经由特殊程序制定和修改的，综合性地规定国家、社会和公民生活的根本问题，具有最高法律效力的根本大法。从实质特征看，宪法制定和修改的程序更严格。只有最高国家权力机关全国人大才能行使制定和修改宪法的权力，宪法须由全国人民代表大会以全体代表的2/3 以上多数通过，宪法的修改须由全国人大常委会或 1/5 以上全国人大代表提议。宪法规定和调整的内容比其他法更重要、更系统。它综合性地规定和调整诸如国家性质、社会经济和政治制度、国家政权的总任务、公民基本权利和义务、国家机构这些带根本性、全局性的关系或事项。宪法具有最高的效力等级，是其他法的立法依据或基础。其他法的内容或精神必须符合或不得违背它的规定或精神，否则无效。从技术特征看，现行中国宪法是成文宪法、有标题宪法、单一文件宪法；是折中了规范封闭、具体的宪法和规范开放、含糊的宪法这两种特征的宪法；也是折中了严密性宪法和纲领性宪法、起指导作用宪法和不起指导作用宪法、制度性宪法和职能性宪法这几种特征的宪法；还是集中了有条件宪法和无条件宪法这两种特征的宪法。

（二）法律

这里所谓法律是指作为现行中国法的一种渊源的法律，不是各种法的总称。法律是由全国人大及其常委会依法制定和变动的，规定和调整国家、社会和公民生活中某一方面带根本性的社会关系或基本问题的一种法。通常也被人们称为狭义上的法律。它是中国法的渊源体系的主导。法律的地位和效力低于宪法而高于其他法，是法的形式体系中的二级大法。法律是行政法规、地方性法规和行政规章的立法依据或基础，后两者不得违反它，否则无效。法律分为基本法律和基本法律以外的法律两种。基本法律由全国人大制定和修改，在全国人大闭会期间，全国人大常委会也有权对其进行部分补充和修改，但不得同其基本原则相抵触。基本法律规定国家、社会和公民生活中具有重大意义的基本问题，如刑法、民法等。基本法律以外的法律由全国人大常委会制定和修改，规定由基本法律调整以外的国家、社会和公民生活中某一方面的重要问题，其调整面相对较窄，内容较具体，如商标法、文物保护法等。两种法律具有同等效力。全国人大及其常委会还有权就有关问题作出规范性决议或决定，它们与法律具有同等地位和效力。

（三）法规

法规包括行政法规和地方性法规。

行政法规是由最高国家行政机关国务院依法制定和变动的，是有关行政管理和管理行政事项的规范性法律文件的总称。它是中国法的渊源体系中一种特定的法的渊源，而不是指的各种规定和调整行政关系和行政问题的规范性法律文件的总称。行政法规在中国法的渊源体系中具有承上启下的桥梁作用。

地方性法规是由特定的地方国家机关依法制定和变动的，效力不超出本行政区域范围，作为地方司法依据之一，在法的渊源体系中具有基础作用的规范性法律文件的总称。地方性法规是低于宪法、法律、行政法规但又具有不可或缺作用的基础性法的渊源。现阶段，省、自治区、直辖市、省级政府所在地的市、经国务院批准的较大市的人大及其常委会，根据本地的具体情况和实际需要，在不与宪法、法律、行政法规相抵触的前提下，可以制定和颁布地方性法规，报全国人大常委会和国务院备案。

（四）规章

规章分为部门规章和地方政府规章两种。部门规章是国务院所属部委根据法律和国务院行政法规、决定、命令，在本部门的权限内，所发布的各种行政性的规范性法律文件，也称部委规章。其地位低于宪法、法律、行政法规，不得与它们相抵触。地方政府规章是有权制定地方性法规的地方人民政府根据法律、行政法规，制定的规范性法律文件，亦称地方政府规章。政府规章除不得与宪法、法律、行政法规相抵触外，还不得与上级和同级地方性法规相抵触。

行政规章本来不属于法的渊源的范围，但自1989年行政诉讼法规定行政规章是司法机关办理有关案件的参照依据后，便成为中国法的形式中的一种"准法"，可列入法的渊源范围之内。通过的立法法中，行政规章更有了作为法的渊源一个成员的正式地位。

（五）司法解释

司法解释，包括最高人民法院对审判工作中具体应用法律、法令问题的解释，也包括最高人民检察院对检查工作中具体应用法律、法令问题的解释。最高人民法院和最高人民检察院的解释如果原则上有分歧的，报请全国人民代表大会常务委员会解释或决定。

司法解释是法律解释的一种。司法解释具有法律效力，但是不可以与其上位法即宪法和法律相冲突。法院判决时可以直接引用司法解释。

（六）国际条约和协定

国际条约和协定指两个或两个以上国家或国际组织间缔结的确定其相互关系中权利和义务的各种协议，是国际间相互交往的一种最普遍的法的渊源或法的形式。缔约双方或各方即为国际法的主体。国际条约也是各国的一种法的渊源或法的形式，与国内法具有同等约束力。随着中国对外开放的发展，与别国交往日益频繁，与别国缔结的条约和加入的条约日渐增多。这些条约也是中国司法的重要依据。

五、法律规范

（一）法律规范的概念与特征

法律规范，是指由国家制定或认可的、反映国家意志的、具体规定权利义务及法律后果的行为准则。法律规范通常由三个部分组成，即假定、处理、制裁。它们构成法律规范的三个要素。

假定指适用规范的必要条件。每一个法律规范都是在一定条件出现的情况下才能适用，而适用这一法律规范的这种条件就称为假定。

处理指行为规范本身的基本要求。它规定人们的行为应当做什么、禁止做什么、允许做什么。这是法律规范的中心部分，是规范的主要内容。例如，《中华人民共和国婚姻法》第15条规定："父母对子女有抚养教育的义务；子女对父母有赡养扶助的义务。"这是规定应当做什么。第21条规定："继父母与继子女间，不得虐待或歧视"，这是规定禁止做什么。第10条规定："夫妻双方都有各用自己姓名的权利"，这是规定允许做什么。

制裁指对违反法律规范将导致的法律后果的规定。如损害赔偿、行政处罚、经济制裁、判处刑罚等。法律规范的制裁部分在法律条文中有以下几种情况：第一，有些法律明确地规定了制裁。如《中华人民共和国刑法》第187条："国家工作人员由于玩忽职守，致使公共财产、国家和人民利益遭受重大损失的，处五年以下有期徒刑或者拘役。"第二，有些法律规范的制裁部分规定在其他法律文件中。如违反《中华人民共和国选举法》的制裁规定在《中华人民共和国刑法》第142条中。不论制裁部分怎样规定，法律规范一般都有制裁，因为制裁是保证法律规范实现的强制措施，是法律规范的一个标志。

（二）法律规范的分类

1. 授权性规范、义务性规范和禁止性规范。按照法律规范行为模式的不同，可以分为授权性规范、义务性规范和禁止性规范。授权性规范，是规定人们可以为一定的行为或者不为一定的行为，以及可以要求他人为一定的行为或者不为一定的行为的法律规范。义务性规范，是规定人们必须积极做出一定行为的法律规范。禁止性规范，是规定禁止人们做出一定行为或者必须不为一定行为的法律规范。禁止性规范也可以说是一种义务性规范。禁止性规范与义务性规范的区别在于：义务性规范是设定作为义务，禁止性规范却是设定不作为义务。

2. 强制性规范和任意性规范。按照法律规范强制性的程度，可以分为强制性规范和任意性规范。强制性规范，是指法律规范所确定的权利和义务十分明确、肯定，不允许有任何方式的变更或违反的法律规范。强制性规范表现为义务性规范和禁止性规范两种形式，或者说义务性规范和禁止性规范绝大部分都属于强制性规范。任意性规范，是指法律规范允许法律关系的参加者在一定的范围内可以自行确定其权利和义务的法律规范。

3. 确定性规范、委任性规范和准用性规范。按法律规范内容的确定性程度的不同，可以分为确定性规范、委任性规范和准用性规范。确定性规范，是指法律规范直接而明确地规定了行为规则的内容，适用时无须再援用其他的法律规范来补充或说明的法律规范。大多数法律规范是确定性规范。委任性规范，是指法律规范没有明确规定行为规则的内容，而是授权由某一专门机构加以规定的法律规范。准用性规范，是没有明确规定行为规则内容，但明确指出可以援引其他的规则使本规则的内容得以明确。

第二节　法律关系

一、法律关系的概念与特征

法律关系是法律规范在调整人们行为过程中形成的权利义务关系。如企业与职工依法订立劳动合同后，就构成了双方的劳动法律关系。

法律关系有如下特征。

1. 法律关系是以法律规范为前提的社会关系。法律关系是由于法律规范的存在而建立的社会关系，没有法律规范的存在，也就不可能形成与之相应的法律关系。法律关系与法律规范两者之间的关系可以从两个方面来理解：一方面，法律规范是法律关系存在的前提，没有相应的法律规范的存在就不可能产生法律关系。另一方面，任何一种法律规范只能在具体的法律关系中才能得以实现。法律规范只规定人们的行为规范和相应的法律后果，它所针对的对象为一类人，因此，具有普遍适用性。只有当人们按照法律规范的行为模式，或者说符合一定的法律事实时，才形成了针对个人之间的权利义务关系。

2. 法律关系是以权利义务为内容的社会关系。法律关系与其他社会关系的重要区别，就在于它是法律化的权利义务关系，是一种明确的、固定的权利义务关系。这种权利和义务可以是由法律明确规定的，也可以是由法律授权当事人在法律的范围内自行约定的。

3. 法律关系是以国家强制力作为保障手段的社会关系。在法律关系中，一个人可以做什么、不得做什么和必须做什么都是国家意志的体现，反映国家对社会秩序的一种维持态度。当法律关系受到破坏时，就意味着国家意志所授予的权利受到侵犯，意味着国家意志所设定的义务被拒绝履行。这时，权利受侵害一方就有权请求国家机关运用国家强制力，责令侵害方履行义务或承担未履行义务所应承担的法律责任，也即对违法者予以相应的制裁。因此，一种社会关系如果被纳入法律调整的范围之内，就意味着国家对它实行了强制性的保护。这种国家的强制力主要体现在对法律责任的规定上。

二、法律关系的基本构成

法律关系由三要素构成，即法律关系的主体、法律关系的客体和法律关系的内容。

（一）法律关系的主体

法律关系主体是法律关系的参加者，是指参加法律关系，依法享有权利和承担义务的当事人。即在法律关系中，一定权利的享有者和一定义务的承担者。在每一具体的法律关系中，主体的多少各不相同，在大体上都属于相对应的双方：一方是权利的享有者，成为权利人；另一方是义务的承担者，成为义务人。

在中国，根据各种法律的规定，能够参与法律关系的主体包括以下三类。

1. 公民（自然人）。这里的公民既指中国公民，也指居住在中国境内或在境内活动的外国公民和无国籍人。

2. 机构和组织（法人）。这主要包括三类：一是各种国家机关（立法机关、行政机关和司法机关等）；二是各种企事业组织和在中国领域内设立的中外合资经营企业、中外合作经营企业和外资企业；三是各政党和社会团体。这些机构和组织主体，在法学上可以笼统地成为"法人"。其中，既包括公法人（参与宪法关系、行政法律关系、刑事法律关系的各机关、组织），也包括私法人（参与民事或商事法律关系的机关、组织）。中国的国家机关和组织，可以是公法人，也可以是私法人，依其所参与的法律关系的性质而定。

3. 国家。在特殊情况下，国家可以作为一个整体成为法律关系主体。例如，国家作为主权者是国际公法关系的主体，可以成为外贸关系中的债权人或债务人。在国内法上，国家作为法律关系主体的地位比较特殊，既不同于一般公民，也不同于法人。国家可以直接以自己的名义参与国内的法律关系（如发行国库券），但在多数情况下则由国家机关或授权的组织作为代表参加法律关系。

（二）法律关系的客体

法律关系客体是一定利益的法律形式。任何外在的客体，一旦它承载某种利益价值，就可能成为法律关系客体。法律关系建立的目的，总是保护某种利益、获取某种利益，或分配、转移某种利益。所以，实质上，客体所承载的利益本身才是法律权利和法律义务联系的中介。这些利益，从表现形态上可以分为物质利益和精神利益、有形利益和无形利益、直接利益和间接利益；从享有主体的角度，利益可分为国家利益、社会利益和个人利益等。

法律关系客体是一个历史的概念，随着社会历史的不断发展，其范围和形式、类型也在不断地变化着。总体来看，由于权利和义务类型的不断丰富，法律关系客体的范围和种类有不断扩大和增多的趋势。归纳起来，有以下四类。

1. 物。法律意义上的物是指法律关系主体支配的、在生产上和生活上所需要的客观实体。它可以是天然物，也可以是生产物；可以是活动物，也可以是不活的动物。作为法律关系客体的物与物理意义上的物既有联系，又有不同，它不仅具有物理属性，而且应具有法律属性。

2. 行为。这种客体一般情况下发生于债。比如说合同的标的就是行为，当事人之间签订合同之后，要相互履行约定的义务，而此种履行义务的行为其实就是合同的标的。这就行为与行为结果是不同的。比如说，承揽合同（做一套衣服），承揽行为的结果是一套衣服，但是合同的标的是承揽行为，也就是完成这套衣服的行为，而行为结果只能称之为标的物而已，此标的物虽比标的多了一个字，但意义却是相差很远的。

3. 人格利益。人格利益是人身权法律关系的客体，也是诸多行政、刑事法律关系的客体。具体包括公民或组织姓名或者名称、公民肖像、名誉、尊严，公民的人身、人格和身份等。

4. 智力成果。人类智力活动创造的成果，包括科学著作、专利、商标等。智力成果通常是知识产权法律关系的客体。

（三）法律关系的内容

法律关系的内容就是法律关系主体之间的法律权利和法律义务。法律关系主体的权利和义务与作为法律规范内容的权利和义务虽然都具有法律属性，但它们所属的领域、针对的法律主体以及它们的法的效力还是存在一定的差别。具体表现在以下三个方面。

1. 所属的领域相同。作为法律规范内容的权利和义务是有待实现的法律权利和法律义务，即"应有的"法律权利和义务，属于可能性领域；法律关系主体的权利和义务是法律关系主体在实施法律（遵守法律或适用法律）的活动过程中所实际享有的法律权利和正在履行的法律义务，即"实有的"法律权利和义务，属于现实性领域。

2. 针对的主体不同。法律上规定的权利和义务所针对的是一国之内的所有的不特定的主体；而法律关系主体的权利和义务所针对的主体是特定的，即是在某一法律关系中的有关主体。

3. 法的效力不同。法律上的权利和义务由于针对的是不特定的主体，因而属于"一般化的法律权利和法律义务"，其具有一般的、普遍的法的效力。而法律关系主体的权利和义务由于针对的是特定的法律主体，故属于"个别化的法律权利和法律义务"，其仅对特定的法律主体有效，不具有普遍的法的效力。

第三节　法律责任

一、法律责任的基本概念与特征

法律责任是指因违反了法定义务或契约义务，或不当行使法律权利、权力所产生的，由行为人承担的不利后果。

法律责任，有广义和狭义的划分。广义的法律责任是指任何组织和个人均所负有的遵守法律，自觉地维护法律的尊严的义务。狭义的法律责任是指违法者对违法行为所应承担的具有强制性的法律上的责任。法律责任同违法行为紧密相连，只有实施某种违法行为的人（包括法人），才承担相应的法律责任。

法律责任的主要特点包括：（1）法律责任表示一种因违反法律上的义务（包括违约等）关系而形成的责任关系，它是以法律义务的存在为前提的。（2）法律责任还表示为一种责任方式，即承担不利后果。（3）法律责任具有内在逻辑性，即存在前因与后果的逻辑关系。（4）法律责任的追究是由国家强制力实施或者潜在保证的。

二、法律责任的分类

根据违法行为所违反的法律的性质，可以把法律责任分为民事责任、刑事责任、行政责任、违宪责任、国家赔偿责任和经济法责任。

1. 民事责任是指由于违反民事法律、违约或者由于民法规定所应承担的一种法律责任。民事责任具体包括：停止侵害、排除妨碍、消除危险、返还财产、恢复原状、修理、重作、更换、赔偿损失、支付违约金、消除影响、恢复名誉、赔礼道歉。

2. 刑事责任是指行为人因其犯罪行为所必须承受的，由司法机关代表国家所确定的否定性法律后果。刑事责任包括主刑和附加刑。其中，主刑包括管制、拘役、有期徒刑、无期徒刑、死刑；附加刑包括罚金、剥夺政治权利、没收财产、驱逐出境。

3. 行政责任是指因违反行政法规定或因行政法规定而应承担的法律责任。行政责任分为行政处分（内部制裁措施）、行政处罚两种。其中行政处分包括警告、记过、记大过、降级、撤职、开除。行政处罚包括警告、罚款、没收违法所得、没收非法财物、责令停产停业、暂扣或吊销许可证、暂扣或吊销执照、行政拘留。法律、行政法规规定的其他行政处罚。

4. 违宪责任是指由于有关国家机关制定的某种法律和法规、规章，或有关国家机关、社会组织或公民从事了与宪法规定相抵触的活动而产生的法律责任。

5. 国家赔偿责任是指在国家机关行使公权力时由于国家机关及其工作人员违法行使职权所引起的由国家作为承担主体的赔偿责任。

三、法律责任的构成

法律责任的构成要件是指构成法律责任必须具备的各种条件或必须符合的标准，它是国家机关要求行为人承担法律责任时进行分析、判断的标准。根据违法行为的一般特点，我们把法律责任的构成要件概括为主体、违法行为、损害事实、主观过错和因果关系五个方面。

（1）主体。法律责任主体，是指违法主体或者承担法律责任的主体。责任主体不完全等同于违法主体。

（2）违法行为或违约行为。违法行为是指违反法律所规定的义务、超越权利的界限行使权利以及侵权行为的总称，一般认为违法行为包括犯罪行为和一般违法行为。

（3）损害事实。损害事实即受到的损失和伤害的事实，包括对人身、财产、精神（或者三方面兼有的）的损失和伤害。

（4）主观过错。过错即承担法律责任的主观故意或者过失。

（5）因果关系。因果关系即行为与损害之间的因果关系，它是存在于自然界和人类社会中的各种因果关系的特殊形式。

第二章

民商法律制度

第一节 基本民商法律制度

民商法是指民法与商法。民法与商法共同调整商品经济关系，两者有着密切的联系。商法使用的一切原则也不断为民法所吸收。民法是伴随商品经济的发展而产生，它所调整的财产关系主要是指财产归属和流转关系，民法所保护的利益是个人利益，而商法则主要是与商事交易习惯形成的商品交易规则，它所保护的利益也是个人利益。

民法与商法比较，其差异主要表现在以下三个方面。

第一，两者凭借的社会经济基础有所不同。民法是商品经济的产物，是市民社会个体在生活交往过程中因为生活的需要产生的，民法伴随商品经济的产生而产生，伴随着商品经济的发展而发展，而商法是以市场经济为基础与依托的，是随着资本主义商品经济的发展、生产社会化程度的提高所产生的。现代商法不再是维护商人特殊利益的法律，已经变成了规范商事组织和商事活动的法律，随着经济的发展，商法不断适应市场经济发展的需要，规范市场主体、维护交易安全。

第二，两者的价值追求目标有所不同。民法以追求其主体人格独立与被尊重为价值目标，具有鲜明的道德性，即伦理色彩。民法在对主体调整的过程中注重的是公平，注重的是对人身关系和与人身关系有关的财产归属的调整，更加强调人格的独立，是立足于民事主体的个体权利，以权力为本位的私法。而商法的目标在于使社会生产的效率能够得到更大幅度的提高，具有极强的功利性质，即经济学色彩。商法是以从事商事经营的商人为其主体性，这种特定的主体阶层及其营利目的就决定了它的功利性。商法更强调安全、效率，这些都与其产生目的有着直接的关系。

第三，两者制度构建的主要立法技术有别。民事规范只是民事主体的行为给予必要的约束以及在长久的生活交往中的一般性规则。而商事主体的地位却不是自然就有的，它是需要根据法律的规定，符合条件，并经过一定的程序才能获得的，商人是因职业而形成的一种身份。商法既是市场经济的产物，也是市场经济运作技术规则在立法层面的集中反映，所以它的制度设计采取"组织兼行为法"。这是因为商法既有对商事主体的制度的规定又有对商事主体行为的规范。

在我国，民法的成文法规范包括民法总则、民法通则、婚姻法、继承法、收养法、物权法、合同法、担保法、侵权责任法等。在我国，商法的成文法规范包括公司法、合伙企业法、个人独资企业法、企业破产法、保险法、票据法、证券法等。本章介绍的内容包括合同法（民法）、公司法（商法）、票据法（商法）、证券法（商法）。

本章主要概念及其定义如表 2-1 所示。

表 2-1　　　　　　　　　　本章主要概念及定义

主要概念	定　义
抗辩权	抗辩权是指专门对抗请求权的权利，亦即权利人行使其请求权时，义务人享有的拒绝其请求的权利。《合同法》为合同双方的债务人规定了同时履行抗辩权、先履行抗辩权和不安抗辩权
代位权	《合同法》规定：因债务人怠于行使其对第三人（次债务人）到期债权，对债权人造成损害的，债权人可以向人民法院请求以自己的名义代位行使债务人对次债务人的债权，但该债权专属于债务人自身的除外。代位权的行使范围以债权人的债权为限
撤销权	撤销权，又称废罢诉权，是指因债务人放弃其到期债权或者无偿转让财产，对债权人造成损害的，债权人可以请求人民法院撤销债务人的行为
有限责任公司、股份有限公司	公司是股东承担有限责任的营利性法人，公司以其全部财产对公司的债务承担责任。有限责任公司的股东以其认缴的出资额为限对公司承担责任；股份有限公司的股东以其认购的股份为限对公司承担责任

主要概念	定　义
公开发行	按《证券法》规定必须经过核准外，私募发行一般不需要经过核准。有下列情形之一的，为公开发行：（1）向不特定对象发行证券的；（2）向特定对象发行证券累计超过200人的；（3）法律、行政法规规定的其他发行行为
非上市公众公司	上市公司与涉及公开发行业务的公司即为公众公司，除上市公司之外的公众公司即为非上市公众公司
上市公司	发行人向社会公众公开发行股票，符合法定条件，依法报经证监会核准，并且发行完成后在证券交易所上市的，发行完成后，发行人为上市公司
支付结算	支付结算是指单位、个人在社会经济活动中使用现金、票据、信用卡和结算凭证进行货币给付及其资金清算的行为
票据	根据《票据法》规定，票据包括汇票、银行本票和支票，是指由出票人签发的、约定自己或者委托付款人在见票时或指定的日期向收款人或持票人无条件支付一定金额的有价证券

第二节　合同法律制度

一、合同与合同法基本理论

合同（contract），又称为契约、协议，是当事人或当事双方之间设立、变更、终止民事关系的协议。依法成立的合同，受法律保护。广义合同指所有法律部门中确定权利、义务关系的协议。狭义合同指一切民事合同。还有最狭义合同仅指民事合同中的债权合同。《民法通则》第 85 条规定：合同是当事人之间设立、变更、终止民事关系的协议。依法成立的合同，受法律保护。《合同法》第 2 条规定：合同是平等主体的自然人、法人、其他组织之间设立、变更、终止民事权利义务关系的协议。婚姻、收养、监护等有关身份关系的协议，适用其他法律的规定。

合同法是调整平等主体之间的交易关系的法律，它主要规范合同的订立、合同的效力、合同的履行、变更、转让、终止、违反合同的责任及各类有名合同等问题。我国合同法以平等自愿、诚实信用、公共利益、法律约束力为原则而订立，其法律位阶低于《中华人民共和国宪法》和《中华人民共和国民法通则》。

二、合同的订立

当事人订立合同，应当具有相应的民事权利能力和民事行为能力。除某些不能代理的合同，当事人依法可以委托代理人订立合同。当事人订立合同，有书面形式、口头形式和其他形式。

当事人订立合同的一般程序包括要约和承诺两个阶段。

1. 要约。要约是指一方当事人向他人作出的以一定条件订立合同的意思表示。前者是要约人，后者称为受要约人。根据《合同法》规定，要约取得法律效力，应具备以下条件：第一，要约必须是特定人的真实意思表示。第二，要约必须是向相对人发出的意思表示。要约的相对人可以是特定的人，也可以是不特定的人。向特定人发出要约，通常是指某一具体的法人或自然人。向不特定的人发出要约，一般是指向社会公众发出的要约。第三，要约必须是能够反映所要订立合同主要内容的意思表示。要约的目的在于取得相对人的承诺，建立合同关系。要约能否为另一方所接受，关键是看发出的要约对对方是否亦有利。即使对方表示了愿意订立合同的意思，双方还必须要订立合同的主要条款，如标的、数量、质量、价款或报酬、履行期限、地点和方式、违约责任、争议的处理方法以及要求对方答复的期限等，以供被要约人考虑是否承诺。

2. 承诺。承诺是受要约人同意要约的意思表示。承诺应由受要约人向要约人作出，并在要约确定的期限内达到要约人。根据《合同法》规定，承诺取得法律效力，应具备以下条件：第一，承诺必须由受要约人作出。第二，承诺必须是在有效期内作出。第三，承诺必须与要约的内容相一致。

三、合同的效力

合同效力，指依法成立受法律保护的合同，对合同当事人产生的必须履行其合同的义务，不得擅自变更或解除合同的法律拘束力，即法律效力。合同的效力可分为四大类，即有效合同，无效合同，效力待定合同，可变更、可撤销合同。

有效合同，是指依照法律的规定成立并在当事人之间产生法律约束力的合同。

无效合同，是指合同虽然成立，但因其违反法律、行政法规或公共利益，因而被确认无效。

《合同法》第52条规定，有下列情形之一的，合同无效：第一，一方以欺诈、胁迫的手段订立合同，损害国家利益；第二，恶意串通，损害国家、集体或者第三人利益；第三，以合法形式掩盖非法目的；第四，损害社会公共利益；第五，违反法律、行政法规的强制性规定。

效力待定的合同，是指合同虽然已经成立，但因其不完全符合法律有关生效要件的规定，因此，其发生效力与否尚未确定，一般须经有权人表示承认或追认才能生效。主要包括三种情况：一是无行为能力人订立的和限制行为能力人依法不能独立订立的合同，必须经其法定代理人的承认才能生效；二是无权代理人以本人名义订立的合同，必须经过本人追认，才能对本人产生法律拘束力；三是无处分权人处分他人财产权利而订立的合同，未经权利人追认，合同无效。

可变更、可撤销合同，是指当事人在订立合同的过程中，由于意思表示不真实，或者是出于重大误解从而作出错误的意思表示，依照法律的规定可予以变更或撤销的合同。

四、合同的履行

（一）履行规则

当事人应当按照约定全面履行自己的义务。合同生效后，当事人就质量、价款或者报酬、履行地点等内容没有约定或者约定不明确的，可以协议补充；不能达成补充协议的，按照合同有关条款或者交易习惯确定。

有关合同内容约定依然不明确，依照下列规定确定：第一，质量要求不明确的，按照国家标准、行业标准履行；没有国家标准、行业标准的，按照通常标准或者符合合同目的的特定标准履行。第二，价款或者报酬不明确的，按照订立合同时履行地的市场价格履行；依法应当执行政府定价或者政府指导价的，按照规定履行。第三，履行地点不明确，给付货币的，在接受货币一方所在地履行；交付不动产的，在不动产所在地履行；其他标的，在履行义务一方所在地履行。第四，履行期限不明确的，债务人可以随时履行，债权人也可以随时要求履行，但应当给对方必要的准备时间。第五，履行方式不明确的，按照有利于实现合同目的的方式履行。第六，履行费用的负担不明确的，由履行义务一方负担。

（二）抗辩权

抗辩权是指专门对抗请求权的权利，即权利人行使其请求权时义务人享有的拒绝其请求的权利。合同双方当事人互为债权人和债务人时，双方的合同履行具有牵连性，为了体现双方权利义务的对等及保护交易安全，《合同法》为合同双方的债务人规定了同时履行抗辩权、先履行抗辩权和不安抗辩权。

【例2－1】在买卖合同中，甲方购买了乙方的货物，同时乙方也购买了甲方的商品，且双方均未付款，则双方都互为债权人与债务人。

同时履行抗辩权，是指一方在对方未履行前，有拒绝对方请求自己履行合同的权利。《合同法》规定，当事人互为债务人，没有先后履行顺序的，应当同时履行。

先履行抗辩权，是指当合同中应当先履行义务的一方当事人未履行相关义务时，对方当事人有拒绝对方请求履行的权利。《合同法》规定，当事人互为债务人，有先后履行顺序，先履行一方未履行的，后履行一方有拒绝对方请求履行的权利。

不安抗辩权，是指当事人互负债务，有先后履行顺序的，先履行的一方有确切证据表明另一方丧失履行债务能力时，在对方没有履行或者没有提供担保之前，有权中止合同履行的权利。

（三）代位权

《合同法》规定，因债务人怠于行使其对第三人（次债务人）到期债权，对债权人造成损害的，债权人可以向人民法院请求以自己的名义代位行使债务人对次债务人的债权，但该债权专属于债务人自身的除外。代位权的行使范围以债权人的债权为限。债权人行使代位权的必要费用，由债务人负担。

根据《合同法》规定，债权人提起代位权诉讼，应满足下列条件。

（1）债权人对债务人的债权合法、确定，且必须已届清偿期。

（2）债务人怠于行使其到期债权。

（3）债务人怠于行使权利的行为已经对债权人造成损害。

（4）债务人的债权不是专属于债务人自身的债权。债务人对于第三人的权利，为债权人代位权的标的。债权人的代位权属于涉及第三人之权的权利，若债务人享有的权利与第三人无涉，自不得成为债权人代位权的行使对象。

【例 2-2】2018 年 3 月 1 日，乙在一次交通事故中将甲撞伤，因事故中的人身伤害，甲享有对乙的 10 万元债权，但乙不履行到期债务。经调查了解，丙欠乙的 10 万元债务已到期，乙虽然多次催促丙履行债务，但丙一直拒不履行，甲未采取进一步措施。

此例题中，债权人甲可以对次债务人行使代位权，相关费用由乙承担。

（四）撤销权

撤销权，又称废罢诉权，是指因债务人放弃其到期债权或者无偿转让财产，对债权人造成损害的，债权人可以请求人民法院撤销债务人的行为。债务人以明显不合理的低价转让财产，对债权人造成损害，并且受让人知道该情形的，债权人也可以请求人民法院撤销债务人的行为。

撤销权为实体法上的权利，撤销权为附属于债权的权利，撤销权是一种综合性权利，具有形成权和请求权的性质。债权人对债务人的财产并无直接支配的权利，只能对债务人请求给付，债务人得自由支配其财产。但当债务人与他人实施某种行为，使其作为债权担保的责任财产不当减少，因而害及债权人的利益，致使债权有不能实现的危险情形时，债权人可申请法院撤销债务人与他人之间的法律关系，恢复债务人的责任财产，使债权得到确保。

根据《合同法》规定，债权人行使撤销权，应满足下列条件。

（1）债权人须以自己名义行使撤销权。

（2）债权人对债务人存在有效债务。

（3）债务人实施了减少财产的处分行为。例如，债务人放弃债权、无偿捐赠、以明显不合理的低价转移资产等。

（4）债务人的处分行为有害于债权人债权的实现。

撤销权自债权人知道或者应当知道撤销事由之日起一年内行使。自债务人的行为发生之日起五年内没有行使撤销权的，该撤销权消灭。

【例2-3】A企业无法偿还B银行100万元贷款。经查，A企业于2012年4月1日放弃了对C企业的贷款100万元。如果B银行于2018年4月1日向人民法院申请撤销A企业该行为，人民法院不予支持。原因：自债务人的行为发生之日起5年内没有行使撤销权的，该撤销权消灭。

五、合同的变更和转让

当事人协商一致，可以变更合同。合同的变更属于合同内容的变更，合同主体的转让属于合同转让。合同经当事人协商一致，可以转让或变更。

债权人可以将合同的权利全部或者部分转让给第三人，但有下列情形之一的除外：第一，根据合同性质不得转让；第二，按照当事人约定不得转让；第三，依照法律规定不得转让。

债务人将合同的义务全部或者部分转移给第三人的，应当经债权人同意；债务人转移义务的，新债务人可以主张原债务人对债权人的抗辩；债务人转移义务的，新债务人应当承担与主债务有关的从债务，但该从债务专属于原债务人自身的除外。

当事人订立合同后合并的，由合并后的法人或者其他组织行使合同权利，履行合同义务。当事人订立合同后分立的，除债权人和债务人另有约定的以外，由分立的法人或者其他组织对合同的权利和义务享有连带债权，承担连带债务。

六、合同的权利义务终止

合同权利义务的终止，简称为合同的终止，又称合同的消灭，是指合同关系在客观上不复存在，合同权利和合同义务归于消灭。

有下列情形之一的，合同的权利义务终止。

（1）债务已经按照约定履行。

（2）合同解除。当事人协商一致，可以解除合同。有下列情形之一的，当事人可以解除合同：第一，因不可抗力致使不能实现合同目的；第二，在履行期限届满之前，当事人一方明确表示或者以自己的行为表明不履行主要债务；第三，当事人一方迟延履行主要债务，经催告后在合理期限内仍未履行；第四，当事人一方迟延履行债务或者有其他违约行为致使不能实现合同目的；第五，法律规定的其他情形。

（3）债务相互抵销。抵销是指双方当事人互负债务时，各以其债权充当债务之清偿，而使其债务与对方的债务在对等额内相互消灭。

（4）债务人依法将标的物提存。提存是指由于债权人的原因而无法向其交付合同标的物时，债务人将该标的物交给提存机关而消灭债务的制度。交付合同标的物的债务人为提存人；债权人为提存领受人；交付的标的物为提存物；由国家设立并保管提存物的机关为提存机关。提存制度的建立，使债务人及时了结债务关系，避免产生延迟履行的新债务，有利于保护债务人的利益。

（5）债权人免除债务。所谓采购合同的债务免除，是指采购合同中的债权人免除债务人债务的单方法律行为。当债权人免除债务人的全部债务时，采购合同终止。

（6）债权债务同归于一人。债权债务同归于一人即债权债务混同，合同权利义务终止，但涉及第三方利益除外。

（7）法律规定或者当事人约定终止的其他情形。

七、违约责任

（一）违约行为

违约行为，是指当事人一方不履行合同义务或者履行合同义务不符合约定条件的行为。根据不同标准，可将违约行为做以下分类。

1. 单方违约与双方违约。双方违约，是指双方当事人分别违反了自己的合同义务。根据《中华人民共和国合同法》第 120 条规定，当事人双方都违反合同的，应当各自承担相应的责任。可见，在双方违约情况下，双方的违约责任不能相互抵销。

2. 根本违约与非根本违约。以违约行为是否导致另一方订约目的不能实现为标准，违约行为可作此分类。其主要区别在于，根本违约可构成合同法定解除的理由。

3. 预期违约与届期违约。预期违约又称先期违约，是指在合同履行期限到来之前，一方虽无正当理由但明确表示其在履行期到来后将不履行合同，或者其行为表明在履行期到来后将不可能履行合同。届期违约，是指在合同履行期限到来以后，当事人不履行或不完全履行合同义务的行为。

（二）违约责任的承担方式

违约责任的承担方式主要有继续履行、补救措施和损害补偿等。

继续履行，在我国《合同法》中也叫强制履行或实际履行，指在违约方不履行合同时，由法院强制违约方继续履行合同债务的违约责任方式。以下几种情形不适用继续履行：（1）不能履行，法律或事实上不能履行。（2）债务的标的不适于强制履行或者履行费用过高。所谓债务的标的不适于强制履行，指债务的性质不宜强制履行，比如委托合同、技术开发合同、演出合同、出版合同等。这些合同通常具有人身专属性，不能够由其他人代替履行，在性质上决定了不适于强制履行。所谓履行费用过高，是指对标的物若要强制履行，代价太大。比如为履行合同专门进口一台设备，花的代价远远超过合同上的利润。（3）债权人在合理期限内未要求履行。

补救措施，是债务人履行合同不符合约定，债权人在请求人民法院或仲裁机构强制债务人实际履行合同义务的同时，可以根据合同履约情况要求债务人采取补救措施。

损害补偿，是指当事人一方不履行合同义务或者履行合同义务不符合约定的，在履行义务或者采取补救措施后，对方还有其他损失的，应当赔偿损失。损害补偿的主要方式包括：赔偿损失、支付违约金和适用定金罚则。

因不可抗力不能履行合同的，根据不可抗力的影响，部分或者全部免除责任，但法律另有规定的除外。当事人迟延履行后发生不可抗力的，不能免除责任。不可抗力，是指不能预见、不能避免并不能克服的客观情况。

第三节　公司法律制度

一、公司法基本概念与制度

（一）基本概念

我国《公司法》规定，公司是指依照《公司法》在中国境内设立的有限责任公司和股份有限公司。

公司是股东承担有限责任的营利性法人。公司以其全部财产对公司的债务承担责任。有限责任公司的股东以其认缴的出资额为限对公司承担责任；股份有限公司的股东以其认购的股份为限对公司承担责任。公司是股东承担有限责任的营利性法人，其含义有以下三点：（1）公司是法人。公司具有民事权利能力和行为能力，法律地位独立于股东和管理人员。（2）公司是营利性法人。《民法通则》规定，以取得利润并分配给股东等出资人为目的成立的法人，为营利性法人。（3）公司股东通常承担有限责任。

延伸阅读 2 - 1

有限责任的意义：有限责任制度是民商法领域一项非常重要的制度，被喻为公司法的一块传统基石。有限责任制度有其一定的适用条件和范围。有限责任制度的社会经济价值包括：减少和转移风险，鼓励投资，克服无限责任对企业形式发展的束缚，减少交易费用和降低管理成本，促使公司有效率地经营和发展壮大。

有限责任的理论基础：公司作为法人，应当以其全部资产承担清偿债务的责任，债权人也有权就公司的全部财产要求清偿债务，在公司的资产不足以清偿全部债务时，公司的债权人仍不得请求公司的股东承担超过其出资义务的责任，更不得将其债务转换到其他股东身上。这就是公司的独立责任。它是由公司的独立人格所决定的，也是公司的独立人格的体现。在民法上，任何民事主体均应以其全部资产承担清偿债务的责任。公司相对于自然人而言，具有自己的独立财产，并且此种财产与公司成员及创立人（股东）的财产是分开的；具有自己的独立人格，而且公司的人格与其成员的人格也是分离的，所以公司作为独立的民事主体应以自己的独立的全部财产承担清偿债务责任。股东的有限责任就是在这种条件下产生的。因此，不理解公司的独立人格，也就不能理解股东的有限责任。

（二）公司设立制度

公司的法人资格并非人们可以自然享有。只有具备资格的人，履行一定的程序，满足一定的形式，才能享有这些法律资格与权利。这个过程叫作"设立公司"或"公司设立"。

设立公司，应当依法向公司登记机关申请设立登记。符合《公司法》规定的设立条件的，由公司登记机关分别登记为有限责任公司或者股份有限公司；不符合《公司法》规定的设立条件的，不得登记为有限责任公司或者股份有限公司。法律、行政法规规定设立公司必须报经批准的，应当在公司登记前依法办理批准手续。

依法设立的公司，由公司登记机关发给公司营业执照。公司营业执照签发日期为公司成立日期。公司营业执照应当载明公司的名称、住所、注册资本、经营范围、法定代表人姓名等事项。公司营业执照记载的事项发生变更的，公司应当依法办理变更登记，由公司登记机关换发营业执照。

有限责任公司变更为股份有限公司，应当符合《公司法》规定的股份有限公司的条件。股份有限公司变更为有限责任公司，应当符合《公司法》规定的有限责任公司的条件。

设立公司必须依法制定公司章程。公司章程对公司、股东、董事、监事、高级管理人员具有约束力。公司的经营范围由公司章程规定，并依法登记。公司可以修改公司章程，改变经营范围，但是应当办理变更登记。公司的经营范围中属于法律、行政法规规定须经批准的项目，应当依法经过批准。

（三）股东出资制度

为了确保公司财产确定性和稳定性，我国《公司法》最初规定了较为刻板的法定资本制度，对股东出资有较多限定，要求所有出资要一次实缴到位。2013 年12 月28 日，《公司法》修改了公司设立时股东必须缴纳全部或部分出资的条件，改为"注册资本登记认缴制"：除法律、法规另有规定外，有限责任公司和发起设立的股份公司实施"认缴制"；募集设立的公司仍然采用"实缴制"，以公司实收资本总额为注册资本。同时，2013 年12 月28 日颁布的《公司法》一般性地取消了注册资本最低额度的要求、首次出资比例要求、实缴资本比例要求、货币出资比例要求以及强制验资要求。这些措施都大大降低了设立公司的门槛。

延伸阅读 2 − 2

注册资本实缴制与注册资本认缴制。实缴制不仅规定"资金"必须"到位"，而且规定最低缴付"数量"。认缴制，是指在注册公司时，承诺多少年把注册资金缴给国家，意思是企业可以去工商局自主认定一个金额，自主认定时间。只要在认定的时间把认缴补足就行了。

根据《公司法》的规定，"出资"至少有两层含义：一是指认缴出资或者认购股份，即出资人与出资人之间或者出资人与公司之间就出资或者认购股份达成了一致，出资人愿意投入一定的金额财产获得一定的股份，其他出资人或公司表示同意。二是指实缴出资或实缴股本，即出资人按照约定或公司章程记载的认缴出资额或认购股份数，并依据约定时间将出资财产的权属转移给公司。

（四）股东的权利与义务

股东向公司认缴出资后，就成为公司股东，具有相应的权利与义务。股东的权利包括以下几个方面。

1. 参加股东会并根据其出资份额享有表决权。股东会是由全体股东组成的，因此，不论股东大小都有权参加股东会，并以章程行使表决权。如果股东本人因故不能参加股东会议，有权委托他人代为参加并代为行使表决权。股东在股东会的职权范围内拥有了表决权，也就相应的拥有了对董事、监事的任免权，以及体现在对公司重大事项的决策权，如公司资本的增减、公司的合并分立等。

2. 选举权和被选举权。股东有权通过股东大会选举公司的董事或监事，也有权在符合法定任职资格的情况下，被选举为公司的董事或监事。

3. 转让出资或股份的权利。按照公司资本维持原则，股东在向公司出资获得股权后，法律禁止股东抽逃出资。但是，股东为了转移投资的风险或者收回本金，股东可以转让其出资或股份。当然，我国有限责任公司的股东出资的转让受到限制，须得到其他股东的同意；而股份有限公司股份则可以比较自由的转让，但目前只有上市公司才能通过证券交易所进行股票交易。

4. 查阅权。股东要参与公司的重大事项的决策，其前提是要掌握公司的经营状况，因此，对公司经营状况和财务状况的查阅权是各国公司法的普遍规定，而且不能以章程加以限制或剥夺。《公司法》规定了有限责任公司和股份有限公司股东查阅的范围，如查阅公司章程、股东（大）会会议记录和公司财务会计报告。

5. 建议和质询权。股东有权对公司经营提出建议与质询。股东会或股东大会要求董事、监事、高级管理人员列席的，董事、监事、高级管理人员应当列席并接受股东质询。

6. 增资优先认缴权。有限责任公司股东具有人合的因素，因此，按照《公司法》规定，经股东同意转让的出资，在同等条件下，其他股东对该出资有优先购买权。所谓的同等条件，主要就是价格条件。股份有限公司完全是资合性公司，股东的转让不受其他股东的限制，因此股东拥有的是优先认股权。但这种优先权行使的前提是，公司向原股东以其持股比例配送或配售新股。

7. 股利分配请求权。红利的分配权也是股东的核心权利。作为投资者向公司出资的主要目的是得到收益。要分配红利，首先要有可分配的利润，而且各国公司法对红利的分配都作出了严格的限制。

8. 提议召开临时股东（大）会和自行召集的权利。股东认为有必要时，有权提议召开临时股东（大）会。根据《公司法》有关规定，有限责任公司代表1/10 以上表决权的股东，可以提议召开临时股东（大）会；股份有限公司单独或合并持有 10% 以上股份的股东，可以提议召开临时股东（大）会。

当董事会或执行董事不履行召集股东（大）会职责的，由监事会或不设监事会公司的监事召集和主持；监事会或监事不召集和主持，提议股东可以自行召集和主持股东（大）会。

9. 临时提案权。根据《公司法》的有关规定，股份有限公司单独或者合计持有公司 3% 以上股份的股东，可以在股东（大）会召开 10 日前，提出临时提案并书面提交董事会；董事会应该在收到书面提案 2 日内通知其他股东，并将该临时提案提交股东大会审议。

10. 异议股东股份回购请求权。所谓异议股东股份回购请求权，指的是在特定的情形下对公司股东（大）会决议持反对意见的股东所享有的一种"要求公司以合理公平的价格收购自己股份"的权利。根据我国《公司法》的规定，异议股东股份回购请求权仅适用于有限责任公司。

11. 申请法院解散公司的权利。根据《公司法》的有关规定，公司经营管理发生严重困难，继续存续会使股东利益受到重大损失，通过其他途径不能解决的，持有公司全部表决权 10% 以上的股东，可以请求法院解散公司。

12. 公司的剩余财产分配请求权。当公司依法终止清算后，还有剩余的财产，这时候股东才可以按照出资比例，或持股比例分配剩余财产。

权利与义务总是相对的，股东享有权利，也要承担义务。根据我国有关法律、法规的规定，公司的股东应当承担以下义务。

1. 出资义务。按照法律和公司章程规定，股东有按期足额缴纳出资的义务。

2. 善意行使股权的义务。这项义务的主要含义是：股东虽然拥有一系列股东权利，但不得滥用其权利。公司股东应该遵守法律、行政法规和公司章程，依法行使股东权利，不得滥用股东权利损害公司或其他股东权利。

3. 公司出现解散事由后，股东有组织清算的义务。公司出现解散或破产事由时，应启动清算程序。公司出现解散事由后，应在规定期限内组织清算，股东有组织清算的义务。

（五）董事、监事与高级管理人员制度

在公司组织结构下，股东并不直接参与公司经营管理。股东只能通过选举董事组成董事会，由董事会聘任经理来负责公司的日常经营管理活动；监事会也由股东（大）会选举产生，监事会负责监督。股东组成的股东（大）会只对重大事项有决策权。股东只能以董事、监事或高级管理人员的身份才能参与公

司的日常经营管理活动。

我国《公司法》规定了董事、监事与高级管理人员的任职条件，有下列情况之一的，不得担任公司董事、监事与高级管理人员：（1）无民事行为能力或者限制民事行为能力；（2）因贪污、贿赂、侵占财产、挪用财产或者破坏社会主义市场经济秩序，被判处刑罚，执行期满未逾5年，或者因犯罪被剥夺政治权利，执行期满未逾5年；（3）担任破产清算的公司、企业的董事或者厂长、经理，对该公司、企业的破产负有个人责任的，自该公司、企业破产清算完结之日起未逾3年；（4）担任因违法被吊销营业执照、责令关闭的公司、企业的法定代表人，并负有个人责任的，自该公司、企业被吊销营业执照之日起未逾3年；（5）个人所负数额较大的债务到期未清偿。

公司违反前面规定选举、委派董事、监事或者聘任高级管理人员的，该选举、委派或者聘任无效。

董事、监事、高级管理人员应当遵守法律、行政法规和公司章程，对公司负有忠实义务和勤勉义务。董事、监事、高级管理人员不得利用职权收受贿赂或者其他非法收入，不得侵占公司的财产。

董事、高级管理人员不得有下列行为：（1）挪用公司资金；（2）将公司资金以其个人名义或者以其他个人名义开立账户存储；（3）违反公司章程的规定，未经股东会、股东大会或者董事会同意，将公司资金借贷给他人或者以公司财产为他人提供担保；（4）违反公司章程的规定或者未经股东会、股东大会同意，与本公司订立合同或者进行交易；（5）未经股东会或者股东大会同意，利用职务便利为自己或者他人谋取属于公司的商业机会，自营或者为他人经营与所任职公司同类的业务；（6）接受他人与公司交易的佣金归为己有；（7）擅自披露公司秘密；（8）违反对公司忠实义务的其他行为。

董事、高级管理人员违反上述规定所得的收入应当归公司所有。

二、股份有限公司

（一）股份有限公司的设立

1. 设立条件。《公司法》规定，设立股份有限公司，应当具备下列条件：

第一，发起人符合法定人数；第二，有符合公司章程规定的全体发起人认购的股本总额或者募集的实收股本总额；第三，股份发行、筹办事项符合法律规定；第四，发起人制定公司章程，采用募集方式设立的经创立大会通过；第五，有公司名称，建立符合股份有限公司要求的组织机构；第六，有公司住所。

具体来说，发起人人数的规定如下：设立股份有限公司，应当有 2 人以上 200 人以下为发起人，其中须有半数以上的发起人在中国境内有住所。

关于注册资本，《公司法》规定，股份有限公司采取发起设立方式设立的，注册资本为在公司登记机关登记的全体发起人认购的股本总额。在发起人认购的股份缴足前，不得向他人募集股份。股份有限公司采取募集方式设立的，注册资本为在公司登记机关登记的实收股本总额。法律、行政法规以及国务院决定对股份有限公司注册资本实缴、注册资本最低限额另有规定的，从其规定。

《公司法》还规定了股份有限公司的组织条件。组织条件包括公司的名称、住所、章程，以及依法建立的组织机构等。

2. 设立方式。股份有限公司的设立，可以采取发起设立或者募集设立的方式。发起设立，是指由发起人认购公司应发行的全部股份而设立公司。募集设立，是指由发起人认购公司应发行股份的一部分，其余股份向社会公开募集或者向特定对象募集而设立公司。

3. 设立程序。以发起设立方式设立股份有限公司的，发起人以书面认足公司章程规定发行的股份后，应即缴纳全部股款；以实物、工业产权、非专利技术或者土地使用权抵作股款的，应当依法办理其财产的转移手续。发起人交付全部出资后，应当选举董事会和监事会，由董事会向公司登记机关报送设立公司的批准文件、公司章程、验资证明等文件，申请设立登记。

以募集设立方式设立股份有限公司的，发起人认购的股份不得少于公司股份总数的35%，其余股份应当向社会公开募集。发起人向社会公开募集股份时，必须向国务院证券管理部门递交募股申请，并报送下列主要文件：（1）批准设立公司的文件；（2）公司章程；（3）经营估算书；（4）发起人姓名或者名称，发起人认购的股份数、出资种类及验资证明；（5）招股说明书；（6）代收股款银行的名称及地址；（7）承销机构名称及有关的协议。未经国务院证券管理部门批准，发起人不得向社会公开募集股份。

（二）股份有限公司的组织结构

1. 股东大会。股份有限公司股东大会由全体股东组成，股东大会是公司的权力机构。

股东大会行使下列职权：（1）决定公司的经营方针和投资计划；（2）选举和更换非由职工代表担任的董事、监事，决定有关董事、监事的报酬事项；（3）审议批准董事会的报告；（4）审议批准监事会或者监事的报告；（5）审议批准公司的年度财务预算方案、决算方案；（6）审议批准公司的利润分配方案和弥补亏损方案；（7）对公司增加或者减少注册资本作出决议；（8）对发行公司债券作出决议；（9）对公司合并、分立、解散、清算或者变更公司形式作出决议；（10）修改公司章程；（11）公司章程规定的其他职权。

根据上市公司章程指引，上市公司股东大会还行使以下职权：（1）对公司聘用、解聘会计师事务所作出决议；（2）审议批准相关担保事项；（3）审议公司在一年内购买、出售重大资产超过公司最近一期经审计总资产30%的事项；（4）审议批准变更募集资金用途事项；（5）审议股权激励计划。

股东大会分为年度股东大会与临时股东大会。年度股东大会一年举行一次。有下列情形之一的，可以举行临时股东大会：（1）董事会人数不足《公司法》或公司章程规定人数2/3时；（2）公司未弥补的亏损达到实收股本总额1/3时；（3）股份有限公司单独或合并持有10%以上股份的股东，可以提议召开临时股东（大）会；（4）董事会认为有必要时；（5）监事会提议召开时；（6）公司章程规定的其他情形。

股东大会作出决议，必须经出席会议的股东所持表决权过半数通过。但是，股东大会作出修改公司章程、增加或者减少注册资本的决议，以及公司合并、分立、解散或者变更公司形式的决议，必须经出席会议的股东所持表决权的2/3以上通过。

根据《上市公司治理准则》的规定，控股股东控股比例在30%以上的上市公司，在选举董事、监事时，应该采取累积投票制。累积投票制是指在公司的选举会上，实行每个股份持有者按其有表决权的股份数与被选人数的乘积为其应有的选举权力，选举者可以将这一定数的权力进行集中或分散投票的选举办法。其他股份公司也可以依据公司章程或股东大会决议，采取累积投票制。

【例2-4】某上市公司控股股东持股比例为60%，其他机构投资者、中小股东持股比例合计为40%，选举5名董事。

若按法定表决制度，每一股有一个表决权，控股60%的控股股东就能够使自己推选的5名董事（A、B、C、D、E）全部当选；若采用累积投票制，假设控股股东平均投票，则控股股东提名的候选人每人得票为总表决权票数的12%；假设其他机构投资者、中小股东联合，将他们的所有投票集中选举2名候选人（F、G），则候选人F、G每人得票为总表决权票数的20%。

累积投票权制度的意义与作用在于：（1）能在一定程度上限制控股股东利用表决权优势操纵董事、监事的选举，限制了控股股东对董事、监事选举过程的绝对控制力；（2）在一定程度上保护了中小投资者利益。

2. 董事会。董事会设董事长1人，可以设副董事长。董事长和副董事长由董事会以全体董事的过半数选举产生。董事长召集和主持董事会会议，检查董事会决议的实施情况。副董事长协助董事长工作，董事长不能履行职务或者不履行职务的，由副董事长履行职务；副董事长不能履行职务或者不履行职务的，由半数以上董事共同推举1名董事履行职务。

股份制有限公司董事会的成员为5～19人。董事会对股东大会负责，行使以下职权：（1）召集股东大会，并向股东大会报告工作；（2）执行股东大会的决议；（3）决定公司的经营计划和投资方案；（4）制定公司的年度财务预算方案、决算方案；（5）制定公司的利润分配方案和弥补亏损方案；（6）制定公司增加或者减少注册资本、发行债券或其他证券及上市方案；（7）拟订公司重大收购、收购本公司股票或者合并、分立、解散及变更公司形式的方案；（8）决定公司内部管理机构的设置；（9）聘任或者解聘公司经理、董事会秘书；根据经理的提名，聘任或者解聘公司副经理、财务负责人等高级管理人员，并决定其报酬事项和奖惩事项；（10）制定公司的基本管理制度；（11）公司章程规定的其他职权。

3. 经营管理机关。经营管理机关是由董事会聘任的，负责公司日常经营管理活动的公司常设业务执行机关。经营管理机关即经理。与董事会、监事会不同，经理不是以会议形式形成决议的机关，而是执行机关。

经理对董事会负责，行使下列职权：（1）主持公司的生产经营管理工作，组织实施董事会决议；（2）组织实施公司年度经营计划和投资方案；（3）拟订公司内部管理机构设置方案；（4）拟订公司的基本管理制度；（5）制定公司的具体规章；（6）提请聘任或者解聘公司副经理、财务负责人；（7）决定聘任或者解聘除应由董事会决定聘任或者解聘以外的负责管理人员；（8）董事会授予的其他职权。

4. 监事会。股份有限公司设监事会，其成员不得少于 3 人。监事会应当包括股东代表和适当比例的公司职工代表，其中职工代表的比例不得低于 1/3，具体比例由公司章程规定。监事会中的职工代表由公司职工通过职工代表大会、职工大会或者其他形式民主选举产生。

监事会行使下列职权：（1）检查公司财务；（2）对董事、高级管理人员执行公司职务的行为进行监督，对违反法律、行政法规、公司章程或者股东会决议的董事、高级管理人员提出罢免的建议；（3）当董事、高级管理人员的行为损害公司的利益时，要求董事、高级管理人员予以纠正；（4）提议召开临时股东会会议，在董事会不履行《公司法》规定的召集和主持股东会会议职责时，召集和主持股东会会议；（5）向股东会会议提出提案；（6）满足相关法律规定，对董事、高级管理人员提起诉讼；（7）公司章程规定的其他职权。

监事可以列席董事会会议，并对董事会决议事项提出质询或者建议。监事会、不设监事会的公司的监事发现公司经营情况异常，可以进行调查；必要时，可以聘请会计师事务所等协助其工作，费用由公司承担。

（三）上市公司独立董事制度

上市公司应设立独立董事，中国证监会要求上市公司董事会成员中应至少 1/3 为独立董事。

根据中国证监会 2001 年 8 月 16 日发布的《关于在上市公司建立独立董事制度的指导意见》，上市公司独立董事是指不在公司担任除董事外的其他职务，并与其所受聘的上市公司及其主要股东不存在可能妨碍其进行独立客观判断的关系的董事。

担任独立董事应当符合下列基本条件：（1）根据法律、行政法规及其他有关规定，具备担任上市公司董事的资格；（2）具有《关于在上市公司建立独立董事制度的指导意见》所要求的独立性；（3）具备上市公司运作的基本知识，熟悉相关法律、行政法规、规章及规则；（4）具有 5 年以上法律、经济或者其他履行独立董事职责所必需的工作经验；（5）公司章程规定的其他条件。

独立董事必须具有独立性，下列人员不得担任独立董事：（1）在上市公司或者其附属企业任职的人员及其直系亲属、主要社会关系（直系亲属是指配偶、父母、子女等，主要社会关系是指兄弟姐妹、岳父母、儿媳女婿、兄弟姐妹的配偶、配偶的兄弟姐妹等）；（2）直接或间接持有上市公司已发行股份 1% 以上或者是上市公司前十名股东中的自然人股东及其直系亲属；（3）在直接或间接持有上市公司已发行股份 5% 以上的股东单位或者在上市公司前五名股东单位任职的人员及其直系亲属；（4）最近一年内曾经具有前三项所列举情形的人员；（5）为上市公司或者其附属企业提供财务、法律、咨询等服务的人员；（6）公司章程规定的其他人员；（7）中国证监会认定的其他人员。

独立董事除应具备董事职权外，还应行使以下特别职权：（1）重大关联交易（指上市公司拟与关联人达成的总额高于 300 万元或高于上市公司最近经审计净资产值的 5% 的关联交易）应由独立董事认可后，提交董事会讨论；独立董事作出判断前，可以聘请中介机构出具独立财务顾问报告，作为其判断的依据。（2）向董事会提议聘用或解聘会计师事务所；（3）向董事会提请召开临时股东大会；（4）提议召开董事会；（5）独立聘请外部审计机构和咨询机构。

（四）股份公司的股份发行与转让

股份有限公司的资本划分为股份，每一股的金额相等。公司的股份采取股票的形式。股票是公司签发的证明股东所持股份的凭证。股份的发行，实行公平、公正的原则，同种类的每一股份应当具有同等权利。股票发行价格可以按票面金额，也可以超过票面金额，但不得低于票面金额。

公司发行的股票，可以为记名股票，也可以为无记名股票。公司向发起人、法人发行的股票，应当为记名股票，并应当记载该发起人、法人的名称或者姓名，不得另立户名或者以代表人姓名记名。公司发行新股，股东大会应当对下列事项作出决议：（1）新股种类及数额；（2）新股发行价格；（3）新股发行的起止日期；（4）向原有股东发行新股的种类及数额。

公司经国务院证券监督管理机构核准公开发行新股时，必须公告新股招股说明书和财务会计报告，并制作认股书。股东持有的股份可以依法转让。股东转让其股份，应当在依法设立的证券交易场所进行或者按照国务院规定的其他方式进行。

发起人持有的本公司股份，自公司成立之日起 1 年内不得转让。公司公开发行股份前已发行的股份，自公司股票在证券交易所上市交易之日起 1 年内不得转让。公司董事、监事、高级管理人员应当向公司申报所持有的本公司的股份及其变动情况，在任职期间每年转让的股份不得超过其所持有本公司股份总数的 25%；所持本公司股份自公司股票上市交易之日起 1 年内不得转让。上述人员离职后半年内，不得转让其所持有的本公司股份。公司章程可以对公司董事、监事、高级管理人员转让其所持有的本公司股份作出其他限制性规定。

三、有限责任公司

（一）有限责任公司的设立

1. 设立条件。设立有限责任公司，应当具备下列条件：（1）股东符合法定人数，有限责任公司由 50 个以下股东出资设立；（2）符合公司章程规定的全体股东认缴的出资额；（3）股东共同制定公司章程；（4）公司名称，建立符合有限责任公司要求的组织机构；（5）公司住所。

2. 设立程序。股东认足公司章程规定的出资后，由全体股东指定的代表或者共同委托的代理人向公司登记机关报送公司登记申请书、公司章程等文件，申请设立登记。

有限责任公司成立后，应当向股东签发出资证明书。出资证明书应当载明下列事项：（1）公司名称；（2）公司成立日期；（3）公司注册资本；（4）股东的姓名或者名称、缴纳的出资额和出资日期；（5）出资证明书的编号和核发日期。

有限责任公司应当置备股东名册，记载下列事项：（1）股东的姓名或者名称及住所；（2）股东的出资额；（3）出资证明书编号。

（二）有限责任公司的组织结构

1. 股东会。股东会行使下列职权：（1）决定公司的经营方针和投资计划；（2）选举和更换非由职工代表担任的董事、监事，决定有关董事、监事的报酬事项；（3）审议批准董事会的报告；（4）审议批准监事会或者监事的报告；（5）审议批准公司的年度财务预算方案、决算方案；（6）审议批准公司的利润分配方案和弥补亏损方案；（7）对公司增加或者减少注册资本作出决议；（8）对发行公司债券作出决议；（9）对公司合并、分立、解散、清算或者变更公司形式作出决议；（10）修改公司章程；（11）公司章程规定的其他职权。

股东会会议分为定期会议和临时会议。定期会议应当依照公司章程的规定按时召开。代表 1/10 以上表决权的股东，1/3 以上的董事，监事会或者不设监事会的公司的监事提议召开临时会议的，应当召开临时会议。股东会的议事方式和表决程序，除《公司法》有规定的外，由公司章程规定。股东会会议作出修改公司章程、增加或者减少注册资本的决议，以及公司合并、分立、解散或者变更公司形式的决议，必须经代表 2/3 以上表决权的股东通过。

2. 董事会。有限责任公司设董事会，其成员为 3 ~ 13 人；股东人数较少或者规模较小的有限责任公司，可以设一名执行董事，不设董事会。

董事会对股东会负责，行使下列职权：（1）召集股东会会议，并向股东会报告工作；（2）执行股东会的决议；（3）决定公司的经营计划和投资方案；（4）制定公司的年度财务预算方案、决算方案；（5）制定公司的利润分配方案和弥补亏损方案；（6）制定公司增加或者减少注册资本以及发行公司债券的方案；（7）制定公司合并、分立、解散或者变更公司形式的方案；（8）决定公司内部管理机构的设置；（9）决定聘任或者解聘公司经理及其报酬事项，并根据经理的提名决定聘任或者解聘公司副经理、财务负责人及其报酬事项；（10）制定公司的基本管理制度；（11）公司章程规定的其他职权。

3. 经理。有限责任公司可以设经理，由董事会决定聘任或者解聘。经理对董事会负责，行使下列职权：（1）主持公司的生产经营管理工作，组织实施董事会决议；（2）组织实施公司年度经营计划和投资方案；（3）拟订公司内部管理机构设置方案；（4）拟订公司的基本管理制度；（5）制定公司的具体规章；

（6）提请聘任或者解聘公司副经理、财务负责人；（7）决定聘任或者解聘除应由董事会决定聘任或者解聘以外的负责管理人员；（8）董事会授予的其他职权。

公司章程对经理职权另有规定的，从其规定。股东人数较少或者规模较小的有限责任公司，可以设一名执行董事，不设董事会。执行董事可以兼任公司经理。执行董事的职权由公司章程规定。

4. 监事会。有限责任公司设监事会，其成员不得少于 3 人。股东人数较少或者规模较小的有限责任公司，可以设 1～2 名监事，不设监事会。监事会应当包括股东代表和适当比例的公司职工代表，其中职工代表的比例不得低于1/3，具体比例由公司章程规定。监事会中的职工代表由公司职工通过职工代表大会、职工大会或者其他形式民主选举产生。

监事会设主席 1 人，由全体监事过半数选举产生。监事会主席召集和主持监事会会议；监事会主席不能履行职务或者不履行职务的，由半数以上监事共同推举 1 名监事召集和主持监事会会议。

监事会、不设监事会的公司的监事行使下列职权：（1）检查公司财务；（2）对董事、高级管理人员执行公司职务的行为进行监督，对违反法律、行政法规、公司章程或者股东会决议的董事、高级管理人员提出罢免的建议；（3）当董事、高级管理人员的行为损害公司的利益时，要求董事、高级管理人员予以纠正；（4）提议召开临时股东会会议，在董事会不履行《公司法》规定的召集和主持股东会会议职责时，召集和主持股东会会议；（5）向股东会会议提出提案；（6）依照《公司法》规定，对董事、高级管理人员提起诉讼；（7）公司章程规定的其他职权。

监事可以列席董事会会议，并对董事会决议事项提出质询或者建议。监事会、不设监事会的公司的监事发现公司经营情况异常，可以进行调查；必要时，可以聘请会计师事务所等协助其工作，费用由公司承担。监事会每年度至少召开一次会议，监事可以提议召开临时监事会会议。

（三）一人有限公司的特别规定

一人有限责任公司，是指只有一个自然人股东或者一个法人股东的有限责任公司。一个自然人只能投资设立一个一人有限责任公司。该一人有限责任公司不能投资设立新的一人有限责任公司。

一人有限责任公司章程由股东制定。一人有限责任公司不设股东会；应当在每一会计年度终了时编制财务会计报告，并经会计师事务所审计；一人有限责任公司的股东不能证明公司财产独立于股东自己的财产的，应当对公司债务承担连带责任。

（四）国有独资公司的特别规定

国有独资公司，是指国家单独出资、由国务院或者地方人民政府授权本级人民政府国有资产监督管理机构履行出资人职责的有限责任公司。

国有独资公司章程由国有资产监督管理机构制定，或者由董事会制定报国有资产监督管理机构批准。

国有独资公司不设股东会，由国有资产监督管理机构行使股东会职权。国有资产监督管理机构可以授权公司董事会行使股东会的部分职权，决定公司的重大事项，但公司的合并、分立、解散、增加或者减少注册资本和发行公司债券，必须由国有资产监督管理机构决定。其中，重要的国有独资公司合并、分立、解散、申请破产的，应当由国有资产监督管理机构审核后，报本级人民政府批准。

国有独资公司设董事会，董事会成员中应当有公司职工代表。董事会成员由国有资产监督管理机构委派，但是，董事会成员中的职工代表由公司职工代表大会选举产生。国有独资公司设经理，由董事会聘任或者解聘。国有独资公司设监事会，监事会成员不得少于5人，其中职工代表的比例不得低于1/3，具体比例由公司章程规定。监事会成员由国有资产监督管理机构委派，监事会成员中的职工代表由公司职工代表大会选举产生。监事会主席由国有资产监督管理机构从监事会成员中指定。

董事会、监事会、经理的职权与其他有限责任公司相同。

（五）有限责任公司的股权转移

有限责任公司的股东之间可以相互转让其全部或者部分股权。股东向股东以外的人转让股权，应当经其他股东过半数同意。股东应就其股权转让事项书面通知其他股东征求同意，其他股东自接到书面通知之日起满 30 日未答复的，视为同意转让。其他股东半数以上不同意转让的，不同意的股东应当购买该转让的股权；不购买的，视为同意转让。经股东同意转让的股权，在同等条件下，其他股东有优先购买权。两个以上股东主张行使优先购买权的，协商确定各自的购买比例，协商不成的，按照转让时各自的出资比例行使优先购买权。公司章程对股权转让另有规定的，应遵守公司章程。

转让股权后，公司应当注销原股东的出资证明书，向新股东签发出资证明书，并相应修改公司章程和股东名册中有关股东及其出资额的记载。对公司章程的该项修改不需再由股东会表决。

四、公司财务会计

（一）公司财务会计报告

公司应当依照法律、行政法规和国务院财政部门的规定建立本公司的财务、会计制度。公司应当在每一会计年度终了时编制财务会计报告，并依法经会计师事务所审计。公司应当向聘用的会计师事务所提供真实、完整的会计凭证、会计账簿、财务会计报告及其他会计资料，不得拒绝、隐匿、谎报。

尽管公司的组织形式不同，财务会计的要求也有所不同，但财务报告应具有一定的可比性，公司财务报告主要包括以下内容。

1. 资产负债表。资产负债表反映的是公司资产规模、资产构成情况、公司负债权益结构，进而可以反映公司的偿债能力和支付能力。

2. 利润表。利润表反映的是公司在一定经营期间的经营成果及其分配情况，利润表也是公司缴纳相关税费的依据。

3. 现金流量表。现金流量表是反映一家公司在一定时期现金流入和现金流出动态状况的报表。通过现金流量表可以概括反映经营活动、投资活动和筹资活动对企业现金流入流出的影响。

4. 报表附注。财务报表附注不仅便于财务报表使用者理解财务报表的内容，而且是对财务报表的编制基础、编制依据、编制原则和方法及主要项目等所作的解释，对其本身起补充说明的作用，也便于报表使用者做出更科学合理的决策。

（二）利润分配

《公司法》规定，公司应按如下顺序进行利润分配：（1）弥补以前年度的亏损，但不得超过税法规定的弥补期限；（2）缴纳所得税；（3）弥补在税前利润弥补亏损之后仍然存在的亏损；（4）提取法定公积金，公司法定公积金累计额为公司注册资本的50％以上的，可以不再提取；（5）提取任意公积金；（6）向股东分配利润。

股东会、股东大会或者董事会违反上述规定，在公司弥补亏损和提取法定公积金之前向股东分配利润的，股东必须将违反规定分配的利润退还公司。公司持有的本公司股份不得分配利润。

五、公司重大变更

（一）公司合并

1. 公司合并的形式。公司合并可以采取吸收合并或者新设合并。一个公司吸收其他公司为吸收合并，被吸收的公司解散。两个以上公司合并设立一个新的公司为新设合并，合并各方解散。

2. 公司合并的程序。公司合并应当由合并各方签订合并协议，并编制资产负债表及财产清单。公司应当自作出合并决议之日起10日内通知债权人，并于30日内在报纸上公告。债权人自接到通知书之日起30日内，未接到通知书的自公告之日起45日内，可以要求公司清偿债务或者提供相应的担保。公司合并时，合并各方的债权、债务，应当由合并后存续的公司或者新设的公司承继。

（二）公司分立

1. 公司分立的形式。公司分立指一个公司依照公司法有关规定，通过股东会决议分成两个以上的公司。公司分立的形式有两种：一种是派生分立，是指一个公司分离成两个以上公司，本公司继续存在并设立一个以上新的公司；另一是新设分立，是指一个公司分散为两个以上公司，本公司解散并设立两个以上新的公司。

2. 公司分立的程序。公司分立的程序如下：（1）公司董事会拟订公司分立方案。在公司分立方案中，除应当对分立原因、目的、分立后各公司的地位、分立后公司章程及其他相关问题作出安排外，特别应妥善处理财产及债务分割问题。（2）公司股东会关于分立方案的决议。公司分立属于《公司法》上所称重大事项，应当由股东会以特别会议决议方式决定。（3）董事会编制公司财务及财产文件。公司分立时应当进行财产分割。为妥善处理财产分割，应当编制资产负债表及财产清单。经股东会授权后，应当由董事会负责实施。（4）政府主管机关的批准。与公司合并须经政府主管机关批准的规则在本质上相同，即公司分立应以政府批准为前提。公司应当自作出分立决议之日起 10 日内通知债权人，并于 30 日内在报纸上公告。（5）履行债权人保护程序。债权人保护程序主要涉及分立通知、公告及程序：在分立决议做出后的 10 日内，将分立决议通知债权人，并于 30 日内在报纸上公告。

（三）公司增资与公司减资

有限责任公司增加注册资本时，股东认缴新增资本的出资，依照《公司法》设立有限责任公司缴纳出资的有关规定执行。股份有限公司为增加注册资本发行新股时，股东认购新股，依照《公司法》设立股份有限公司缴纳股款的有关规定执行。

公司需要减少注册资本时，必须编制资产负债表及财产清单。公司应当自作出减少注册资本决议之日起 10 日内通知债权人，并于 30 日内在报纸上公告。债权人自接到通知书之日起 30 日内，未接到通知书的自公告之日起 45 日内，有权要求公司清偿债务或者提供相应的担保。

公司增加或者减少注册资本，还应当依法向公司登记机关办理变更登记。

六、公司解散与清算

（一）公司解散

1. 公司解散的概念。公司解散，是指公司发生章程规定或法定的除破产以外的解散事由而停止业务活动，并进入清算程序的过程。

2. 公司解散的原因。公司因下列原因解散：（1）公司章程规定的营业期限届满或者公司章程规定的其他解散事由出现；（2）股东会或者股东大会决议解散；（3）因公司合并或者分立需要解散；（4）依法被吊销营业执照、责令关闭或者被撤销；（5）人民法院依法予以解散。

3. 强制解散。单独或者合计持有公司全部股东表决权 10% 以上的股东，以下列事由之一提起解散公司诉讼，并符合公司法相关规定的，人民法院应予受理：（1）公司持续 2 年以上无法召开股东会或者股东大会，公司经营管理发生严重困难的；（2）股东表决时无法达到法定或者公司章程规定的比例，持续两年以上不能作出有效的股东会或者股东大会决议，公司经营管理发生严重困难的；（3）公司董事长期冲突，且无法通过股东会或者股东大会解决，公司经营管理发生严重困难的，（4）经营管理发生其他严重困难，公司继续存续会使股东利益受到重大损失的情形。

股东以知情权、利润分配请求权等权益受到损害，或者公司亏损、财产不足以偿还全部债务，以及公司被吊销企业法人营业执照未进行清算等为由，提起解散公司诉讼的，人民法院不予受理。

（二）公司清算

1. 公司清算的概述。公司清算，是指在公司解散时，为终结公司作为当事人的各种法律关系，使公司的法人资格归于消灭，而对公司未了结的业务、财产及债权债务关系等进行清理、处分的行为和程序。清算范围为公司的出资、资产、债权、债务的审查。

2. 清算组职权。根据《公司法》规定，公司应当在解散事由出现之日起 15 日内成立清算组，开始清算。有限责任公司的清算组由股东组成，股份有限公司的清算组由董事或者股东大会确定的人员组成。逾期不成立清算组进行清算的，债权人可以申请人民法院指定有关人员组成清算组进行清算。人民法院应当受理该申请，并及时组织清算组进行清算。

清算组在清算期间行使如下职权：（1）清理公司财产，分别编制资产负债表和财产清单；（2）通知、公告债权人；（3）处理与清算有关的公司未了结的业务；（4）清缴所欠税款以及清算过程中产生的税款；（5）清理债权、债务；（6）处理公司清偿债务后的剩余财产；（7）代表公司参与民事诉讼活动。

3. 清算程序。清算程序包括：（1）通知债权人。清算组应当自成立之日起 10 日内通知债权人，并于 60 日内在报纸上公告。债权人应当自接到通知书之日起 30 日内，未接到通知书的自公告之日起 45 日内，向清算组申报其债权。（2）债权申报和登记。债权人申报债权，应当说明债权的有关事项，并提供证明材料。清算组应当对债权进行登记。（3）清理公司财产，制订清算方案。清算组在清理公司财产、编制资产负债表和财产清单后，应当制订清算方案，并报股东会、股东大会或者人民法院确认。（4）清偿债务。公司财产在分别支付清算费用、职工的工资、社会保险费用和法定补偿金，缴纳所欠税款，清偿公司债务后的剩余财产，有限责任公司按照股东的出资比例分配，股份有限公司按照股东持有的股份比例分配。清算期间，公司存续，但不得开展与清算无关的经营活动。公司财产在未依照前款规定清偿前，不得分配给股东。清算组在清理公司财产、编制资产负债表和财产清单后，发现公司财产不足清偿债务的，应当依法向人民法院申请宣告破产。公司经人民法院裁定宣告破产后，清算组应当将清算事务移交给人民法院。（5）公告公司终止。公司清算结束后，清算组应当制作清算报告，报股东会、股东大会或者人民法院确认，并报送公司登记机关，申请注销公司登记，公告公司终止。

第四节　证券法律制度

一、证券法律制度概述

（一）《证券法》适用范围

制定《证券法》的目的是规范证券发行和交易行为，保护投资者的合法权益，维护社会经济秩序和社会公共利益，促进社会主义市场经济的发展。在中华人民共和国境内，股票、公司债券和国务院依法认定的其他证券的发行和交易，适用《证券法》；《证券法》未规定的，适用《公司法》和其他法律、行政法规的规定。

延伸阅读 2－3

《公司法》与《证券法》的适用范围：在中华人民共和国境内，股票、公司债券和国务院依法认定的其他证券的发行和交易，适用《证券法》。由于迄今为止，国务院并未作出此类认定。因此，涉及股票、公司债券发行与交易的，适用《证券法》。同时，适用《证券法》的公司也适用于《公司法》。《证券法》未规定的，适用《公司法》和其他法律、行政法规的规定。

《证券法》的修订：作为我国多层次资本市场的"塔基"部分，新三板以及区域性股权交易市场（俗称"四板"市场）正在得到重视，在两大层次市场不断规范并实现企业数量和融资快速扩容的同时，其市场地位和法律地位有望得以巩固。在此之前，《证券法》修订草案已将证券交易场所划分为证券交易所、国务院批准的其他全国性证券交易场所（新三板）和按照国务院规定设立的区域性股权交易市场三个层次。需要指出的是：现行《证券法》不涉及新三板与"四板"市场业务。

（二）证券市场监管体系

1. 政府的统一管理。国务院证券监督管理机构（即中国证券监督管理委员会，以下简称证监会）依法对证券市场实行监督管理，维护证券市场秩序，保障其合法运行。国务院证券监督管理机构在对证券市场实施监督管理中履行下列职责：（1）依法制定有关证券市场监督管理的规章、规则，并依法行使审批或者核准权；（2）依法对证券的发行、上市、交易、登记、存管、结算进行监督管理；（3）依法对证券发行人、上市公司、证券公司、证券投资基金管理公司、证券服务机构、证券交易所、证券登记结算机构的证券业务活动进行监督管理；（4）依法制定从事证券业务人员的资格标准和行为准则，并监督实施；（5）依法监督检查证券发行、上市和交易的信息公开情况；（6）依法对证券业协会的活动进行指导和监督；（7）依法对违反证券市场监督管理法律、行政法规的行为进行查处；（8）法律、行政法规规定的其他职责。

2. 行业自律管理。目前，我国证券发行与交易的自律管理，主要通过下列自律机构来实施。

（1）中国证券业协会。中国证券业协会成立于 1991 年 8 月 28 日，是依据《证券法》和《社会团体登记管理条例》的有关规定设立的证券业自律性组织，属于非营利性社会团体法人，接受中国证监会和国家民政部的业务指导和监督管理。依据《证券法》的有关规定，中国证券业协会行使下列职责：教育和组织会员遵守证券法律、行政法规；依法维护会员的合法权益，向证监会反映会员的建议和要求；收集整理证券信息，为会员提供服务；制定会员应遵守的规则，组织会员单位的从业人员的业务培训，开展会员间的业务交流；对会员之间、会员与客户之间发生的证券业务纠纷进行调解；组织会员就证券业的发展、运作及有关内容进行研究；监督、检查会员行为，对违反法律、行政法规或者协会章程的，按照规定给予纪律处分；证券业协会章程规定的其他职责。

（2）证券交易所。证券交易所是为证券集中交易提供场所和设施，组织和监督证券交易，实行自律管理的法人。我国目前有上海和深圳两家证券交易所。证券交易所的设立与解散由国务院决定。证券交易所负责审核证券上市交易，还可以决定暂停或终止证券的上市交易。证券交易所制定上市规则、交易规则、会员管理规则和其他有关规则，并报国务院证券监督管理机构批准。在证券交易所内从事证券交易的人员，违反证券交易所有关交易规则的，由证券交易所给予纪律处分；对情节严重的，撤销其资格，禁止其入场进行证券交易。

（3）全国中小企业股权转让系统。全国中小企业股份转让系统是经国务院批准设立的全国性证券交易场所。股票在全国股份转让系统挂牌的公司为非上市公众公司，股东人数可以超过 200 人，接受证监会的统一监督管理。全国股份转让系统公司负责组织和监督挂牌公司的股票转让及相关活动，实行自律管理。

（4）证券服务机构是根据证监会和其他国家机关发布的有关规定，注册会计师事务所、律师事务所、资产评估机构等中介机构及其就业人员，在取得证券从业资格后，依据国家有关规定，对公开发行股票的公司财务报告、资产评估报告、招股说明书和法律意见书进行审核鉴证，实施监督，并承担相应的法律责任。

二、股票发行

（一）股票发行的类型

根据《证券法》的规定，公开发行证券，必须符合法律、行政法规规定的条件，并依法报经国务院证券监督管理机构或者国务院授权的部门核准；未经依法核准，任何单位和个人不得公开发行证券。

股票的发行方式可以分为公开发行与非公开发行两种方式，非公开发行习惯上被称为私募。公开发行股票，必须依法符合条件，依法报证监会核准。除了一些特殊主体的私募发行按《证券法》规定必须经过核准外，私募发行一般不需要经过核准。有下列情形之一的，为公开发行：（1）向不特定对象发行证券的；（2）向特定对象发行证券累计超过 200 人的；（3）法律、行政法规规定的其他发行行为。

根据发行主体、发行方式和发行目的的不同，《证券法》对以下类型的股票发行进行了区分。

（1）非公众公司非公开发行股票，发行后股东人数小于 200 人，发行方式也未采用公开发行。此种股票发行不需要经证监会的核准，发行人只需要遵守《公司法》，自行决定发行。投资者的保护完全依据投资者与发行人之间的协议安排、《公司章程》和《公司法》规定执行。

（2）非公众公司向特定对象发行股票，导致发行后股东人数超过 200 人。即使发行没有采用向社会公开的方式，只是针对特定对象，发行后股东人数超过 200 人，就仍然构成了公开发行。这种发行必须符合法定规定，依法报经证监会的核准。非公众公司核准定向发行股票后，股东人数超过 200 人的，该公司将被定性为非上市公众公司。

（3）非公众公司申请股票以公开方式向社会公众公开转让。本来公司股东转让股票并不构成股票发行行为，但为了防止有人利用股份转让规避公开发行监管，《国务院办公厅关于严厉打击非法发行股票和非法经营证券业务有关问题的通知》规定"公司股东自行或者委托他人以公开方式向社会公众转让股票的行为"构成了变相公开发行股票。因此，该行为需要经证监会核准，核准后该公司被定性为非上市公众公司。

（4）非上市公众公司的定向发行。非上市公众公司的定向发行，由于该行为也属于公开发行，也必须符合法定条件，依法报经证监会核准。

（5）首次公开发行股票并上市。当发行人向社会公众公开发行股票，并且在发行完成后拟在证券交易所上市的，需要符合法定条件，依法报经证监会核准。发行上市后，该公司成为上市公司。

（6）上市公司发行新股或增发股票。上市公司发行新股、增发股票属于公开发行，需要符合法定条件，依法报经证监会核准。

（二）非上市公众公司

根据《非上市公众公司监督管理办法》的规定，非上市公众公司是指有下列情形之一且其股票未在证券交易所上市交易的股份有限公司：（1）股票向特定对象发行或者转让导致股东累计超过200人；（2）股票以公开方式向社会公众公开转让。

与非上市公众公司有关的股票定向发行。公司确定发行对象时，以下两类投资者合计不得超过35名：（1）公司的董事、监事、高级管理人员、核心员工；（2）符合投资者适当性管理规定的自然人投资者、法人投资者及其他经济组织。核心员工的认定，应当由公司董事会提名，并向全体员工公示和征求意见，由监事会发表明确意见后，经股东大会审议批准。公司应当对发行对象的身份进行确认，有充分理由确信发行对象符合本办法和公司的相关规定。公司应当与发行对象签订包含风险揭示条款的认购协议。公司董事会应当依法就本次股票发行的具体方案作出决议，并提请股东大会批准，股东大会决议必须经出席会议的股东所持表决权的2/3以上通过。公司应当按照证监会有关规定制作定向发行的申请文件，申请文件应当包括但不限于：定向发行说明书、律师事务所出具的法律意见书、具有证券期货相关业务资格的会计师事务所出具的审计报告、证券公司出具的推荐文件。公司持申请文件向证监会申请核准。证监会受理申请文件后，依法对公司治理和信息披露以及发行对象情况进行审核，作出是否核准的决定，并出具相关文件。公司申请定向发行股票，可申请一次核准、分期发行。股票发行结束后，公众公司应当按照证监会的有关要求编制并披露发行情况报告书。申请分期发行的公众公司应在每期发行后按照证监会的有关要求进行披露，并在全部发行结束或者超过核准文件有效期后，按照证监会的有关要求编制并披露发行情况报告书。

非上市公众公司有关的股票转让。股票向特定对象转让导致股东累计超过200人的股份有限公司，应当自上述行为发生之日起3个月内，按照证监会有关规定制作申请文件，申请文件应当包括但不限于：定向转让说明书、律师事务所出具的法律意见书、会计师事务所出具的审计报告。股份有限公司持申请文件向证监会申请核准。在提交申请文件前，股份有限公司应当将相关情况通知所有股东。在3个月内股东人数降至200人以内的，可以不提出申请。股票向特定对象转让应当以非公开方式协议转让。公司申请其股票向社会公众公开转让的，董事会应当依法就股票公开转让的具体方案作出决议，并提请股东大会批准，股东大会决议必须经出席会议的股东所持表决权的2/3以上通过。申请其股票向社会公众公开转让的公司，应当按照证监会有关规定制作公开转让的申请文件，申请文件应当包括但不限于：公开转让说明书、律师事务所出具的法律意见书、具有证券期货相关业务资格的会计师事务所出具的审计报告、证券公司出具的推荐文件、证券交易场所的审查意见。公司持申请文件向证监会申请核准。

（三）首次公开发行股票并上市

1. 首次公开发行股票的条件。在主板、中小板和创业板首次公开发行股票的条件各不相同，以下分别说明。

（1）在主板、中小板首次公开发行股票的条件。我国《证券法》《公司法》《首次公开发行股票并上市管理办法》规定了主板、中小板首次公开发行股票的条件，涉及主体资格、独立性、规范运作、财务与会计等方面的要求。

第一，主体资格。发行人应当是依法设立且合法存续的股份有限公司。经国务院批准，有限责任公司在依法变更为股份有限公司时，可以采取募集设立方式公开发行股票。发行人自股份有限公司成立后，持续经营时间应当在3年以上，但经国务院批准的除外。有限责任公司按原账面净资产值折股整体变更为股份有限公司的，持续经营时间可以从有限责任公司成立之日起计算。发行人的注册资本已足额缴纳，发起人或者股东用作出资的资产的财产权转移手续已办理完毕，发行人的主要资产不存在重大权属纠纷。发行人的生产经营符合法律、行政法规和公司章程的规定，符合国家产业政策。发行人最近3年内主营业务和董事、高级管理人员没有发生重大变化，实际控制人没有发生变更。发行人的股权清晰，控股股东和受控股股东、实际控制人支配的股东持有的发行人股份不存在重大权属纠纷。

第二，独立性。发行人应当具有完整的业务体系和直接面向市场独立经营的能力。发行人的资产完整、人员独立。发行人的总经理、副总经理、财务负责人和董事会秘书等高级管理人员不得在控股股东、实际控制人及其控制的其他企业中担任除董事、监事以外的其他职务，不得在控股股东、实际控制人及其控制的其他企业领薪；发行人的财务人员不得在控股股东、实际控制人及其控制的其他企业中兼职。发行人的财务独立。发行人应当建立独立的财务核算体系，能够独立作出财务决策，具有规范的财务会计制度和对分公司、子公司的财务管理制度；发行人不得与控股股东、实际控制人及其控制的其他企业共用银行账户。发行人的机构独立。发行人应当建立健全内部经营管理机构，独立行使经营管理职权，与控股股东、实际控制人及其控制的其他企业间不得有机构混同的情形。发行人的业务独立。发行人的业务应当独立于控股股东、实际控制人及其控制的其他企业，与控股股东、实际控制人及其控制的其他企业间不得有同业竞争或者显失公平的关联交易。发行人在独立性方面不得有其他严重缺陷。

第三，规范运作。发行人已经依法建立健全股东大会、董事会、监事会、独立董事、董事会秘书制度，相关机构和人员能够依法履行职责。发行人的董事、监事和高级管理人员已经了解与股票发行上市有关的法律法规，知悉上市公司及其董事、监事和高级管理人员的法定义务和责任。发行人的公司章程中已明确对外担保的审批权限和审议程序，不存在为控股股东、实际控制人及其控制的其他企业进行违规担保的情形。发行人有严格的资金管理制度，不得有资金被控股股东、实际控制人及其控制的其他企业以借款、代偿债务、代垫款项或者其他方式占用的情形。

第四，财务与会计。发行人资产质量良好，资产负债结构合理，盈利能力较强，现金流量正常。发行人的内部控制在所有重大方面是有效的，并由注册会计师出具了无保留结论的内部控制鉴证报告。发行人会计基础工作规范，财务报表的编制符合企业会计准则和相关会计制度的规定，在所有重大方面公允地反映了发行人的财务状况、经营成果和现金流量，并由注册会计师出具了无保留意见的审计报告。

发行人应当符合下列条件：一是最近 3 个会计年度净利润均为正数且累计超过人民币 3 000 万元，净利润以扣除非经常性损益前后较低者为计算依据；二是最近 3 个会计年度经营活动产生的现金流量净额累计超过人民币 5 000 万元；或者最近 3 个会计年度营业收入累计超过人民币 3 亿元；三是发行前股本总额不少于人民币 3 000 万元；四是最近一期末无形资产（扣除土地使用权、水面养殖权和采矿权等后）占净资产的比例不高于 20%；五是最近一期末不存在未弥补亏损。

发行人不得有下列影响持续盈利能力的情形：一是发行人的经营模式、产品或服务的品种结构已经或者将发生重大变化，并对发行人的持续盈利能力构成重大不利影响；二是发行人的行业地位或发行人所处行业的经营环境已经或者将发生重大变化，并对发行人的持续盈利能力构成重大不利影响；三是发行人最近 1 个会计年度的营业收入或净利润对关联方或者存在重大不确定性的客户存在重大依赖；四是发行人最近 1 个会计年度的净利润主要来自合并财务报表范围以外的投资收益；五是发行人在用的商标、专利、专有技术以及特许经营权等重要资产或技术的取得或者使用存在重大不利变化的风险；六是其他可能对发行人持续盈利能力构成重大不利影响的情形。

（2）在创业板首次公开发行股票的条件。我国《证券法》《公司法》《首次公开发行股票并在创业板上市管理办法》规定了创业首次公开发行股票的条件，这包括：一是发行人是依法设立且持续经营 3 年以上的股份有限公司。有限责任公司按原账面净资产值折股整体变更为股份有限公司的，持续经营时间可以从有限责任公司成立之日起计算；二是最近 2 年连续盈利，最近 2 年净利润累计不少于 1 000 万元；或者最近 1 年盈利，最近一年营业收入不少于 5 000 万元。净利润以扣除非经常性损益前、后孰低者为计算依据；三是最近一期末净资产不少于 2 000 万元，且不存在未弥补亏损；四是发行后股本总额不少于 3 000 万元。

发行人的注册资本已足额缴纳，发起人或者股东用作出资的资产的财产权转移手续已办理完毕。发行人的主要资产不存在重大权属纠纷。

发行人应当主要经营一种业务，其生产经营活动符合法律、行政法规和公司章程的规定，符合国家产业政策及环境保护政策。发行人最近 2 年内主营业务和董事、高级管理人员均没有发生重大变化，实际控制人没有发生变更。发行人的股权清晰，控股股东和受控股股东、实际控制人支配的股东所持发行人的股份不存在重大权属纠纷。发行人资产完整，业务及人员、财务、机构独立，具有完整的业务体系和直接面向市场独立经营的能力。与控股股东、实际控制人及其控制的其他企业间不存在同业竞争，以及严重影响公司独立性或者显失公允的关联交易。发行人具有完善的公司治理结构，依法建立健全股东大会、董事会、监事会以及独立董事、董事会秘书、审计委员会制度，相关机构和人员能够依法履行职责。发行人会计基础工作规范，财务报表的编制和披露符合企业会计准则和相关信息披露规则的规定，在所有重大方面公允地反映了发行人的财务状况、经营成果和现金流量，并由注册会计师出具无保留意见的审计报告。发行人内部控制制度健全且被有效执行，能够合理保证公司运行效率、合法合规和财务报告的可靠性，并由注册会计师出具无保留结论的内部控制鉴证报告。发行人的董事、监事和高级管理人员应当忠实、勤勉，具备法律、行政法规和规章规定的资格。发行人及其控股股东、实际控制人最近 3 年内不存在损害投资者合法权益和社会公共利益的重大违法行为。

2. 首次公开发行股票的程序和承销。

（1）首次公开发行股票的程序。发行人董事会应当依法就本次发行股票的具体方案、本次募集资金使用的可行性及其他必须明确的事项作出决议，并提请股东大会批准。发行人股东大会应当就本次发行股票作出决议，决议至少应当包括下列事项：股票的种类和数量；发行对象；发行方式；价格区间或者定价方式；募集资金用途；发行前滚存利润的分配方案；决议的有效期；对董事会办理本次发行具体事宜的授权；其他必须明确的事项。

发行人应当按照证监会有关规定制作申请文件，由保荐人保荐并向证监会申报。

证监会收到申请文件后，在 5 个工作日内作出是否受理的决定。证监会受理申请文件后，由相关职能部门对发行人的申请文件进行初审，并由股票发行审核委员会审核。股票发行审核委员会以投票方式对股票发行申请进行表决。证监会依据法定条件对发行人的发行申请作出予以核准或不予核准的决定，并出具相关文件。股票发行申请未获核准的，发行人可自证监会作出不予核准决定之日起 6 个月后再次提出股票发行申请。

自证监会核准发行之日起，主板和中小板发行人应在 6 个月内发行股票；超过 6 个月未发行的，核准文件失效，须重新经证监会核准后方可发行。自证监会核准发行之日起，创业板发行人应在 12 个月内发行股票；超过 12 个月未发行的，核准文件失效，须重新经证监会核准后方可发行。

发行申请核准后、股票发行结束前，发行人发生重大事项的，应当暂缓或者暂停发行，并及时报告证监会，同时履行信息披露义务。影响发行条件的，应当重新履行核准程序。

发行申请经核准后，发行人应在期限内发行股票，发行股票一般由证券公司承销。

（2）承销。股票承销是指证券公司依据协议包销或者代销发行人向社会发行股票的行为。股票承销包括两种方式，即包销和代销。股票代销是指发行公司和证券经营机构达成协议，由后者代理发行公司发行股票的方式。股票包销是指发行公司和证券机构达成协议，如果证券机构不能完成股票发售的，由证券机构承购的股票发行方式。

根据《证券法》的有关规定，向不特定对象公开发行的证券票面总值超过 5 000 万元的，应由承销团承销。承销团应当由主承销和参与承销的证券公司组成。

（四）上市公司增发股票

上市公司增发股票包括公开发行与非公开发行。公开发行包括向原股东配售股份（即配股）和向不特定对象公开募集股份（一般称为增发，这里"增发"不是"增发股票"）。非公开发行是指采用非公开方式，向特定对象发行股票的行为，也称为定增。

1. 上市公司增发股票的一般条件。公司公开发行新股，应当符合下列条件。

（1）具备健全且运行良好的组织机构，包括：公司章程合法有效，股东大会、董事会、监事会和独立董事制度健全，能够依法有效履行职责；公司内部控制制度健全，能够有效保证公司运行的效率、合法合规性和财务报告的可靠性；内部控制制度的完整性、合理性、有效性不存在重大缺陷；现任董事、监事和高级管理人员具备任职资格，能够忠实和勤勉地履行职务，不存在违反公司法的行为，且最近36个月内未受过证监会的行政处罚、最近12个月内未受到过证券交易所的公开谴责；上市公司与控股股东或实际控制人的人员、资产、财务分开，机构、业务独立，能够自主经营管理；最近12个月内不存在违规对外提供担保的行为。

（2）具有持续盈利能力，包括：最近3个会计年度连续盈利。扣除非经常性损益后的净利润与扣除前的净利润相比，以低者作为计算依据；业务和盈利来源相对稳定，不存在严重依赖于控股股东、实际控制人的情形；现有主营业务或投资方向能够可持续发展，经营模式和投资计划稳健，主要产品或服务的市场前景良好，行业经营环境和市场需求不存在现实或可预见的重大不利变化；高级管理人员和核心技术人员稳定，最近12个月内未发生重大不利变化；公司重要资产、核心技术或其他重大权益的取得合法，能够持续使用，不存在现实或可预见的重大不利变化；不存在可能严重影响公司持续经营的担保、诉讼、仲裁或其他重大事项；最近24个月内曾公开发行证券的，不存在发行当年营业利润比上年下降50%以上的情形。

（3）上市公司的财务状况良好，符合下列规定：会计基础工作规范，严格遵循国家统一会计制度的规定；最近3年及一期财务报表未被注册会计师出具保留意见、否定意见或无法表示意见的审计报告；被注册会计师出具带强调事项段的无保留意见审计报告的，所涉及的事项对发行人无重大不利影响或者在发行前重大不利影响已经消除；资产质量良好。不良资产不足以对公司财务状况造成重大不利影响；经营成果真实，现金流量正常。营业收入和成本费用的确认严格遵循国家有关企业会计准则的规定，最近3年资产减值准备计提充分合理，不存在操纵经营业绩的情形；最近3年以现金方式累计分配的利润不少于最近3年实现的年均可分配利润的30%。

（4）上市公司最近 36 个月内财务会计文件无虚假记载，且不存在下列重大违法行为：违反证券法律、行政法规或规章，受到证监会的行政处罚，或者受到刑事处罚；违反工商、税收、土地、环保、海关法律、行政法规或规章，受到行政处罚且情节严重，或者受到刑事处罚；违反国家其他法律、行政法规且情节严重的行为。

（5）上市公司募集资金的数额和使用应当符合下列规定：募集资金数额不超过项目需要量；募集资金用途符合国家产业政策和有关环境保护、土地管理等法律和行政法规的规定；除金融类企业外，募集资金使用项目不得为持有交易性金融资产和可供出售的金融资产、借予他人、委托理财等财务性投资，不得直接或间接投资于以买卖有价证券为主要业务的公司；投资项目实施后，不会与控股股东或实际控制人产生同业竞争或影响公司生产经营的独立性；建立募集资金专项存储制度，募集资金必须存放于公司董事会决定的专项账户。

（6）上市公司存在下列情形之一的，不得公开发行证券：发行申请文件有虚假记载、误导性陈述或重大遗漏；擅自改变前次公开发行证券募集资金的用途而未做纠正；上市公司最近 12 个月内受到过证券交易所的公开谴责；上市公司及其控股股东或实际控制人最近 12 个月内存在未履行向投资者作出的公开承诺的行为；上市公司或其现任董事、高级管理人员因涉嫌犯罪被司法机关立案侦查或涉嫌违法违规被证监会立案调查；严重损害投资者的合法权益和社会公共利益的其他情形。

2. 上市公司配股条件。向原股东配售股份（简称配股），还应当符合下列规定：（1）拟配售股份数量不超过本次配售股份前股本总额的 30%；（2）控股股东应当在股东大会召开前公开承诺认配股份的数量；（3）采用证券法规定的代销方式发行。

3. 上市公司增发的条件。上市公司增发，还应当符合下列规定：（1）最近 3 个会计年度加权平均净资产收益率平均不低于 6%。扣除非经常性损益后的净利润与扣除前的净利润相比，以低者作为加权平均净资产收益率的计算依据；（2）除金融类企业外，最近一期期末不存在持有金额较大的交易性金融资产和可供出售的金融资产、借予他人款项、委托理财等财务性投资的情形；（3）发行价格应不低于公告招股意向书前 20 个交易日公司股票均价或前 1 个交易日的均价。

4. 上市公司非公开发行股票的条件。非公开发行股票的特定对象应当符合下列规定：（1）特定对象符合股东大会决议规定的条件；（2）发行对象不超过十名。

发行对象为境外战略投资者的，应当经国务院相关部门事先批准。

上市公司非公开发行股票，还应当符合下列规定：（1）发行价格不低于定价基准日前 20 个交易日公司股票均价的 90%；（2）发行的股份自发行结束之日起，12 个月内不得转让；控股股东、实际控制人及其控制的企业认购的股份，36 个月内不得转让；（3）募集资金使用符合规定；（4）发行将导致上市公司控制权发生变化的，还应当符合中国证监会的其他规定。

延伸阅读 2 - 4

配股：向原股东配售股份的行为，属于上市公司公开发行股票的行为。

增发：是指向不特定对象公开募集股份的行为，属于上市公司公开发行股票的行为。

定增：是指上市公司采用非公开方式，向特定对象发行股票的行为，属于上市公司非公开发行股票的行为。

三、股票的上市与交易

（一）股票的上市与退市

1. 股票上市条件。申请证券上市交易，应当向证券交易所提出申请，由证券交易所依法审核同意，并由双方签订上市协议。申请股票、可转换为股票的公司债券或者法律、行政法规规定实行保荐制度的其他证券上市交易，应当聘请具有保荐资格的机构担任保荐人。

股份有限公司申请股票上市，应当符合下列条件：（1）股票经国务院证券监督管理机构核准已公开发行；（2）公司股本总额不少于人民币 3 000 万元；（3）公开发行的股份达到公司股份总数的 25% 以上；公司股本总额超过人民币

4亿元的，公开发行股份的比例为10%以上；（4）公司最近3年无重大违法行为，财务会计报告无虚假记载。

证券交易所可以规定高于以上规定的上市条件，并报国务院证券监督管理机构批准。

申请股票上市交易，应当向证券交易所报送下列文件：（1）上市报告书；（2）申请股票上市的股东大会决议；（3）公司章程；（4）公司营业执照；（5）依法经会计师事务所审计的公司最近3年的财务会计报告；（6）法律意见书和上市保荐书；（7）最近一次的招股说明书；（8）证券交易所上市规则规定的其他文件。

2. 股票暂停上市与终止上市。除了主动退市的上市公司外，退市公司大都违反了《证券法》第55条、第56条的规定。2014年，证监会发布了《关于改革完善并严格实施上市公司退市制度的若干意见》，对退市制度提出了改革方案。

（1）主动退市制度。根据《证券法》和证券交易所规则，上市公司可以主动退市。以下七种情况均属于主动退市：第一，上市公司在履行必要的决策程序后，主动向证券交易所提出申请，撤回其股票在该交易所的交易，并决定不再在交易所交易；第二，上市公司在履行必要的决策程序后，主动向证券交易所提出申请，撤回其股票在该交易所的交易，并转而申请在其他交易场所交易或者转让；第三，上市公司向所有股东发出回购全部股份或者部分股份的要约，导致公司股本总额、股权分布等发生变化不再具备上市条件，其股票按照证券交易所规则退出市场交易；第四，上市公司股东向所有其他股东发出收购全部股份或者部分股份的要约，导致公司股本总额、股权分布等发生变化不再具备上市条件，其股票按照证券交易所规则退出市场交易；第五，上市公司股东向所有其他股东发出收购全部股份或者部分股份的要约，导致公司股本总额、股权分布等发生变化不再具备上市条件，其股票按照证券交易所规则退出市场交易；第六，上市公司因新设合并或者吸收合并，不再具有独立主体资格并被注销，其股票按照证券交易所规则退出市场交易；第七，上市公司股东大会决议解散，其股票按照证券交易所规则退出市场交易。

（2）重大违法行为强制退市制度。对欺诈发行公司实施暂停上市。上市公司因首次公开发行股票申请或者披露文件存在虚假记载、误导性陈述或者重大遗漏，致使不符合发行条件的发行人骗取了发行核准，或者对新股发行定价产生了实质性影响，受到证监会行政处罚，或者因涉嫌欺诈发行罪被依法移送公安机关的，证券交易所应当依法作出暂停其股票上市交易的决定。

对重大信息披露违法公司实施暂停上市。上市公司因信息披露文件存在虚假记载、误导性陈述或者重大遗漏，受到证监会行政处罚，并在行政处罚决定书中被认定构成重大违法行为，或者因涉嫌违规披露、不披露重要信息罪被依法移送公安机关的，证券交易所应当依法作出暂停其股票上市交易的决定。

对重大违法暂停上市公司限期实施终止上市。对于上述因受到证监会行政处罚，或者因涉嫌犯罪被依法移送公安机关而暂停上市的公司，在证监会做出行政处罚决定或者移送决定之日起一年内，证券交易所应当作出终止其股票上市交易的决定。

延伸阅读 2 – 5

2014 年，证监会发布了《关于改革完善并严格实施上市公司退市制度的若干意见》涉及的强制退市的重大违法行为包括：欺诈发行和重大信息披露违法。

2018 年 7 月 27 日，证监会顺应市场呼声对现行涉及重大违法公司的强制退市规定作出修改，并发布《关于修改〈关于改革完善并严格实施上市公司退市制度的若干意见〉的决定》，将涉及国家安全、公共安全、生态安全、生产安全和公众健康安全等领域的重大违法行为也纳入强制退市中来。同时落实因重大违法强制退市公司控股股东、实际控制人、董事、监事、高级管理人员等主体的相关责任，强调其应当配合有关方面做好退市相关工作、履行相关职责的要求。如此一来，"疫苗事件"的主角长生生物很可能也就难逃被强制退市的命运了。

（3）因不满足交易标准要求的强制退市制度。证券交易所应当在继续严格执行其上市规则等文件中已经规定的各项相关退市指标的基础上，及时补充并适时调整完善以下指标。

关于股本总额、股权分布的退市指标。因股本总额发生变化不再具备上市条件，在证券交易所规定的期限内仍不能达到上市条件的上市公司，证券交易所应当依法终止其股票上市交易。证券交易所可以针对不同板块，在上市条件中规定不同的股本总额要求。

社会公众持股比例不足公司股份总数 25% 的上市公司，或者股本总额超过人民币 4 亿元，社会公众持股比例不足公司股份总数 10% 的上市公司，在证券交易所规定的期限内仍不能达到上市条件的，证券交易所应当终止其股票上市交易。

关于股票成交量的退市指标。上市公司股票流动性严重不足，已经不再适合公开交易，证券交易所应当及时终止其上市交易。证券交易所可以针对不同板块，在综合分析该板块股票交易总体情况的基础上，对于一定期限内股票累计成交量的最低限额作出具体规定，并根据实施效果，适时予以调整。

关于股票市值的退市指标。公司股票连续 20 个交易日（不含停牌交易日）每日收盘价均低于股票面值的，证券交易所应当终止其上市交易。

关于公司净利润、净资产、营业收入、审计意见类型的退市指标。上市公司因净利润、净资产、营业收入、审计意见类型或者追溯重述后的净利润、净资产、营业收入等触及规定标准，其股票被暂停上市交易后，公司披露的最近一个会计年度经审计的财务会计报告存在扣除非经常性损益前后的净利润孰低者为负值、期末净资产为负值、营业收入低于证券交易所规定数额或者被会计师事务所出具保留意见、无法表示意见、否定意见的审计报告等四种情形之一的，证券交易所应当终止其股票上市交易。

关于未在规定期限内依法如实披露的退市指标。公司在证券交易所规定的期限内，未改正财务会计报告中的重大差错或者虚假记载的，证券交易所应当终止其股票上市交易。法定期限届满后，公司在证券交易所规定的期限内，依然未能披露年度报告或者半年度报告的，证券交易所应当终止其股票上市交易。公司因净利润、净资产、营业收入、审计意见类型或者追溯重述后的净利润、净资产、营业收入等触及规定标准，其股票被暂停上市交易，不能在法定期限内披露最近一个会计年度经审计的年度报告的，证券交易所应当终止其股票上市交易。

（二）股票的交易

证券交易当事人依法买卖的证券，必须是依法发行并交付的证券。非依法发行的证券，不得买卖。依法发行的股票，法律对其转让期限有限制性规定的，在限定的期限内不得买卖。依法公开发行的股票，应当在依法设立的证券交易所上市交易或者在国务院批准的其他证券交易场所转让。证券在证券交易所上市交易，应当采用公开的集中交易方式或者国务院证券监督管理机构批准的其他方式。

证券交易所、证券公司和证券登记结算机构的从业人员、证券监督管理机构的工作人员以及法律、行政法规禁止参与股票交易的其他人员，在任期或者法定限期内，不得直接或者以化名、借他人名义持有、买卖股票，也不得收受他人赠送的股票。

证券交易所、证券公司、证券登记结算机构必须依法为客户开立的账户保密。为股票发行出具审计报告、资产评估报告或者法律意见书等文件的证券服务机构和人员，在该股票承销期内和期满后 6 个月内，不得买卖该种股票。为上市公司出具审计报告、资产评估报告或者法律意见书等文件的证券服务机构和人员，自接受上市公司委托之日起至上述文件公开后 5 日内，不得买卖该种股票。

证券交易的收费必须合理，并公开收费项目、收费标准和收费办法。证券交易的收费项目、收费标准和管理办法由国务院有关主管部门统一规定。

上市公司董事、监事、高级管理人员、持有上市公司股份 5% 以上的股东，将其持有的该公司的股票在买入后 6 个月内卖出，或者在卖出后 6 个月内又买入，由此所得收益归该公司所有，公司董事会应当收回其所得收益。但是，证券公司因包销购入售后剩余股票而持有 5% 以上股份的，卖出该股票不受 6 个月时间限制。

四、公司债券的发行与交易

（一）公司债券的一般理论

公司可以通过发行公司债券进行筹资。公司债券的主要特征是：还本付息，这是与其他有价证券的根本区别。首先，公司债券反映的是其发行人和投资者之间的债权债务关系，因此，公司债券到期是要偿还的，不是"投资""赠与"，而是一种"借贷"关系。其次，公司债券到期不但要偿还，而且还需在本金之外支付一定的"利息"，这是投资者将属于自己的资金在一段时间内让渡给发行人使用的"报酬"。对投资者而言是"投资所得"，对发行人来讲是"资金成本"。

按债券是否记名可分为：（1）记名公司债券，即在券面上登记持有人姓名，支取本息要凭印鉴领取，转让时必须背书并到债券发行公司登记的公司债券；（2）不记名公司债券，即券面上不需载明持有人姓名，还本付息及流通转让仅以债券为凭，不需登记。

按债权分配利润依据可分为：（1）参加公司债券，指除了可按预先约定获得利息收入外，还可在一定程度上参加公司利润分配的公司债券；（2）非参加公司债券，指持有人只能按照事先约定的利率获得利息的公司债券。

按债券是否可提前赎回可分为：（1）可提前赎回公司债券，即发行者在债券到期前购回其发行的全部或部分债券；（2）不可提前赎回公司债券，即只能一次到期还本付息的公司债券。

按是否上市交易的不同可分为：（1）上市的公司债。上市的公司债是指发行后可以依法在证券交易所挂牌交易的公司债券。（2）非上市的公司债。非上市的公司债不在证券交易所挂牌交易，但债券持有人可以转让该债券。

按是否公开发行可分为：（1）公开发行的公司债券。公开发行的公司债券是指符合规定条件的公司债券可以向公众投资者公开发行，也可以仅仅面向合格投资者公开发行。（2）非公开发行的公司债券。非公开发行的公司债券应当向合格投资者发行，不得采取公开和变相公开方式发行，每次发行对象不得超过200人。

根据公司发行债券种类的不同可分为：（1）一般公司债券发行。一般公司债券发行是指发行人依据法定程序，向投资者发行的约定在1年以上期限内还本付息的有价证券的行为。（2）可转换公司债券发行。可转换公司债券发行是指发行人依据法定程序，向投资者发行的在一定期间内依据约定条件可以转换为股份的公司债券发行行为。

（二）公司债券的发行

公开发行公司债券，应当符合下列条件：（1）股份有限公司的净资产不低于人民币 3 000 万元，有限责任公司的净资产不低于人民币 6 000 万元；（2）累计债券余额不超过公司净资产的 40%；（3）最近 3 年平均可分配利润足以支付公司债券一年的利息；（4）筹集的资金投向符合国家产业政策；（5）债券的利率不超过国务院限定的利率水平；（6）国务院规定的其他条件。

公开发行公司债券筹集的资金，必须用于核准的用途，不得用于弥补亏损和非生产性支出。

有下列情形之一的，不得再次公开发行公司债券：（1）前一次公开发行的公司债券尚未募足；（2）对已公开发行的公司债券或者其他债务有违约或者延迟支付本息的事实，仍处于继续状态；（3）违反《证券法》规定，改变公开发行公司债券所募资金的用途。

申请公开发行公司债券，应当向国务院授权的部门或者国务院证券监督管理机构报送下列文件：（1）公司营业执照；（2）公司章程；（3）公司债券募集办法；（4）资产评估报告和验资报告；（5）国务院授权的部门或者国务院证券监督管理机构规定的其他文件。

依照《证券法》规定聘请保荐人的，还应当报送保荐人出具的发行保荐书。

（三）可转换公司债券的发行

上市公司发行可转换公司债券，应符合公开发行公司债券的相关条件，即：（1）股份有限公司的净资产不低于人民币 3 000 万元，有限责任公司的净资产不低于人民币 6 000 万元；（2）累计债券余额不超过公司净资产的 40%；（3）最近 3 年平均可分配利润足以支付公司债券一年的利息；（4）筹集的资金投向符合国家产业政策；（5）债券的利率不超过国务院限定的利率水平；（6）国务院规定的其他条件。

上市公司发行可转换公司债券还应当符合《证券法》关于公开发行股票的条件，并报国务院证券监督管理机构核准。

（四）公司债券的交易

申请公司债券上市交易，应当符合下列条件：（1）公司债券的期限为 1 年以上；（2）公司债券实际发行额不少于人民币 5 000 万元；（3）公司申请债券上市时仍符合法定的公司债券发行条件。

申请公司债券上市交易，应当向证券交易所报送下列文件：（1）上市报告书；（2）申请公司债券上市的董事会决议；（3）公司章程；（4）公司营业执照；（5）公司债券募集办法；（6）公司债券的实际发行数额；（7）证券交易所上市规则规定的其他文件。

申请可转换为股票的公司债券上市交易，还应当报送保荐人出具的上市保荐书。公司债券上市交易申请经证券交易所审核同意后，签订上市协议的公司应当在规定的期限内公告公司债券上市文件及有关文件，并将其申请文件置备于指定场所供公众查阅。

公司债券上市交易后，公司有下列情形之一的，由证券交易所决定暂停其公司债券上市交易：（1）公司有重大违法行为；（2）公司情况发生重大变化不符合公司债券上市条件；（3）发行公司债券所募集的资金不按照核准的用途使用；（4）未按照公司债券募集办法履行义务；（5）公司最近 2 年连续亏损。

在限期内未能消除上述情形的，由证券交易所决定终止其公司债券上市交易。

公司解散或者被宣告破产的，由证券交易所终止其公司债券上市交易。

五、上市公司的收购

投资者可以采取要约收购、协议收购及其他合法方式收购上市公司。要约收购是指收购人向被收购的公司发出收购的公告，待被收购上市公司确认后，方可实行收购行为。这是各国证券市场最主要的收购形式，通过公开向全体股东发出要约，达到控制目标公司的目的。协议收购是依照法律、行政法规的规定同被收购公司的股票持有人以协议方式进行股权转让的收购。

《证券法》规定，通过证券交易所的证券交易，投资者持有或者通过协议、其他安排与他人共同持有一个上市公司已发行的股份达到 5％ 时，应当在该事实发生之日起 3 日内，向国务院证券监督管理机构、证券交易所作出书面报告，通知该上市公司，并予公告；在上述期限内，不得再行买卖该上市公司的股票。投资者持有或者通过协议、其他安排与他人共同持有一个上市公司已发行的股份达到5%后，其所持该上市公司已发行的股份比例每增加或者减少5%，应当依照前款规定进行报告和公告。在报告期限内和作出报告、公告后2日内，不得再行买卖该上市公司的股票。

延伸阅读 2－6

"举牌"收购：为保护中小投资者利益，防止机构大户操纵股价，《证券法》规定，投资者持有一个上市公司已发行股份的5%时，应在该事实发生之日起3日内，向国务院证券监督管理机构、证券交易所作出书面报告，通知该上市公司并予以公告，并且履行有关法律规定的义务。业内将这种收购行为称之为"举牌"。

通过证券交易所的证券交易，投资者持有或者通过协议、其他安排与他人共同持有一个上市公司已发行的股份达到30%时，继续进行收购的，应当依法向该上市公司所有股东发出收购上市公司全部或者部分股份的要约。

收购上市公司部分股份的收购要约应当约定，被收购公司股东承诺出售的股份数额超过预定收购的股份数额的，收购人按比例进行收购。发出收购要约，收购人必须公告上市公司收购报告书，并载明下列事项：（1）收购人的名称、住所；（2）收购人关于收购的决定；（3）被收购的上市公司名称；（4）收购目的；（5）收购股份的详细名称和预定收购的股份数额；（6）收购期限、收购价格；（7）收购所需资金额及资金保证；（8）公告上市公司收购报告书时，持有被收购公司股份数占该公司已发行的股份总数的比例。

收购要约约定的收购期限不得少于30日，并不得超过60日。

采取协议收购方式的，收购人可以依照法律、行政法规的规定同被收购公司的股东以协议方式进行股份转让。以协议方式收购上市公司时，达成协议后，收购人必须在3日内将该收购协议向国务院证券监督管理机构及证券交易所作出书面报告，并予公告。在公告前不得履行收购协议。

采取协议收购方式的，协议双方可以临时委托证券登记结算机构保管协议转让的股票，并将资金存放于指定的银行；收购人收购或者通过协议、其他安排与他人共同收购一个上市公司已发行的股份达到30%时，继续进行收购的，应当向该上市公司所有股东发出收购上市公司全部或者部分股份的要约。但是，经国务院证券监督管理机构免除发出要约的除外。

六、《证券法》规定的法律责任

（一）发行人、上市公司、上市公司董监高、发行人的控股股东、实际控制人的法律责任

未经法定机关核准，擅自公开或者变相公开发行证券的，责令停止发行，退还所募资金并加算银行同期存款利息，处以非法所募资金金额1%以上5%以下的罚款；对擅自公开或者变相公开发行证券设立的公司，由依法履行监督管理职责的机构或者部门会同县级以上地方人民政府予以取缔。对直接负责的主管人员和其他直接责任人员给予警告，并处以3万元以上30万元以下的罚款。

发行人、发行人的控股股东、实际控制人不符合发行条件，以欺骗手段骗取发行核准，尚未发行证券的，处以30万元以上60万元以下的罚款；已经发行证券的，处以非法所募资金金额1%以上5%以下的罚款。对直接负责的主管人员和其他直接责任人员处以3万元以上30万元以下的罚款。

发行人、上市公司或者其他信息披露义务人未按照规定披露信息，或者所披露的信息有虚假记载、误导性陈述或者重大遗漏的，责令改正，给予警告，并处以30万元以上60万元以下的罚款。对直接负责的主管人员和其他直接责任人员给予警告，并处以3万元以上30万元以下的罚款。发行人、上市公司或者其他信息披露义务人未按照规定报送有关报告，或者报送的报告有虚假记载、误导性陈述或者重大遗漏的，责令改正，给予警告，并处以30万元以上60万元以下的罚款。对直接负责的主管人员和其他直接责任人员给予警告，并处以3万元以上30万元以下的罚款。发行人、上市公司或者其他信息披露义务人的控股股东、实际控制人指使从事前两款违法行为的，依照前两款的规定处罚。发行人、上市公司擅自改变公开发行证券所募集资金的用途的，责令改正，对直接负责的主管人员和其他直接责任人员给予警告，并处以3万元以上30万元以下的罚款。发行人、上市公司的控股股东、实际控制人指使从事前款违法行为的，给予警告，并处以30万元以上60万元以下的罚款。

上市公司的董事、监事、高级管理人员、持有上市公司股份5%以上的股

东，违反《证券法》的规定买卖本公司股票的，给予警告，可以并处 3 万元以上 10 万元以下的罚款。

（二）中介机构的法律责任

证券公司承销或者代理买卖未经核准擅自公开发行的证券的，责令停止承销或者代理买卖，没收违法所得，并处以违法所得 1 倍以上 5 倍以下的罚款；没有违法所得或者违法所得不足 30 万元的，处以 30 万元以上 60 万元以下的罚款。给投资者造成损失的，应当与发行人承担连带赔偿责任。对直接负责的主管人员和其他直接责任人员给予警告，撤销任职资格或者证券从业资格，并处以 3 万元以上 30 万元以下的罚款。

证券公司承销证券，有下列行为之一的，责令改正，给予警告，没收违法所得，可以并处 30 万元以上 60 万元以下的罚款；情节严重的，暂停或者撤销相关业务许可。给其他证券承销机构或者投资者造成损失的，依法承担赔偿责任。对直接负责的主管人员和其他直接责任人员给予警告，可以并处 3 万元以上 30 万元以下的罚款；情节严重的，撤销任职资格或者证券从业资格：（1）进行虚假的或者误导投资者的广告或者其他宣传推介活动；（2）以不正当竞争手段招揽承销业务；（3）其他违反证券承销业务规定的行为。

保荐人出具有虚假记载、误导性陈述或者重大遗漏的保荐书，或者不履行其他法定职责的，责令改正，给予警告，没收业务收入，并处以业务收入 1 倍以上 5 倍以下的罚款；情节严重的，暂停或者撤销相关业务许可。对直接负责的主管人员和其他直接责任人员给予警告，并处以 3 万元以上 30 万元以下的罚款；情节严重的，撤销任职资格或者证券从业资格。

证券交易所、证券公司、证券登记结算机构、证券服务机构的从业人员或者证券业协会的工作人员，故意提供虚假资料，隐匿、伪造、篡改或者毁损交易记录，诱骗投资者买卖证券的，撤销证券从业资格，并处以 3 万元以上 10 万元以下的罚款；属于国家工作人员的，还应当依法给予行政处分。

为股票的发行、上市、交易出具审计报告、资产评估报告或者法律意见书等文件的证券服务机构和人员，违反《证券法》规定买卖股票的，责令依法处理非法持有的股票，没收违法所得，并处以买卖股票等值以下的罚款。

证券公司或者其股东、实际控制人违反规定，拒不向证券监督管理机构报送或者提供经营管理信息和资料，或者报送、提供的经营管理信息和资料有虚假记载、误导性陈述或者重大遗漏的，责令改正，给予警告，并处以 3 万元以上 30 万元以下的罚款，可以暂停或者撤销证券公司相关业务许可。对直接负责的主管人员和其他直接责任人员，给予警告，并处以 3 万元以下的罚款，可以撤销任职资格或者证券从业资格。

证券公司为其股东或者股东的关联人提供融资或者担保的，责令改正，给予警告，并处以 10 万元以上 30 万元以下的罚款。对直接负责的主管人员和其他直接责任人员，处以 3 万元以上 10 万元以下的罚款。股东有过错的，在按照要求改正前，国务院证券监督管理机构可以限制其股东权利；拒不改正的，可以责令其转让所持证券公司股权。

证券服务机构未勤勉尽责，所制作、出具的文件有虚假记载、误导性陈述或者重大遗漏的，责令改正，没收业务收入，暂停或者撤销证券服务业务许可，并处以业务收入 1 倍以上 5 倍以下的罚款。对直接负责的主管人员和其他直接责任人员给予警告，撤销证券从业资格，并处以 3 万元以上 10 万元以下的罚款。

（三）内幕交易与操纵市场的法律责任

证券交易内幕信息的知情人或者非法获取内幕信息的人，在涉及证券的发行、交易或者其他对证券的价格有重大影响的信息公开前，买卖该证券，或者泄露该信息，或者建议他人买卖该证券的，责令依法处理非法持有的证券，没收违法所得，并处以违法所得 1 倍以上 5 倍以下的罚款；没有违法所得或者违法所得不足 3 万元的，处以 3 万元以上 60 万元以下的罚款。单位从事内幕交易的，还应当对直接负责的主管人员和其他直接责任人员给予警告，并处以 3 万元以上 30 万元以下的罚款。证券监督管理机构工作人员进行内幕交易的，从重处罚。

违反《证券法》规定，操纵证券市场的，责令依法处理非法持有的证券，没收违法所得，并处以违法所得 1 倍以上 5 倍以下的罚款；没有违法所得或者违法所得不足 30 万元的，处以 30 万元以上 300 万元以下的罚款。单位操纵证券市场的，还应当对直接负责的主管人员和其他直接责任人员给予警告，并处以 10

万元以上 60 万元以下的罚款。违反法律规定，在限制转让期限内买卖证券的，责令改正，给予警告，并处以买卖证券等值以下的罚款。对直接负责的主管人员和其他直接责任人员给予警告，并处以 3 万元以上 30 万元以下的罚款。

（四）收购人的法律责任

收购人未按照《证券法》规定履行上市公司收购的公告、发出收购要约等义务的，责令改正，给予警告，并处以 10 万元以上 30 万元以下的罚款；在改正前，收购人对其收购或者通过协议、其他安排与他人共同收购的股份不得行使表决权。对直接负责的主管人员和其他直接责任人员给予警告，并处以 3 万元以上 30 万元以下的罚款。

收购人或者收购人的控股股东，利用上市公司收购，损害被收购公司及其股东的合法权益的，责令改正，给予警告；情节严重的，并处以 10 万元以上 60 万元以下的罚款。给被收购公司及其股东造成损失的，依法承担赔偿责任。对直接负责的主管人员和其他直接责任人员给予警告，并处以 3 万元以上 30 万元以下的罚款。

第五节　票据与支付结算法律制度

一、支付结算概述

支付结算是指单位、个人在社会经济活动中使用现金、票据、银行卡和结算凭证进行货币给付及其资金清算的行为。

依结算采用的形式不同，支付结算可分为现金结算和非现金结算两种。其中，现金结算是指当事人直接用现金进行货币收付，了结其债权债务的行为。在我国，现金结算受现金管理制度的制约，限于个人之间和单位之间结算起点以下的零星收支以及单位对个人的有关开支。非现金结算是指当事人通过银行将款项从付款单位的账户划转到收款单位的账户来完成货币收付以清结债权债务的行为，故又称为转账结算或银行结算。

依结算使用的工具不同，分为票据结算和非票据结算两类。票据结算是以票据（汇票、本票和支票）作为支付工具来清结货币收付双方的债权债务关系的行为；非票据结算是客户间以结算凭证为依据来清结债权债务关系的行为，如银行卡、汇兑、托收承付和委托收款结算等。

支付结算作为一种法律行为，具有以下法律特征。

1. 金融机构。支付结算方式包括票据、托收承付、委托收款、信用卡和信用证等结算行为。其中票据包括支票、银行本票、银行汇票和商业汇票等。上述结算必须通过中国人民银行批准的金融机构或其他机构进行。《支付结算办法》第六条规定："银行是支付结算和资金清算的中介机构。未经中国人民银行批准的非银行金融机构和其他单位不得作为中介机构经营支付结算业务。但法律、行政法另有规定的除外。"这一规定明确说明了支付结算不同于一般的货币给付及资金清算行为。

2. 要式行为。所谓要式行为是指法律规定必须依照一定形式进行的行为。如果该行为不符合法定的形式要件，即为无效。支付结算行为也必须符合中国人民银行发布的《支付结算办法》的规定。根据《支付结算办法》的第九条规定："票据和结算凭证是办理支付结算的工具。单位、个人和银行办理支付结算，必须使用按中国人民银行统一规定印制的票据凭证和统一规定的结算凭证""未使用按中国人民银行统一规定格式的结算凭证，银行不予受理"。中国人民银行除了对票据结算凭证的格式有统一的要求外，对于票据和结算凭证的填写也提出了基本要求，例如：票据和结算凭证的金额、出票和签发日期、收款人名称不得更改，更改的票据无效，更改的结算凭证银行不予受理。

3. 委托人的意志。银行在支付结算中充当中介机构的角色，因此，银行只要以善意且符合规定的正常操作程序审查，对伪造、变造的票据和结算凭证上的签章以及需要交验的个人有效身份证件未发现异常而支付金额的，对出票人或付款人不再承担受委托付款的责任，对持票人或收款人不再承担付款责任。与此同时，当事人对在银行的存款有自己的支配权；银行对单位、个人在银行开立存款账户的存款，除国家法律、行政法规另有规定外，不得为任何单位或个人查询；除国家法律另有规定外，银行不代任何单位或个人冻结、扣款，不得停止单位、个人存款的正常支付。

4. 管理体制。支付结算是一项政策性强、与当事人利益息息相关的活动，因此，必须对此实行统一的管理。《支付结算办法》第 20 条规定，中国人民银行总行负责制定统一的支付结算制度，组织、协调、管理、监督全国的支付结算工作，调解、处理银行之间的支付结算纠纷；中国人民银行各分行根据统一的支付结算制度制定实施细则，报总行备案，根据需要可以制定单项支付结算办法，报中国人民银行总行批准后执行；中国人民银行分、支行负责组织，协商管理，监督本辖区的支付结算工作，协调处理本辖区银行之间的支付结算纠纷；政策性银行，商业银行总行可以根据统一的支付结算制度，结合本行情况，制定具体管理实施办法，报经中国人民银行总行批准后执行，并负责组织，管理，协调本行内的支付结算工作，调解，处理本行内分支机构的支付结算纠纷。

5. 依法进行。《支付结算办法》规定，银行、城市信用合作社、农村信用合作社（以下简称银行）以及单位和个人（含个体工商户），办理支付结算必须遵守国家的法律、行政法规和本办法的各项规定，不得损坏社会公共利益。支付结算的当事人必须严格依法进行支付结算活动。

支付计算需要遵循以下原则：（1）恪守信用，履约付款原则。（2）谁的钱进谁的账、由谁支配原则。银行在办理结算时，必须按照存款人的委托，将款项支付给其指定的收款人；对存款人的资金，除国家法律另有规定外，必须由其自由支配。（3）银行不垫款原则。即银行在办理结算过程中，只负责办理结算当事人之间的款项划拨，不承担垫付任何款项的责任。

二、票据法律制度

（一）票据基本理论

1. 票据的概念与分类。票据的概念有广义和狭义之分。广义上的票据包括各种有价证券和凭证，如股票、企业债券、发票、提单等；狭义上的票据，即根据我国《票据法》规定，票据包括汇票、本票和支票，是指由出票人签发的、约定自己或者委托付款人在见票时或指定的日期向收款人或持票人无条件支付一定金额的有价证券。

票据具有如下的性质：（1）票据是代表一定数量货币请求权的有价证券，即货币证券。有价证券是一种代表财产所有权或债权，以一定金额来记载的证书。有价证券可分为物权证券、货币证券、资本证券等，其中，货币证券是代表一定数量货币请求权的有价证券，可以在法定的范围和条件下流通。但是，货币证券并不是货币本身，它不具有由法律所规定的货币强制通用效力，它只是在法定的特殊范围和条件下才可以发挥其作用。票据正是因为属于货币证券，代表了一定数量的货币请求权，并具有流通作用，所以，它才可能发挥它的汇兑、支付、结算和信用等基本功能。所以，货币证券是票据的基本性质之一。（2）票据是反映债权债务关系的书面凭证。票据是在市场交换和流通中发生的，反映了当事人之间的债权债务关系。具体地说，在财产（商品、货币及其他财产权利）交换中，双方当事人各自享有财产方面的、一定的权利和义务，即发生了债权债务关系，这就要求以书面形式确定和表现出来，以保障双方实现各自的权利和义务。票据正是在这个基础上产生的。没有真实的债权债务关系，就没有票据。

2. 票据关系。票据关系是指基于票据当事人的票据行为而发生的票据上的权利义务关系。由于票据行为有出票、背书、承兑、保证、付款等，票据关系也就有发票关系、背书关系、承兑关系、保证关系、付款关系等，从而在票据当事人之间产生了票据上的权利义务关系。在票据关系中，票据当事人享有的票据权利、承担的票据义务是票据关系的内容。票据关系的内容分为两类：一类是债权人的付款请求权与债务人的付款义务；另一类是债权人的追索权与债务人的偿付义务。

3. 票据权利与责任。根据《票据法》的规定，票据权利是指持票人向票据债务人请求支付票据金额的权利，包括付款请求权和追索权。票据责任是指票据债务人向持票人支付票据金额的义务。

关于票据权利与责任，《票据法》还有以下一些规定。

（1）票据的签章。票据当事人可以委托其代理人在票据上签章，并应当在票据上表明其代理关系。没有代理权而以代理人名义在票据上签章的，应当由签章人承担票据责任；代理人超越代理权限的，应当就其超越权限的部分承担票据责任。无民事行为能力人或者限制民事行为能力人在票据上签章的，其签章无效，但是不影响其他签章的效力。法人和其他使用票据的单位在票据上的签章，为该法人或者该单位的盖章加其法定代表人或者其授权的代理人的签章。在票据上的签名，应当为该当事人的本名。

（2）票据的金额与记载事项。票据金额以中文大写和数码同时记载，二者必须一致，二者不一致的，票据无效。票据上的记载事项必须符合《票据法》的规定。票据日期、金额、收款人名称不得更改，更改的票据无效。对票据上的其他记载事项，原记载人可以更改，更改时应当由原记载人签章证明。

（3）票据的签发、取得和转让，应当遵循诚实信用的原则，具有真实的交易关系和债权债务关系。票据的取得，必须给付对价，即应当给付票据双方当事人认可的相对应的代价。

（4）无偿获得票据。因税收、继承、赠与可以依法无偿取得票据的，不受给付对价的限制。但是，所享有的票据权利不得优于其前手的权利。

（5）不得享有票据权利的情况。以欺诈、偷盗或者胁迫等手段取得票据的，或者明知有前列情形，出于恶意取得票据的，不得享有票据权利。持票人因重大过失取得不符合《票据法》规定的票据的，也不得享有票据权利。

（6）票据抗辩。票据债务人不得以自己与出票人或者与持票人的前手之间的抗辩事由，对抗持票人。但是，持票人明知存在抗辩事由而取得票据的除外。票据债务人可以对不履行约定义务的与自己有直接债权债务关系的持票人，进行抗辩。

（7）票据丧失，失票人可以及时通知票据的付款人挂失止付，但是，未记载付款人或者无法确定付款人及其代理付款人的票据除外。收到挂失止付通知的付款人，应当暂停支付。失票人应当在通知挂失止付后3日内，也可以在票据丧失后，依法向人民法院申请公示催告，或者向人民法院提起诉讼。

（8）票据权利的消灭。票据权利在下列期限内不行使而消灭：第一，持票人对票据的出票人和承兑人的权利，自票据到期日起2年。见票即付的汇票、本票，自出票日起2年；第二，持票人对支票出票人的权利，自出票日起6个月；第三，持票人对前手的追索权，自被拒绝承兑或者被拒绝付款之日起6个月；第四，持票人对前手的再追索权，自清偿日或者被提起诉讼之日起3个月。

（二）汇票

1. 出票。汇票是出票人签发的，委托付款人在见票时或者在指定日期无条件支付确定的金额给收款人或者持票人的票据。汇票分为银行汇票和商业汇票。

出票是指出票人签发票据并将其交付给收款人的票据行为。汇票的出票人必须与付款人具有真实的委托付款关系，并且具有支付汇票金额的可靠资金来源。

汇票必须记载下列事项，汇票上未记载下列规定事项之一的，汇票无效：（1）标明"汇票"的字样；（2）无条件支付的委托；（3）确定的金额；（4）付款人名称；（5）收款人名称；（6）出票日期；（7）出票人签章。

汇票上记载付款日期、付款地、出票地等事项的，应当清楚、明确。汇票上未记载付款日期的，为见票即付。汇票上未记载付款地的，付款人的营业场所、住所或者经常居住地为付款地。汇票上未记载出票地的，出票人的营业场所、住所或者经常居住地为出票地。

出票人签发汇票后，即承担保证该汇票承兑和付款的责任。

2. 背书。背书是指在票据背面或者粘单上记载有关事项并签章的票据行为。持票人将汇票权利转让给他人或者将一定的汇票权利授予他人行使，应当背书并交付汇票。票据凭证不能满足背书人记载事项的需要，可以加附粘单，黏附于票据凭证上。

以背书转让的汇票，后手应当对其直接前手背书的真实性负责。后手是指在票据签章人之后签章的其他票据债务人。背书不得附有条件。背书时附有条件的，所附条件不具有汇票上的效力。背书人在汇票上记载"不得转让"字样，其后手再背书转让的，原背书人对后手的被背书人不承担保证责任。

背书记载"委托收款"字样的，被背书人有权代背书人行使被委托的汇票权利。但是，被背书人不得再以背书转让汇票权利。汇票可以设定质押；质押时应当以背书记载"质押"字样。被背书人依法实现其质权时，可以行使汇票权利。

汇票被拒绝承兑、被拒绝付款或者超过付款提示期限的，不得背书转让；背书转让的，背书人应当承担汇票责任。

3. 承兑。承兑是指汇票付款人承诺在汇票到期日支付汇票金额的票据行为。

定日付款或者出票后定期付款的汇票，持票人应当在汇票到期日前向付款人提示承兑。提示承兑是指持票人向付款人出示汇票，并要求付款人承诺付款的行为。见票后定期付款的汇票，持票人应当自出票日起一个月内向付款人提示承兑。

汇票未按照规定期限提示承兑的，持票人丧失对其前手的追索权。见票即付的汇票无须提示承兑。付款人对向其提示承兑的汇票，应当自收到提示承兑的汇票之日起 3 日内承兑或者拒绝承兑。付款人收到持票人提示承兑的汇票时，应当向持票人签发收到汇票的回单。回单上应当记明汇票提示承兑日期并签章。付款人承兑汇票的，应当在汇票正面记载"承兑"字样和承兑日期并签章；见票后定期付款的汇票，应当在承兑时记载付款日期。

4. 保证。汇票的债务可以由保证人承担保证责任。保证人由汇票债务人以外的他人担当。保证人必须在汇票或者粘单上记载下列事项：（1）表明"保证"的字样；（2）保证人名称和住所；（3）被保证人的名称；（4）保证日期；（5）保证人签章。

保证人对合法取得汇票的持票人所享有的汇票权利，承担保证责任。但是，被保证人的债务因汇票记载事项欠缺而无效的除外。被保证的汇票，保证人应当与被保证人对持票人承担连带责任。汇票到期后得不到付款的，持票人有权向保证人请求付款，保证人应当足额付款。保证人为二人以上的，保证人之间承担连带责任。保证人清偿汇票债务后，可以行使持票人对被保证人及其前手的追索权。

5. 付款。持票人应当按照下列期限提示付款：（1）见票即付的汇票，自出票日起 1 个月内向付款人提示付款；（2）定日付款、出票后定期付款或者见票后定期付款的汇票，自到期日起 10 日内向承兑人提示付款。

持票人依照规定提示付款的，付款人必须在当日足额付款。持票人获得付款的，应当在汇票上签收，并将汇票交给付款人。持票人委托银行收款的，受委托的银行将代收的汇票金额转账收入持票人账户，视同签收。持票人委托的收款银行的责任，限于按照汇票上记载事项将汇票金额转入持票人账户。

付款人委托的付款银行的责任，限于按照汇票上记载事项从付款人账户支付汇票金额。付款人及其代理付款人付款时，应当审查汇票背书的连续，并审查提示付款人的合法身份证明或者有效证件。付款人及其代理付款人以恶意或者有重大过失付款的，应当自行承担责任。对定日付款、出票后定期付款或者见票后定期付款的汇票，付款人在到期日前付款的，由付款人自行承担所产生的责任。付款人依法足额付款后，全体汇票债务人的责任解除。

6. 追索权。汇票到期被拒绝付款的，持票人可以对背书人、出票人以及汇票的其他债务人行使追索权。汇票到期日前，有下列情形之一的，持票人也可以行使追索权：（1）汇票被拒绝承兑的；（2）承兑人或者付款人死亡、逃匿的；（3）承兑人或者付款人被依法宣告破产的或者因违法被责令终止业务活动的。

持票人行使追索权时，应当提供被拒绝承兑或者被拒绝付款的有关证明。持票人提示承兑或者提示付款被拒绝的，承兑人或者付款人必须出具拒绝证明，或者出具退票理由书。未出具拒绝证明或者退票理由书的，应当承担由此产生的民事责任。持票人因承兑人或者付款人死亡、逃匿或者其他原因，不能取得拒绝证明的，可以依法取得其他有关证明。

持票人不能出示拒绝证明、退票理由书或者未按照规定期限提供其他合法证明的，丧失对其前手的追索权。但是，承兑人或者付款人仍应当对持票人承担责任。持票人应当自收到被拒绝承兑或者被拒绝付款的有关证明之日起 3 日内，将被拒绝事由书面通知其前手；其前手应当自收到通知之日起 3 日内书面通知其再前手。持票人也可以同时向各汇票债务人发出书面通知。未按照前款规定期限通知的，持票人仍可以行使追索权。因延期通知给其前手或者出票人造成损失的，由没有按照规定期限通知的汇票当事人，承担对该损失的赔偿责任，但是所赔偿的金额以汇票金额为限。

持票人可以不按照汇票债务人的先后顺序，对其中任何一人、数人或者全体行使追索权。持票人对汇票债务人中的一人或者数人已经进行追索的，对其他汇票债务人仍可以行使追索权。被追索人清偿债务后，与持票人享有同一权利。持票人为出票人的，对其前手无追索权。持票人为背书人的，对其后手无追索权。持票人行使追索权，可以请求被追索人支付下列金额和费用：（1）被拒绝付款的汇票金额；（2）汇票金额自到期日或者提示付款日起至清偿日止，按照中国人民银行规定的利率计算的利息；（3）取得有关拒绝证明和发出通知书的费用。

被追索人清偿债务时，持票人应当交出汇票和有关拒绝证明，并出具所收到利息和费用的收据。被追索人依照前条规定清偿后，可以向其他汇票债务人行使再追索权，请求其他汇票债务人支付下列金额和费用：（1）已清偿的全部金额；（2）金额自清偿日起至再追索清偿日止，按照中国人民银行规定的利率计算的利息；（3）发出通知书的费用。

（三）本票

本票即银行本票，是出票人签发的承诺自己在见票时无条件支付确定的金额给收款人或者持票人的票据。本票的出票人必须具有支付本票金额的可靠资金来源，并保证支付。本票必须记载下列事项：（1）标明"本票"的字样；（2）无条件支付的承诺；（3）确定的金额；（4）收款人名称；（5）出票日期；（6）出票人签章。

本票上记载付款地、出票地等事项的，应当清楚、明确。本票上未记载付款地的，出票人的营业场所为付款地。本票上未记载出票地的，出票人的营业场所为出票地。

本票的出票人在持票人提示见票时，必须承担付款的责任。本票自出票日起，付款期限最长不得超过2个月。本票的持票人未按照规定期限提示见票的，丧失对出票人以外的前手的追索权。

本票的背书、保证、付款行为和追索权的行使，与《票据法》关于汇票的规定一致。

（四）支票

支票是出票人签发的委托办理支票存款业务的银行或者其他金融机构在见票时无条件支付确定的金额给收款人或者持票人的票据。开立支票存款账户，申请人必须使用其本名，并提交证明其身份的合法证件。开立支票存款账户和领用支票，应当有可靠的资信，并存入一定的资金。开立支票存款账户，申请人应当预留其本名的签名式样和印鉴。

支票可以支取现金也可以转账，用于转账时，应当在支票正面注明。支票中专门用于支取现金的，可以另行制作现金支票，现金支票只能用于支取现金。支票中专门用于转账的，可以另行制作转账支票，转账支票只能用于转账，不得支取现金。

支票必须记载下列事项：（1）标明"支票"的字样；（2）无条件支付的委托；（3）确定的金额；（4）付款人名称；（5）出票日期；（6）出票人签章。

支票的出票人所签发的支票金额不得超过其付款时在付款人处实有的存款金额。出票人签发的支票金额超过其付款时在付款人处实有的存款金额的，为空头支票。禁止签发空头支票。支票的出票人不得签发与其预留本名的签名式样或者印鉴不符的支票。出票人必须按照签发的支票金额承担保证向该持票人付款的责任。出票人在付款人处的存款足以支付支票金额时，付款人应当在当日足额付款。

支票限于见票即付，不得另行记载付款日期。另行记载付款日期的，该记载无效。支票的持票人应当自出票日起 10 日内提示付款；异地使用的支票，其提示付款的期限由中国人民银行另行规定。超过提示付款期限的，付款人可以不予付款；付款人不予付款的，出票人仍应当对持票人承担票据责任。付款人依法支付支票金额的，对出票人不再承担受委托付款的责任，对持票人不再承担付款的责任。但是，付款人以恶意或者有重大过失付款的除外。

支票的背书、付款行为和追索权的行使，与《票据法》关于汇票规定一致。

（五）法律责任

有下列票据欺诈行为之一的，依法追究刑事责任：（1）伪造、变造票据的；（2）故意使用伪造、变造的票据的；（3）签发空头支票或者故意签发与其预留的本名签名式样或者印鉴不符的支票，骗取财物的；（4）签发无可靠资金来源的汇票、本票，骗取资金的；（5）汇票、本票的出票人在出票时作虚假记载，骗取财物的；（6）冒用他人的票据，或者故意使用过期、作废的票据，骗取财物的；（7）付款人同出票人、持票人恶意串通，实施前六项所列行为之一的。

情节轻微且不构成犯罪的，依照国家有关规定给予行政处罚：（1）金融机构工作人员在票据业务中玩忽职守，对违反《票据法》规定的票据予以承兑、付款或者保证的，给予处分；造成重大损失，构成犯罪的，依法追究刑事责任。（2）由于金融机构工作人员因前项行为给当事人造成损失的，由该金融机构和直接责任人员依法承担赔偿责任。（3）票据的付款人对见票即付或者到期的票据，故意压票，拖延支付的，由金融行政管理部门处以罚款，对直接责任人员给予处分。票据的付款人故意压票，拖延支付，给持票人造成损失的，依法承担赔偿责任。（4）依照《票据法》规定承担赔偿责任以外的其他违反《票据法》规定的行为，给他人造成损失的，应当依法承担民事责任。

第三章

经济法律制度

第一节　基市经济法律制度

经济法是调整因国家从社会整体利益出发对经济活动进行干预、管理和调控所产生的社会经济关系的法律规范的总称。可以从三个角度去理解这个概念：（1）经济法是经济法律规范的总称；（2）经济法是调整经济关系的法律规范的总称；（3）经济法调整的是一定范围的经济关系。

经济法作为一个独立的、新兴的法律部门，与传统的相邻法律部门相比，其主要特点如下。

（一）经济法是国家干预经济的法

经济法的产生是国家干预经济的必然结果，它把调整的重点始终放在引导各类经济主体依法进行经济活动、保证经济关系的正确确立和有序地进行上，以形成本国经济可持续发展的经济环境和经济秩序。

（二）经济法是社会责任本位法

经济法与民法、行政法相比较，在调整社会整体与社会个体的关系上有自己的主导思想。经济法是"社会责任本位法"，它以社会利益为基点，无论是国家机关，还是社会组织或个人，都必须对社会负责，在此基础上处理和协调相互之间的关系。

（三）经济法是商品经济发达的法

只有当商品经济成为社会的主导，经济法才会伴随着生产力的发展而产生和发展，因而经济法是商品经济高度发展的产物。

（四）经济法是以经济为目的的法

经济法始终调整经济关系，调整的目的就是使社会的整体经济能持续、稳定的发展，提高社会生产力水平，而且在这个调整过程中甚至会有意使局部利益或个体利益有所损失。

（五）经济法是综合调整的法

经济法所调整的经济关系是纵向经济关系，但对横向经济关系会产生明显的影响；采取的手段既有惩罚性的，也有补偿性的，既有鼓励类的，也有禁止、限制类的，体现了明显的综合调整的特征。

我国的经济法涉及的法律包括预算法、会计法、企业所得税法、个人所得税法、车船税法、税收征收管理法、煤炭法、电力法、农业法、种子法、土地管理法、农村土地承包法、邮政法、网络安全法、反垄断法、反不正当竞争法、消费者权益保护法、广告法、产品质量法、特种设备安全法、审计法、统计法等。本章介绍的内容包括会计法和审计法。税法也属于经济法范畴，但不在此章阐述。

第二节　会计法

一、基本理论与概念

国家机关、社会团体、公司、企业、事业单位和其他组织（本节以下统称"单位"）必须依照《会计法》办理会计事务。各单位必须依法设置会计账簿，并保证其真实、完整。单位负责人对本单位的会计工作和会计资料的真实性、完整性负责。会计机构、会计人员依照《会计法》规定进行会计核算，实行会计监督。任何单位或者个人不得以任何方式授意、指使、强令会计机构、会计人员伪造、变造会计凭证、会计账簿和其他会计资料，提供虚假财务会计报告。

在我国，国务院财政部门主管全国的会计工作，县级以上地方各级人民政府财政部门管理本行政区域内的会计工作。国家实行统一的会计制度。国家统一的会计制度由国务院财政部门根据《会计法》制定并公布。

二、会计核算

（一）会计核算涉及的主要业务

各单位必须根据实际发生的经济业务事项进行会计核算、填制会计凭证、登记会计账簿、编制财务会计报告。下列经济业务事项，应当办理会计手续，进行会计核算：（1）款项和有价证券的收付；（2）财物的收发、增减和使用；（3）债权债务的发生和结算；（4）资本、基金的增减；（5）收入、支出、费用、成本的计算；（6）财务成果的计算和处理；（7）需要办理会计手续、进行会计核算的其他事项。

（二）会计核算基本规定

会计年度自公历 1 月 1 日起至 12 月 31 日止。会计核算以人民币为记账本位币；业务收支以人民币以外的货币为主的单位，可以选定其中一种货币作为记账本位币，但是编报的财务会计报告应当折算为人民币。会计凭证、会计账簿、财务会计报告和其他会计资料，必须符合国家统一的会计制度的规定。使用电子计算机进行会计核算的，其软件及其生成的会计凭证、会计账簿、财务会计报告和其他会计资料，也必须符合国家统一的会计制度的规定。

（三）会计凭证与会计账簿

会计凭证包括原始凭证和记账凭证。会计机构、会计人员必须按照国家统一的会计制度的规定对原始凭证进行审核，对不真实、不合法的原始凭证有权不予接受，并向单位负责人报告；对记载不准确、不完整的原始凭证予以退回，并要求按照国家统一的会计制度的规定更正、补充。原始凭证记载的各项内容均不得涂改；原始凭证有错误的，应当由出具单位重开或者更正，更正处应当加盖出具单位印章。原始凭证金额有错误的，应当由出具单位重开，不得在原始凭证上更正。记账凭证应当根据经过审核的原始凭证及有关资料编制。

会计账簿登记必须以经过审核的会计凭证为依据，并符合有关法律、行政法规和国家统一的会计制度的规定。会计账簿包括总账、明细账、日记账和其他辅助性账簿。会计账簿应当按照连续编号的页码顺序登记。会计账簿记录发生错误或者隔页、缺号、跳行的，应当按照国家统一的会计制度规定的方法更正，并由会计人员和会计机构负责人（会计主管人员）在更正处盖章。使用电子计算机进行会计核算的，其会计账簿的登记、更正，应当符合国家统一的会计制度的规定。各单位发生的各项经济业务事项应当在依法设置的会计账簿上统一登记、核算，不得违反《会计法》和国家统一的会计制度的规定私设会计账簿登记、核算。

各单位应当定期将会计账簿记录与实物、款项及有关资料相互核对，保证会计账簿记录与实物及款项的实有数额相符、会计账簿记录与会计凭证的有关内容相符、会计账簿之间相对应的记录相符、会计账簿记录与会计报表的有关内容相符。

（四）财务会计报告

单位提供的担保、未决诉讼等或有事项，应当按照国家统一的会计制度的规定，在财务会计报告中予以说明。财务会计报告应当根据经过审核的会计账簿记录和有关资料编制，并符合《会计法》和国家统一的会计制度关于财务会计报告的编制要求、提供对象和提供期限的规定；其他法律、行政法规另有规定的，从其规定。

财务会计报告由会计报表、会计报表附注和财务情况说明书组成。向不同的会计资料使用者提供的财务会计报告，其编制依据应当一致。有关法律、行政法规规定会计报表、会计报表附注和财务情况说明书须经注册会计师审计的，注册会计师及其所在的会计师事务所出具的审计报告应当随同财务会计报告一并提供。

财务会计报告应当由单位负责人和主管会计工作的负责人、会计机构负责人（会计主管人员）签名并盖章；设置总会计师的单位，还须由总会计师签名并盖章。单位负责人应当保证财务会计报告真实、完整。各单位对会计凭证、会计账簿、财务会计报告和其他会计资料应当建立档案，妥善保管。会计档案的保管期限和销毁办法，由国务院财政部会同有关部门制定。

（五）公司、企业会计核算的特别规定

公司、企业必须根据实际发生的经济业务事项，按照国家统一的会计制度的规定确认、计量和记录资产、负债、所有者权益、收入、费用、成本和利润。

公司、企业进行会计核算不得有下列行为：（1）随意改变资产、负债、所有者权益的确认标准或者计量方法，虚列、多列、不列或者少列资产、负债、所有者权益；（2）虚列或者隐瞒收入，推迟或者提前确认收入；（3）随意改变费用、成本的确认标准或者计量方法，虚列、多列、不列或者少列费用、成本；（4）随意调整利润的计算、分配方法，编造虚假利润或者隐瞒利润；（5）违反国家统一的会计制度规定的其他行为。

三、会计监督

各单位应当建立、健全本单位内部会计监督制度。单位内部会计监督制度应当符合下列要求：（1）记账人员与经济业务事项和会计事项的审批人员、经办人员、财物保管人员的职责权限应当明确，并相互分离、相互制约；（2）重大对外投资、资产处置、资金调度和其他重要经济业务事项的决策和执行的相互监督、相互制约程序应当明确；（3）财产清查的范围、期限和组织程序应当明确；（4）对会计资料定期进行内部审计的办法和程序应当明确。

单位负责人应当保证会计机构、会计人员依法履行职责，不得授意、指使、强令会计机构、会计人员违法办理会计事项。会计机构、会计人员发现会计账簿记录与实物、款项及有关资料不相符的，按照国家统一的会计制度的规定有权自行处理的，应当及时处理；无权处理的，应当立即向单位负责人报告，请求查明原因，做出处理。

任何单位和个人对违反《会计法》和国家统一的会计制度规定的行为，有权检举。收到检举的部门有权处理的，应当依法按照职责分工及时处理；无权处理的，应当及时移送有权处理的部门处理。收到检举的部门、负责处理的部门应当为检举人保密，不得将检举人姓名和检举材料转给被检举单位和被检举人个人。

有关法律、行政法规规定，须经注册会计师进行审计的单位，应当向受委托的会计师事务所如实提供会计凭证、会计账簿、财务会计报告和其他会计资料以及有关情况。任何单位或者个人不得以任何方式要求或者示意注册会计师及其所在的会计师事务所出具不实或者不当的审计报告。财政部门有权对会计师事务所出具审计报告的程序和内容进行监督。

财政部门对各单位的下列情况实施监督：（1）是否依法设置会计账簿；（2）会计凭证、会计账簿、财务会计报告和其他会计资料是否真实、完整；（3）会计核算是否符合《会计法》和国家统一的会计制度的规定；（4）从事会计工作的人员是否具备专业能力、遵守职业道德。财政、审计、税务、人民银行、证券监管、保险监管等部门应当依照有关法律、行政法规规定的职责，对有关单位的会计资料实施监督检查。各单位必须依照有关法律、行政法规的规定，接受有关监督检查部门依法实施的监督检查，如实提供会计凭证、会计账簿、财务会计报告和其他会计资料以及有关情况，不得拒绝、隐匿、谎报。

四、会计机构和会计人员

各单位应当根据会计业务的需要设置会计机构，或者在有关机构中设置会计人员并指定会计主管人员；不具备设置条件的，应当委托经批准设立从事会计代理记账业务的中介机构代理记账。国有的和国有资产占控股地位或者主导地位的大、中型企业必须设置总会计师。总会计师的任职资格、任免程序、职责权限由国务院规定。

会计机构内部应当建立稽核制度。出纳人员不得兼任稽核、会计档案保管和收入、支出、费用、债权债务账目的登记工作。会计人员应当具备从事会计工作所需要的专业能力。担任单位会计机构负责人（会计主管人员）的，应当具备会计师以上专业技术职务资格或者从事会计工作3年以上经历。

因有提供虚假财务会计报告，做假账，隐匿或者故意销毁会计凭证、会计账簿、财务会计报告，贪污，挪用公款，职务侵占等与会计职务的有关违法行为被依法追究刑事责任的人员，不得再从事会计工作。

五、法律责任

违反《会计法》规定，有下列行为之一的，由县级以上人民政府财政部门责令限期改正，可以对单位并处3 000元以上5万元以下的罚款；对其直接负责的主管人员和其他直接责任人员，可以处2 000元以上2万元以下的罚款；属于国家工作人员的，还应当由其所在单位或者有关单位依法给予行政处分：（1）不依法设置会计账簿的；（2）私设会计账簿的；（3）未按照规定填制、取得原始凭证或者填制、取得的原始凭证不符合规定的；（4）以未经审核的会计凭证为依据登记会计账簿或者登记会计账簿不符合规定的；（5）随意变更会计处理方法的；（6）向不同的会计资料使用者提供的财务会计报告编制依据不一致的；（7）未按照规定使用会计记录文字或者记账本位币的；（8）未按照规定保管会计资料，致使会计资料毁损、灭失的；（9）未按照规定建立并实施单位内部会计监督制度或者拒绝依法实施的监督，或者不如实提供有关会计资料及有关情况的；（10）任用会计人员不符合《会计法》规定的。有上述所列行为之一，构成犯罪的，依法追究刑事责任。

伪造、变造会计凭证、会计账簿，编制虚假财务会计报告，构成犯罪的，依法追究刑事责任；尚不构成犯罪的，由县级以上人民政府财政部门予以通报，可以对单位并处5 000元以上10万元以下的罚款；对其直接负责的主管人员和其他直接责任人员，可以处3 000元以上5万元以下的罚款；属于国家工作人员的，还应当由其所在单位或者有关单位依法给予撤职直至开除的行政处分；其中的会计人员，5年内不得从事会计工作。

隐匿或者故意销毁依法应当保存的会计凭证、会计账簿、财务会计报告，构成犯罪的，依法追究刑事责任；尚不构成犯罪的，由县级以上人民政府财政部门予以通报，可以对单位并处5 000元以上10万元以下的罚款；对其直接负责的主管人员和其他直接责任人员，可以处 3 000 元以上 5 万元以下的罚款；属于国家工作人员的，还应当由其所在单位或者有关单位依法给予撤职直至开除的行政处分；其中的会计人员，5 年内不得从事会计工作。

授意、指使、强令会计机构、会计人员及其他人员伪造、变造会计凭证、会计账簿，编制虚假财务会计报告或者隐匿、故意销毁依法应当保存的会计凭证、会计账簿、财务会计报告，构成犯罪的，依法追究刑事责任；尚不构成犯罪的，可以处 5 000 元以上 5 万元以下的罚款；属于国家工作人员的，还应当由其所在单位或者有关单位依法给予降级、撤职、开除的行政处分。

单位负责人对依法履行职责、抵制违反《会计法》规定行为的会计人员以降级、撤职、调离工作岗位、解聘或者开除等方式实行打击报复，构成犯罪的，依法追究刑事责任；尚不构成犯罪的，由其所在单位或者有关单位依法给予行政处分。对受打击报复的会计人员，应当恢复其名誉和原有职务、级别。

财政部门及有关行政部门的工作人员在实施监督管理中滥用职权、玩忽职守、徇私舞弊或者泄露国家秘密、商业机密，构成犯罪的，依法追究刑事责任；尚不构成犯罪的，依法给予行政处分。

第三节　审计法

一、基本理论与概念

国家实行审计监督制度。国务院和县级以上地方人民政府设立审计机关。国务院各部门和地方各级人民政府及其各部门的财政收支，国有的金融机构和企业事业组织的财务收支，以及其他依照《审计法》规定应当接受审计的财政收支、财务收支，依照《审计法》规定接受审计监督。审计机关对前述所列财政收支或者财务收支的真实、合法和效益，依法进行审计监督。审计机关依照法律规定的职权和程序，进行审计监督。审计机关依据有关财政收支、财务收支的法律、法规和国家其他有关规定进行审计评价，在法定职权范围内作出审计决定。

国务院和县级以上地方人民政府应当每年向本级人民代表大会常务委员会提出审计机关对预算执行和其他财政收支的审计工作报告。审计工作报告应当重点报告对预算执行的审计情况。必要时，人民代表大会常务委员会可以对审计工作报告作出决议。国务院和县级以上地方人民政府应当将审计工作报告中指出的问题的纠正情况和处理结果向本级人民代表大会常务委员会报告。审计机关依照法律规定独立行使审计监督权，不受其他行政机关、社会团体和个人的干涉。

延伸阅读 3 – 1

2018 年 3 月，中共中央印发《深化党和国家机构改革方案》，优化审计署职责。改革审计管理体制，保障依法独立行使审计监督权，是健全党和国家监督体系的重要内容。为整合审计监督力量，减少职责交叉分散，避免重复检查和监督盲区，增强监督效能，将国家发展和改革委员会的重大项目稽查、财政部的中央预算执行情况和其他财政收支情况的监督检查、国务院国有资产监督管理委员会的国有企业领导干部经济责任审计和国有重点大型企业监事会的职责划入审计署，相应对派出审计监督力量进行整合优化，构建统一高效审计监督体系。

二、审计机关与审计人员

国务院设立审计署，在国务院总理领导下，主管全国的审计工作。审计长是审计署的行政首长。省、自治区、直辖市、设区的市、自治州、县、自治县、不设区的市、市辖区的人民政府的审计机关，分别在省长、自治区主席、市长、州长、县长、区长和上一级审计机关的领导下，负责本行政区域内的审计工作。地方各级审计机关对本级人民政府和上一级审计机关负责并报告工作，审计业务以上级审计机关领导为主。

审计机关根据工作需要，经本级人民政府批准，可以在其审计管辖范围内设立派出机构。派出机构根据审计机关的授权，依法进行审计工作。

审计人员办理审计事项，与被审计单位或者审计事项有利害关系的，应当回避。审计人员依法执行公务，受法律保护。任何组织和个人不得拒绝、阻碍审计人员依法执行公务，不得打击报复审计人员。

三、审计机关职责与权限

审计机关对本级各部门（含直属单位）和下级政府预算的执行情况和决算以及其他财政收支情况，进行审计监督。审计署在国务院总理领导下，对中央预算执行情况和其他财政收支情况进行审计监督，向国务院总理提出审计结果报告。地方各级审计机关分别在省长、自治区主席、市长、州长、县长、区长和上一级审计机关的领导下，对本级预算执行情况和其他财政收支情况进行审计监督，向本级人民政府和上一级审计机关提出审计结果报告。

审计署对中央银行的财务收支，进行审计监督。审计机关对国有金融机构的资产、负债、损益，对国家的事业组织和使用财政资金的其他事业组织的财务收支，进行审计监督。对国有资本占控股地位或者主导地位的企业、金融机构的审计监督，由国务院规定。

审计机关审计监督范围还包括：政府投资和以政府投资为主的建设项目的预算执行情况和决算，政府部门管理的和其他单位受政府委托管理的社会保障基金、社会捐赠资金以及其他有关基金、资金的财务收支，国际组织和外国政府援助、贷款项目的财务收支。

审计机关具有如下权限：（1）有权要求被审计单位按照审计机关的规定提供预算或者财务收支计划、预算执行情况、决算、财务会计报告，运用电子计算机储存、处理的财政收支、财务收支电子数据和必要的电子计算机技术文档，在金融机构开立账户的情况，社会审计机构出具的审计报告，以及其他与财政收支或者财务收支有关的资料，被审计单位不得拒绝、拖延、谎报。（2）审计机关进行审计时，有权检查被审计单位的会计凭证、会计账簿、财务会计报告和运用电子计算机管理财政收支、财务收支电子数据的系统，以及其他与财政收支、财务收支有关的资料和资产，被审计单位不得拒绝。（3）审计机关进行审计时，有权就审计事项的有关问题向有关单位和个人进行调查，并取得有关证明材料。有关单位和个人应当支持、协助审计机关工作，如实向审计机关反映情况，提供有关证明材料。（4）审计机关经县级以上人民政府审计机关负责人批准，有权查询被审计单位在金融机构的账户。（5）审计机关有证据证明被审计单位以个人名义存储公款的，经县级以上人民政府审计机关主要负责人批准，有权查询被审计单位以个人名义在金融机构的存款。（6）审计机关对被审计单位违反上述规定的行为，有权予以制止；必要时，经县级以上人民政府审计机关负责人批准，有权封存有关资料和违反国家规定取得的资产；对其中在金融机构的有关存款需要予以冻结的，应当向人民法院提出申请。（7）审计机关对被审计单位正在进行的违反国家规定的财政收支、财务收支行为，有权予以制止；制止无效的，经县级以上人民政府审计机关负责人批准，通知财政部门和有关主管部门暂停拨付与违反国家规定的财政收支、财务收支行为直接有关的款项，已经拨付的，暂停使用。（8）审计机关认为被审计单位所执行的上级主管部门有关财政收支、财务收支的规定与法律、行政法规相抵触的，应当建议有关主管部门纠正；有关主管部门不予纠正的，审计机关应当提请有权处理的机关依法处理。

审计机关可以向政府有关部门通报或者向社会公布审计结果。审计机关通报或者公布审计结果，应当依法保守国家秘密和被审计单位的商业秘密，遵守国务院的有关规定。审计机关履行审计监督职责，可以提请公安、监察、财政、税务、海关、价格、工商行政管理等机关予以协助。

四、审计程序

审计机关根据审计项目计划确定的审计事项组成审计组，并应当在实施审计3日前向被审计单位送达审计通知书；遇有特殊情况，经本级人民政府批准，审计机关可以直接持审计通知书实施审计。

审计人员通过审查会计凭证、会计账簿、财务会计报告，查阅与审计事项有关的文件、资料，检查现金、实物、有价证券，向有关单位和个人调查等方式进行审计，并取得证明材料。审计人员向有关单位和个人进行调查时，应当出示审计人员的工作证件和审计通知书副本。

审计组对审计事项实施审计后，应当向审计机关提出审计组的审计报告。

审计组的审计报告报送审计机关前，应当征求被审计对象的意见。被审计对象应当自接到审计组的审计报告之日起 10 日内，将其书面意见送交审计组。审计组应当将被审计对象的书面意见一并报送审计机关。

审计机关按照审计署规定的程序对审计组的审计报告进行审议，并对被审计对象对审计组的审计报告提出的意见一并研究后，提出审计机关的审计报告；对违反国家规定的财政收支、财务收支行为，依法应当给予处理、处罚，在法定职权范围内作出审计决定或者向有关主管机关提出处理、处罚的意见。审计机关应当将审计机关的审计报告和审计决定送达被审计单位和有关主管机关、单位。审计决定自送达之日起生效。上级审计机关认为下级审计机关作出的审计决定违反国家有关规定的，可以责成下级审计机关予以变更或者撤销，必要时也可以直接作出变更或者撤销的决定。

五、法律责任

（一）被审计单位

被审计单位违反《审计法》的规定，拒绝或者拖延提供与审计事项有关的资料的，或者提供的资料不真实、不完整的，或者拒绝、阻碍检查的，由审计机关责令改正，可以通报批评，给予警告；拒不改正的，依法追究责任。被审计单位违反规定，转移、隐匿、篡改、毁弃会计凭证、会计账簿、财务会计报告以及其他与财政收支、财务收支有关的资料，或者转移、隐匿所持有的违反国家规定取得的资产，审计机关认为对直接负责的主管人员和其他直接责任人员依法应当给予处分的，应当提出给予处分的建议，被审计单位或者其上级机关、监察机关应当依法及时作出决定，并将结果书面通知审计机关；构成犯罪的，依法追究刑事责任。

被审计单位对审计机关作出的有关财务收支的审计决定不服的，可以依法申请行政复议或者提起行政诉讼。被审计单位对审计机关作出的有关财政收支的审计决定不服的，可以提请审计机关的本级人民政府裁决，本级人民政府的裁决为最终决定。被审计单位的财政收支、财务收支违反法律、行政法规的规定，构成犯罪的，依法追究刑事责任。

（二）审计机关

对本级各部门（含直属单位）和下级政府违反预算的行为或者其他违反国家规定的财政收支行为，审计机关、人民政府或者有关主管部门在法定职权范围内，依照法律、行政法规的规定，区别情况采取下列处理措施：（1）责令限期缴纳应当上缴的款项；（2）责令限期退还被侵占的国有资产；（3）责令限期退还违法所得；（4）责令按照国家统一的会计制度的有关规定进行处理；（5）其他处理措施。

对被审计单位违反国家规定的财务收支行为，审计机关、人民政府或者有关主管部门在法定职权范围内，依照法律、行政法规的规定，区别情况采取前条规定的处理措施，并可以依法给予处罚。审计机关在法定职权范围内作出的审计决定，被审计单位应当执行。

审计机关依法责令被审计单位上缴应当上缴的款项，被审计单位拒不执行的，审计机关应当通报有关主管部门，有关主管部门应当依照有关法律、行政法规的规定予以扣缴或者采取其他处理措施，并将结果书面通知审计机关。

第二编

科学技术基础

·第四章·

科学、技术与工程概论

第一节 为什么要关注科学

在我国，由于漫长的封建社会，没有像欧洲那样经历文艺复兴、宗教改革和科学革命①，开启国人心智始终是一项重要的工作。从一百年前的"五四运动"就强调民智开启，但到目前，普及科学知识仍任重道远。据中国科普研究所"中国公众科学素养调查"，我国公众达到基本科学素养水平的比例仅为0.2%，即99.8%的人没有达到基本的科学素养水平。与欧美发达国家相比，美国公众的基本科学素养水平是我国的33.5倍，欧洲发达国家是我国的22倍。调查数据显示，我国公众科学素养水平1992~1997年停滞不前，与持续高达10%以上的经济增长速度明显不匹配②。

在现实社会，无论是在日常生活还是在管理实践中，普遍存在不讲科学的现象。比如"吃什么补什么"、社会上名目繁多的养生方法和补品，微信、QQ、

---

① 爱因斯坦认为："西方科学发展是以两个伟大的成就为基础：希腊哲学家发明的形式逻辑体系（在欧几里得几何学中），以及（在文艺复兴时期）发现通过系统的实验可能找出因果关系"（《爱因斯坦文集》，许良英等译，商务印书馆1976年版，第574页）。希腊文明（以科学精神为人性理想，它不考虑知识的实用性和功利性，只关注知识本身的确定性，关注真理的自主自足和内在推演。在希腊人眼里，科学既不是生产力也不是智商，而是通往自由人性的基本教化方式）是孕育现代科学的种子。北京大学科学史教授吴国盛认为，现代科学是希腊文明和基督教文明相融合的产物，没有基督教就没有现代科学（现代科学是在基督教的汪洋大海中生长起来的，现代科学的先驱者都是基督徒，如哥白尼长期担任教堂神父。吴国盛：《什么是科学》，广东人民出版社2016年版，第21~60、112~144页）。

② 王丽：《大力改进科学教育，全面提高科技素养》，载《上海师范大学学报》，2000年11月。

互联网等社交媒体上各种没有学理依据和规律性的有关管理的"心灵鸡汤",还有社会上对西方的发明,总是有人能认证出,中国早就有了的结论。这种盲目自大,对我国科学技术、社会经济文化的发展有害无益。在经济学、管理学领域,包括管理会计学科,目前我们仍然没有看到普世的中国理论。尽管我们经济上取得了举世瞩目的成就,许多管理实践也可圈可点,但目前的教科书中,基本上没有中国人创造的理论。相反,日本的适时制(just in time),目标成本管理、精益管理、阿米巴经营等经常出现在管理会计教材中,这非常值得我们反思。

尽管管理活动包含经验和艺术的因素,但管理学普遍被认为也是一门科学。早在 1911 年管理科学之父泰勒在《科学管理原理》中就指出,管理要走向科学,而不是单凭经验办事。泰勒的科学管理强调效率最大化,而要达到最高的工作效率的重要手段是采用科学化的、标准化的管理方法。因此,泰勒提出了一些基本的管理制度,包括:对工人提出科学的操作方法,以便有效利用工时,提高工效;对工人进行科学的选择、培训和晋升;制定科学的工艺规程,使工具、机器、材料标准化,并对作业环境标准化,用文件形式加以固定;实施具有激励性的计件工资报酬制度;管理者和劳动者在工作中密切合作,以保证工作按标准的设计程序进行等。

正因为如此,为实施《中华人民共和国科学技术普及法》,落实《国家中长期科学和技术发展规划纲要(2006—2020 年)》《全民科学素质行动计划纲要(2006—2010—2020 年)》等确定的科普工作任务,国务院办公厅确定科技部、财政部、中央宣传部牵头,中央组织部等 20 个部门参加制定《中国公民科学素质基准》(以下简称《基准》),于 2016 年 4 月 18 日发布。《基准》指出,公民具备基本科学素质一般指了解必要的科学技术知识,掌握基本的科学方法,树立科学思想,崇尚科学精神,并具有一定的应用它们处理实际问题、参与公共事务的能力。

第二节　科学是什么

科学,源于拉丁文"scientia",本意是指知识和学问。通常认为,科学是人类在认识世界和改造世界过程中所创造的，正确反映客观世界现象、物质内部结构和运动规律的系统理论知识。

目前我们广泛使用的"科学"一词不是汉语中固有的词汇，它来自日本。1874 年，日本学者福泽谕吉在翻译法文"science"时生造了"科学"这个词。这个翻译体现了现代西方学术与传统中国学术的区分，但并没有切中science的基本意思以及它所代表的西方思想传统。按汉语解析容易且可能会产生过于强调"分科"的概念①。此外，所谓科举之学，计数②也不能反映现代科学的内涵。相反，最早引进"科学"的概念时使用的中文译词是"格物致知"③"格致"，更为切中 science 的本义，因为科学的核心在于探索。徐光启当年就用"格致学""格物学""格物穷理之学"等来翻译西方的自然知识体系。但到 1893 年，康有为在翻译日本著作时，引进并使用"科学"两字。后来严复在翻译《天演论》时，也用"科学"一词。此后，梁启超、王国维等频繁使用"科学"这个词语，"科学"便成为英语"science"的定译，在中国广泛流传开来。

目前，在中国的语境中，对科学的理解，有三个突出的特点：一是科学、技术、工程等概念不分，倾向于从实用、应用的角度理解科学，倾向于将科学混同于"科技"，"科技"混同于"技术""工程"，对"科学"本身缺乏理解，这可能与中国实用主义的文化传统有关④；二是指工作，即科学就是科学家们做的事；三是价值判断，将科学作为任何领域里的正面价值标准，即科学指的是正确、有道理、好的东西，比如"科学决策""你的做法不科学"等。这可能是20 世纪科学主义意识形态长期起作用的结果。1923 年，胡适在《科学与人生

---

① 吴国盛认为，日译"科学"一词基本沿用了英语"science"自 19 世纪以来的意思，指的是"自然科学"。"science"本身没有分科的意思，但自 19 世纪开始，科学进入了专门化、专业化、职业化的时代，数、理、化、天、地、生等，开始走上了各自独立的发展道路。而传统的中国的学问，都是文史哲不分、天地人不分的通才之学。因此，日本人用"科学"这种区分度比较高的术语来翻译西方的"science"一词抓住了西方科学的一个时代特征。

② 《说文解字》的解释：科，会意字，从禾从斗，斗者量也；故"科学"一词仍取"测量之学问"之义为名。

③ 格物致知出自《大学》，"致知在格物，物格而后知至"。探究事物之理的"格致"在清末被广泛应用在学校校名、课程科目、教材与科学杂志名称，如上海格致书院、中国第一本介绍自然科学的杂志《格致汇编》、格致科（理科）等。

④ 吴国盛：《什么是科学》，广东人民出版社 2016 年版，第 17 页。

观》一书的序中指出"这三十年来，有一个名词在国内几乎做到了无上尊严的地位；无论懂与不懂的人，无论守旧和维新的人，都不敢公然对他表示轻视或戏侮的态度。那个名词就是'科学'"。陈独秀在《新青年》创刊号讴歌科学，抨击中国传统文化时说道："士不知科学，故袭阴阳家符瑞五行之说，惑世诬民……农不知科学，故无择种去虫之术。工不知科学，故货弃于地……商不科学，故惟识罔取近利，未来之胜算，无容心焉。医不知科学，既不解人身之构造，复不事药性之分析，菌毒传染，更无闻焉……凡此无常识之思维，无理由之信仰，欲根治之，厥维科学。"

科学是一个来自西方的舶来品，因此，要正确理解科学必须回到西方的语境中。在西方科学发展史中，科学有两个前后相继的形态：希腊的理性科学和近代科学。"希腊科学是非功利的、内在的和确定性的知识，源自希腊人对于自由人性的追求。这一科学形态的典型代表是演绎数学、形式逻辑和体系哲学……近代科学继承了希腊科学的确定性理想，但增加了主体性、力量性诉求，成为今天具有显著的实际用途、支配人类社会发展、决定人类未来命运的主导力量。近代科学的主要代表是数理实验科学，它通过实验取得科学知识的实际效果，通过数学取得科学知识的普遍有效性。"①

1888 年，达尔文曾给科学下的定义是："科学就是整理事实，从中发现了规律，做出结论"。达尔文的定义指出了科学的内涵，即事实与规律。科学要发现人所未知的事实，而不是脱离现实的纯思维的空想。规律是指客观事物之间内在的本质的必然联系。

费曼②认为，科学这个词"通常用来指下述三种情境之一，或是这三种情形的综合。有时候科学是指发现事物的具体方法；有时则是指从所发现一事物中产生出来的知识；最后它还可能是指你发现一事物之后可以做的新东西，或是创制新事物这一过程本身。这最后一个方面通常称为'技术'"③。费曼所解释的科学，在内涵上包括三个层面的意思：第一，科学是通过训练有素的思考和辛勤工作所

---

① 吴国盛：《什么是科学》，广东人民出版社 2016 年版，第 303 页。

② 理查德·费曼（1918～1988）是美国科学家，1965 年因量子电力学方面的研究获诺贝尔物理学奖。

③ 《费曼讲演录》，王文洁译，湖南科学技术出版社 2016 年版，第 2 页。

发现的具有普遍性、规律性的知识。第二，科学发现的方法是观察。观察是一个概念（理论）的真理性的最终判据。如何进行观察有许多专门技术，比如推理、实验等。第三，技术是科学的应用。也就是说，科学具有应用性，它带来的结果是使我们能做许多事情，包括好事与坏事，比如核能的发展以及由此带来的问题。

科学包含自然、社会、思维等领域（从准确、可验证性并能达到普遍公认的角度讲，科学一词指自然科学，亦即狭义的科学。广义的科学又包含了科技及社会学），它涵盖三方面含义：（1）观察。致力于揭示自然真相，而对自然作理由充分的观察或研究（包括思想实验），通常指可通过必要的方法进行的，或能通过科学方法——一套用以评价经验知识的程序而进行的。（2）假设。通过这样的过程假定组织体系知识的系统性。（3）检证。借此验证研究目标的信度与效度。

科学的本质是描述人生活中接触到的事物（自然世界、人类世界、抽象的形与数）；科学描述事物的共同普遍性及相互关系，它不是要描述某人或某公司的情况，而是描述一个普遍的通则；科学的核心是理论；由于科学的本质是描述事物，因此它的知识是否正确便有一个内在的标准，那就是这些描述是不是与客观事物相符，我们可以通过系统地检验事物来决定是否接受或推翻这些描述事物的理论。

综上所述，科学是运用范畴、定理、定律等思维形式反映现实世界的各种现象的本质和规律的系统知识。科学是崇尚真理的人永无止境地探索、实践、阶段性逼近真理，阶段性地解释和揭示真理的知识体系。科学研究是一项利于造福人类的高尚事业。科学是关于自然界、人类社会和思维发展规律的知识体系。周光召认为："科学，特别是纯科学的原始性创新突破，即纯基础性研究，在于人们对科学真理的自由思考和不懈探索，往往不是通过人为地计划和组织来实现的。"从研究对象看，可分为自然科学、社会科学和思维科学；从同实践的关系看，可分为理论科学、技术科学和应用科学。从内容上看，科学是理论化、系统化的知识体系，是人类对自然、社会和自身规律性的认识。

科学的核心特征主要包括如下几点。

第一，理性客观。科学理论的内容必须符合客观实际。若你的观点与客观现实相吻合，则你的观点是可靠的知识。因此，对现有知识的质疑，不固执己见，避免过早下结论，不断地检查其观点的证据、命题和推理是否完全正确，是科学思维的根基，是科学工作者的基本素养。

第二，逻辑推理。科学知识要逻辑严谨，没有矛盾，可证伪。逻辑推理是获得和验证知识的重要途径。爱因斯坦曾说：理论家的工作可分成两步，首先是发现公理，其次是从公理推出结论。实际上，欧几里得的伟大不仅在于建立了几何学，更为重要的是首创了一种通过推理演绎获得真知的科学研究方法①。归纳和演绎是逻辑学两种重要方法②。爱因斯坦说：适用于科学幼年时代以归纳为主的方法，正让位于探索性的演绎法。爱因斯坦的科研方法主要是演绎的，所以他特别强调思维的作用，尤其是想象力的作用、数学才能，这是演绎法所必不可少的。

第三，验证和预测。科学理论知识由已知的观测和实验事实总结而来，又必须有预测能力，能够在其适用的范围内预测可能发生的新现象，并能通过科学实验验证其发现，亦即在一个适用范围内存在普遍必然性。可重复的实验证

---

① 欧几里得是第一个将亚里士多德用三段论形式表述的演绎法用于构建实际知识体系的人，欧几里得的几何学是一个严密的演绎体系，它从为数不多的公理出发推导出众多的定理，再用这些定理去解决实际问题。比起几何知识，欧几里得几何学中的所蕴含的方法论意义更重大。事实上，欧几里得本人对它的几何学的实际应用并不关心，他关心的是他的几何体系内在逻辑的严密性。欧几里得的几何学是人类知识史上的一座丰碑，它为人类知识的整理、系统阐述提供了一种模式。从此以后，将人类的知识整理为从基本概念、公理或定律出发的严密的演绎体系成为追求真知者的最高理想。正所谓"朝闻道，夕死可矣"。

② 归纳法是对观察、实验和调查所得的个别事实，概括出一般原理的一种思维方式和推理形式，其主要环节是归纳推理。归纳法的主要作用在于：第一，指导科学试验，为了寻找因果关系而利用归纳法安排可重复性的试验。第二，整理经验材料，归纳法从材料中找出普遍性或共性，从而总结出定律和公式。归纳法的优点在于判明因果联系，然后以因果规律作为逻辑推理的客观依据，并且以观察、试验和调查为手段，所以结论一般是可靠的。归纳法的局限性是，它只涉及线性的，简单的和确定性的因果联系，而对非线性因果联系，双向因果联系以及随机性因果联系等复杂的问题，归纳法就显得无能为力了。归纳法是一种或然性推理方法，不可能做到完全归纳，总有许多对象没有包含在内，因此，结论不一定可靠。演绎法与归纳法相反，是从一般原理推演出个别结论，演绎推理的主要形式是三段论，由大前提、小前提和结论三部分组成。演绎法的主要作用是：第一，检验假设和理论：演绎法对假说作出推论，同时利用观察和实验来检验假设。第二，逻辑论证的工具：为科学知识的合理性提供逻辑证明。第三，作出科学预见的手段：把一个原理运用到具体场合，作出正确推理。演绎推理是一种必然性推理，推理的前提是一般，推出的结论是个别，一般中概括了个别。事物有共性，必然蕴藏着个别，所以"一般"中必然能够推演出"个别"，而推演出来的结论是否正确，取决于：大前提是否正确，推理是否合乎逻辑。演绎法的局限性是，推理结论的可靠性受前提（归纳的结论）的制约，而前提是否正确在演绎范围内是无法解决的。

据是科学家获得严谨结论的重要依据。预测和验证是确定一个新理论和其适用范围时必须采用的方法。

需进一步指出的是，科学只是一种社会意识形态，它不是万能的。社会意识形态包括意识形态的哲学、艺术、宗教、道德、政治法律思想和非意识形态的语言文字、形式逻辑和自然科学。在生活中，在情感世界，在信仰上，或在文学领域等，不需要也没有理由讲求科学。当然，从哲学的角度来看，科学提供了正确的世界观和方法论，是强大的精神力量，因此，科学也是一种文化，与道德、美学等一样，是精神文明建设的重要内容。

第三节　近代科学

近代科学主要指 15 世纪下半叶至 19 世纪末的自然科学，是在人类近代史上发展的完全不同于古代科学的科学体系。近代科学产生于文艺复兴后的欧洲，其主要因素包括古希腊的科学思想与精神、宗教改革、大学的兴起和文艺复兴，以及近代自然科学的发现等。

古希腊科学传统是孕育近代科学的种子。古希腊科学以自然科学为起点，逐渐形成了一个由自然哲学、理论科学、实验科学和技术科学等构成的科学体系。古希腊有许多对近代科学有深远影响的科学家。亚里士多德（公元前 384 ～ 公元前 322 年）创立了形式逻辑学，对科学做出了巨大的贡献；天文学家托勒密的《天文学大成》提出了完整的"地心说"理论，他还研究了光学的反射和折射原理，著有《光学》一书；欧几里得大约于公元前 300 年探究了视觉透视理论，并著有《光学》。欧几里得最为有名的是用公理化方法将以前的古希腊数学研究成果整理为一个演绎体系，写出了传世名著《几何原本》（该书共 13 篇，包含 477 个数学命题），据称，这是欧洲翻译仅次于《圣经》的著作；在力学上，阿基米德研究了横梁式杠杆的平衡原理，著有《论平面的平衡》，他还研究了物体的浮沉现象，写出了著作《论浮体》；在生理医学上，盖伦著有《人体各部分的功能》；在数学方面，泰勒斯研究了三角形的性质，其后的毕达哥拉斯（约公元前 580 ～约公元前 500 年）开办宗教学院，其学派将"万物皆数"作为原理，深入研究了几何、多角形数的理论、数论和 2 开平方的无理数等问题，是历史上第一个重视"数"的人，在西方长期被认为是毕达哥拉斯定理（中国称勾股定理）首先发现者。他还坚持数学论证必须从"假设"出发，开创演绎逻辑思想，对数学发展影响很大。古希腊不仅为近代科学理论、科学观点提供了种子和萌芽，更重要的是为近代科学提供了思想、思维方式、思考方法、概念框架和理论基础。因此，如果没有古希腊科学思想和哲学也就不会有近代的自然科学。

近代科学之所以在古希腊萌芽，是因为自由与科学是希腊人的人文。希腊人的科学本质上是自由的学术，其基本特征是：第一，科学纯粹为"自身"而存在，没有功利和实用的目的。亚里士多德的《形而上学》开篇首句话就是"求知是人类的本性"。第二，希腊科学不借助外部经验，纯粹依靠内在演绎来发展"自身"。演绎科学注重推理，不注重解决具体应用问题。作为先验追溯的演绎科学所提供的知识之所以显得是新的，根本原因在于我们一向对自身所拥有的知识没有觉察。这些知识深藏在我们的灵魂内部，是一向属于我们"自己"的。正是因为一向属于我们自己，我们才真正理解，正因为属于我们自己，学习这样的知识，也就是在认识我们"自己"。认识你自己就是在追求自由。在希腊人眼里，科学既非生产力也非智商，而是通往自由人性的基本教化方式①。

大学教育的兴起，特别是具有近代精神的大学的建立，是孕育近代科学的开端。在大学出现之前，西方的高等教育主要是在教会。为了吸引信众和传教必须培养教士，不少传教士知识渊博，比如明末第一位来中国传教的意大利天主教耶稣会传教士利玛窦具有丰富的自然科学知识②，他撰写的《天主实录》以

---

① 吴国盛：《什么是科学》，广东人民出版社 2016 年版，第 48 ~ 59 页。吴国盛认为，中国文化有很强大的"学以致用"传统，强调学术、知识本身并无内在价值，只有工具价值。"学成文武艺，货于帝王家"……"学而优则仕"……缺乏"为学术而学术，为知识而知识"的精神，过于强调学以致用的传统，严重妨碍了我们理解科学精神的真谛。

② 利玛窦（1552 ~ 1610 年），1582 年进入中国澳门港，能用四书五经来宣讲基督教的教义。利玛窦制作的世界地图是中国历史上第一个世界地图，后被介绍到了日本，对日本地理学发展有重要影响，至今，日本仍称 17 ~ 18 世纪的地图为利玛窦系地图。该地图使得日本人传统的"慕夏"（仰慕华夏文明）观念因此发生根本性的变化。利玛窦死后葬于北京，利玛窦墓现位于北京市委党校内，是北京市文物保护单位。

及和徐光启等人翻译的欧几里得《几何原本》等书不仅带给中国许多先进的科学知识和哲学思想，而且许多中文词汇，例如点、线、面、平面、曲线、曲面、直角、钝角、锐角、垂线、平行线、对角线、三角形、四边形、多边形、圆、圆心、外切、几何、星期等名词就是由他们创造并沿用至今。这是因为教会学校除了教神学之外，还广泛教授文法、逻辑、算术、几何、天文、地理等课程。尽管教会举办教育的目的不是为了科学，但其最先实施的教育，开始孕育着近代科学的胚胎。随着大学的兴起，大学的自治①、普遍讲授"自由之艺"② 和以自由辩论为主要教学方式，极大地促进了近代科学的发展。牛津大学纽曼教授在《大学的理念》指出，大学是"一切知识和科学、事实和原理、探索和发现、实验和思索的高级保护力量"。19 世纪的时候德国著名的教育家洪堡，进一步提出，研究和为人类创造知识是大学的一个基本功能。哈佛大学的使命就是，"在各个学科领域发现新知识；保留、解释和重新解释现有的知识；帮助学生掌握方法、知识、技能和探究问题的习惯，这样他们将会终其一生而不断地追求学问，领导社会向前发展。"③

文艺复兴（14～17 世纪）带来了一段科学与艺术革命，它使当时的人们思想发生了激烈的变化，导致了宗教改革，为科学发展、地理大发现、民主国家的诞生提供了滋养。在此期间，在许多科学领域产生了很大的进步。比如，波兰天文学家哥白尼在 1543 年出版了《天体运行》，提出了日心说；意大利科学家布鲁诺在《无限宇宙和世界》等著作中提出了宇宙在空间上和时间上都是无限的，太阳只是太阳系而非宇宙的中心；伽利略于 1609 年发明了天文望远镜，他还通过实验总结出了落体、抛物体和振摆三大定律（自由落体定律、惯性定律和伽利略相对性原理），伽利略首先在科学实验的基础上融会贯通了数学、物理学和天文学三门知识，扩大、加深并改变了人类对物质运动和宇宙的认识。

---

① 世界上第一所大学是意大利的博洛尼亚大学，创建于 1087 年，是由学生们联合建成的，以讲授法学为主。"大学"拉丁文的原意是"行会"。故有"一个大学不是一块土地、一群建筑，甚至不是一个章程，而是老师和学生的社团和协会"之说。学生们组织起来成立行会，用来保证自己的权益免受教会、城市管理当局等的侵害。在博洛尼亚大学，教授们若无故缺课或听众不足 5 人，会被处以罚款。若出远门，必须在离开前交一笔保证金，以保证会回来重新上课。

② 指自罗马流传下来的自由民应接受的七门基础课程，即语文三艺（语法、修辞、逻辑）和数学四艺（算术、几何、音乐、天文）。

③ 引自张维迎：《大学的逻辑》，北京大学出版社 2005 年版。

他以系统的实验和观察推翻了纯属思辨传统的自然观，开创了以实验事实为根据并具有严密逻辑体系的近代科学，因此被誉为"近代力学之父""现代科学之父"，其工作为牛顿的理论体系的建立奠定了基础。到了 1794 年，法国数学家和天文学家普拉斯发表了《宇宙系统论》一书，提出了和康德类似的星云假说，并做了详细的数学认证。在数学上，意大利卡达诺在他的著作《大术》中发表了三次方程的求根公式；法国数学家韦达创立了符号代数学，出版了《分析方法入门》，他还改进了三、四次方程的解法，建立了二次方程根与系统之间的关系（韦达定律）；德国数学家雷格蒙塔努斯出版了第一部独立于天文学的三角学著作《论各种三角形》等。在生理学和医学上，比利时解剖学家维萨里发表了《人体结构》一书；西班牙医生塞尔维特发现血液的小循环系统；英国生理学家哈维发表了《心血运动论》，系统阐述了血液运动规律和心脏的工作原理；在物理学方面，1759 年德国生物学家伏尔夫提出了进化论思想，批驳了物种不变论。法国生物学家提出了关于生物变异性的猜测。法国生物学家拉马克发表了生物进化的学说，提出外部环境引起有机体变异和获得性遗传的观点。在地理学方面，航海技术产生了革命性的突破，哥伦布和麦哲伦等的地理发现，为地圆说提供了证明；在地质学方面，德国地质学家魏纲和英国地质学家哈顿从不同的方面认证说明了地壳和生物的变迁。

这一时期，最伟大的科学家莫过于英国科学家牛顿（1643 ~ 1727），他在物理学、数学、天文学等领域都有巨大的贡献。在光学方面，牛顿所做的三棱镜实验，证实了白光是由各种单色光所组成的复合光，单色光不再分解，形成有序的单色光谱。此外，还做过牛顿环实验；在数学方面，牛顿发明了微积分，证明了广义二项式定理，提出了"牛顿法"以趋近函数的零点，并推动了幂级数的研究；在物理学方面，牛顿发现了万有引力定律，为天体力学理论奠定了基础，牛顿是经典力学理论的集大成者。1687 年，牛顿发表了论文"自然哲学的数学原理"，对万有引力和牛顿运动定律[①]进行了系统的阐述。牛顿的科学成

---

① 即著名的牛顿运动三定律。牛顿第一定律：任何物体都保持静止或匀速直线运动状态，直到受到其他物体的作用力迫使它改变这种状态为止；牛顿第二定律：物体受到合外力的作用会产生加速度，加速度的方向和合外力的方向相同，加速度的大小正比于合外力的大小，与物体的惯性质量成反比；牛顿第三运动定律：两个物体之间的作用力和反作用力，在一条直线上，大小相等，方向相反。

果推动了科学革命的进程，开辟了大科学时代。

在方法论上，近代科学具有代表性的科学研究方法主要包括培根的实验归纳法、伽利略的理想实验法、笛卡尔的推理方法、惠更斯的实证方法等，逐渐形成了两个学派：从假定开始走向演绎推理的伽利略—笛卡尔的思辨学派和从经验事实出发再一次复归于经验事实的培根—惠更斯的实验派。这些方法很独特，与古代和现代科学研究方法都不相同。古罗马的研究从实用角度出发，轻视理论科学的总结。而古希腊的"科学"是以自然哲学的面目呈现的，强调以思辨形式考察自然。因此，古代的研究方法特征是：思辨、猜测和逻辑推导。从科学史角度来看，近代实验科学的崛起和唯物主义经验论的确立，使得自然科学在与经院哲学的斗争中不断取得胜利。数学主义在近代的复兴，数学—实验方法及其与归纳—演绎等逻辑方法的综合，促使近代精密科学的形成、发展与完善。到了19世纪，自然、物理、生物学、医学、天文学、地质学、化学等全面建立并得到重大发展，摆脱了巫术和经验束缚，建立了全新的"问题—实验—验证—解决"流程，成为人类认识世界和自己的工具[①]。

19世纪在历史上被称为科学世纪，19世纪自然科学最伟大的成就是进化论和电磁学。在近代科学的创立时期，牛顿对万有引力和三大运动定律的系统阐述，奠定了此后三个世纪里物理学的科学观点，他认证了开普勒行星运动定律与他的引力理论间的一致性，展示了地面物体与天体运动都遵循着相同的自然定律，实现了物理学的第一次大综合。此后，以揭示热、力、电、磁、化学等各种运动形式之间的统一性的能量守恒定律的提出被认为是第二次物理大综合。

第四节　现代科学

现代科学主要是指19世纪末至20世纪以来发展的自然科学，这一时期最大的科学成就是：物理学领域的相对论和量子力学；生物学领域的分子生物学和

---

① 赵公民等：《科学技术概论》，机械工业出版社2016年版，第16～18页。

全新的系统科学。在这些成就的推动下，各个学科领域都发生深刻革命，分化为多个学科，形成庞大的结构体系，学科与学科之间相互渗透形成众多的交叉学科。

1895 年，德国物理学家伦琴发现了 X 射线；1896 年，法国物理学家贝克勒尔发现了放射性；1897 年，法籍波兰科学家居里夫人发现了放射性元素；1897 年，英国物理学家汤姆逊证明了电子的存在；1903 年前后，英国物理学家卢瑟福创立了原子嬗变理论。这个 19 世纪末与 20 世纪初的世纪之交时期，两个著名实验，即迈克尔逊—莫雷实验（以太漂移实验）和卢梅尔等人的黑体辐射实验，使经典物理学理论陷入了空前的危机。

20 世纪初，正是在解决新实验事实与旧经典物理学理论之间的矛盾过程中，德国科学家爱因斯坦创立了狭义相对论，科学地揭示了时间与空间、时空与物质运动之间、质量和能量之间的统一性；1916 年，他又创立了广义相对论，揭示了空间、时间与物质之间存在的辩证关系。

1900 年，德国物理学家普朗克提出了量子假说；1905 年，英国科学家卢瑟福提出有核原子模型——太阳系模型；1912～1913 年，丹麦物理学家玻尔建立了量子化学的原子结构论模型；1923 年，法国物理学家德布罗意提出物质波假说；1925 年，德国理论学家海森堡提出矩阵力学；1926 年，奥地利物理学家薛定谔建立了波动力学；1927 年，矩阵力学和波动力学证实是等价的，后称"量子力学"。

1953 年，美国生物学家沃森、英国生物学家克里克和威尔金斯关于 DNA 双螺旋结构的发现，标志着分子生物学的诞生，它阐明了生物界结构和生命活动的高度一致性。

20 世纪初的自然科学新发现，彻底推翻了物质与运动无关的形而上的观点，深刻地揭示了物体质量与运动速度、物质质量与时空之间的联系；绝对时空并不存在，时空不仅与物质关联，而且本身就是物质、运动的存在属性和方式。

20 世纪 40 年代末，兴起了控制论、信息论和系统论，是系统科学的重要研究成果。到 70 年代前后，相继产生了耗散结构论、协同论、突变论、超循环论等自组织理论及分形理论、孤立子理论和混沌理论，是系统科学的新发展。系统自然观建立在新物理学革命和系统科学基础上，描绘了一幅从基本粒子、原子、分子化合物直至人类，包括从微观领域到宏观天体系统演化的自我组织、自我运动、自我创造、辩证的、演化发展的自然景象。它最深层次、最基本的内涵在于揭示了自然系统不仅存在而且在不断演化；自然系统不仅是确定的，而且会自发地产生不可预测的随机性；自然系统不仅是简单的、线性的，而且是复杂的、非线性的，表明了自然界是确定性与随机性、简单性与复杂性、线性与非线性的辩证统一的思想。它突破了传统的思维方式，提供了一种探索组织性、复杂性问题的全新思维方式，即系统思维方式①。

现代科学的主要特点是，以发达的生产和科学实验为基础，科学的技术化和数学化，高度分化又高度综合。目前，现代科学还在发展中。

第五节　科学与技术

"技术"一词来源于希腊文"techne"（工艺、技能）和"logos"（词、语），意为有关工艺、技能的知识。科学与技术不同，科学的基本任务是认识世界，有所发现，从而增加人类的知识财富；技术的基本任务是发现世界，有所发明，以创造人类的物质财富，丰富人类社会的精神文化生活。科学要回答"是什么"和"为什么"的问题；技术则回答"做什么"和"怎么做"的问题。因此，科学和技术的成果在形式上也是不同的。科学成果一般表现为概念、定律、论文等形式；技术成果一般则以工艺流程、设计图、操作方法等形式出现。科学一般不具有商业性，没有功利性；而技术成果可以商品化，现代技术具有较强的功利性和商业色彩，是现实的生产力。科学产生技术，技术推动科学，两者关系密切，相互促进、共同发展。

技术（technology）是一种科学的应用。18 世纪末，法国科学家狄德罗主编的《百科全书》给技术下的定义是："技术是为某一目的共同协作而组成的各种工具和规则体系"。该定义指出了现代技术的主要特点：（1）目的性。将技术与科学区分开，强调技术是有目的的。（2）社会性。强调技术的实现是通过广泛

---

① 赵公民等：《科学技术概论》，机械工业出版社 2016 年版，第 22～25 页。

的社会协作来完成的。（3）工具性。指出技术首要表现是生产工具，是设备，是硬件。（4）规则性。指出技术的另一种表现是规则，即生产使用的工艺、方法和软件。（5）知识性。强调技术是成套的知识体系。

1977 年，世界知识产权组织在《供发展中国家使用的许可证贸易手册》中给技术下的定义是："技术是制造一种产品的系统知识，所采用的一种工艺或提供的一项服务，不论这种知识是否反映在一项发明、一项外形设计、一项实用新型或者一种植物新品种，或者反映在技术情报或技能中，或者反映在专家为设计、安装、开办或维修一个工厂或为管理一个工商业企业或其活动而提供的服务或协助等方面。"这是至今为止国际上给技术所下的最为全面和完整的定义。实际上知识产权组织把世界上所有能带来经济效益的科学知识都定义为技术。

综上所述，技术是通过总结实践经验所取得的，在生产过程和其他实践过程中广泛运用的，从设计、装备、方法、规范到管理等各方面的系统知识。现代技术非常注重科学的指导。

根据生产行业的不同，技术可分为农业技术、工业技术、通信技术、交通运输技术等。根据生产内容的不同，技术可分为电子信息技术、生物技术、医药技术、材料技术、先进制造与自动化技术、能源与节能技术、环境保护技术、农业技术。

大致地，技术的发展可以分为石器时代、青铜器时代、铁器时代、蒸汽机引发蒸汽机时代（蒸汽时代）、电气时代，直到 21 世纪的信息时代。

最早的技术是将天然资源（如石头、树木和其他草木、骨头和其他动物副产品）转变成简单的工具。经由如刻、凿、刮、绕及烤等简单的方式，将原料转变为有用的制品。人类学家发现了许多早期人类利用天然资源制造出住所和工具。这一时期称为石器时代。

火的使用和掌握（约 50 万～100 万年前）是人类技术演进的转折点，现今找到最古老的抛射武器为用火烧固的木制长矛（约在 25 万年前），木材、黏土和石头（如石灰岩）是最早用火来塑形和加工的物质，用来制造如武器、陶器、砖和水泥等加工品。这些持续地改善，创造出来火炉和风箱，以及精炼与锻造自然金属的能力。轮子约在公元前 4000 年被发明出来。最后，金属的制作导致了如青铜和黄铜等合金的发明（约在公元前40年），这被称为青铜时代。钢等铁合金的第一次使用则在公元前1400年，即铁器时代。公元前3200年的埃及壁画中就发现使用风力的帆船。

中国在发展技术方面有悠久的历史。《史记·货殖列传》中就出现了"技术"一词，意为"技艺方术"。直到宋朝之前，中国的技术水平曾长期处于世界的前列。英文中的技术一词technology由希腊文techne（工艺、技能）和logos（词、语）构成，意为对工艺、技能的论述。这个词最早出现在英文中是17世纪，当时仅指各种应用工艺。到20世纪初，技术的含义逐渐扩大，涉及工具、机器及其使用方法，直到20世纪后半期，技术才有公认的定义。

从人类的早期起，技术就和宇宙、自然、社会一起，构成人类生活的四个环境因素。几千年来，它在很大程度上改变了社会的面貌。但是，直到19世纪技术才开始了它的飞速发展。在古代，技术和科学是分开的。科学知识专属于贵族哲学家，技术则由工匠掌握。中世纪后，商业快速发展，社会的经济交换活跃，促使科学和技术互相接近。到19世纪，技术逐渐以科学作为基础，进入新的发展时期。在技术的发展史上，爱迪生的巨大贡献是建立了世界上第一所研究实验室，使科学和技术紧密结合，推动了两者的发展。1879年10月21日爱迪生所做的电照明实验，可以看作现代技术研究里程碑式的成果。

19世纪末是科学与技术的一个分水岭。19世纪之前，科学与技术是分离的。就我国来说，技术长期领先于西方，比如四大发明。在当时，技术大多来自生产实践，靠实践经验的积累和总结，没有科学理论的指导。蒸汽机出现在热力学定律发现之前；第一架飞机上天，空气动力学还没有形成。另外，已有科学发现，但技术成果并没有产生。比如当时电学和磁学领域的定律已提出，但并没有生产出任何电器产品。进入20世纪后，科学与技术的联系则越来越密切，两者的界限也越来越模糊。特别是现代技术的发展，离不开科学理论的指导，已在很大程度上成了"科学的应用"。同时，现代科学的发展也离不开技术，技术的需要成为科学研究的重要目的，而技术的发展又为科学研究提出了必要的手段。两者之间相互关联、相互促进、相互制约。目前，在我国科学与技术已融合成一个词，即科技，科技部是我国政府管理科技事务的重要部门。"科学技术是第一生产力"被认为是邓小平对马克思主义关于科学技术和生产力理论的重大发展。

20 世纪中期以来，技术发展的速度越来越快。从 1939 年 1 月发现铀核裂变到 1945 年 7 月第一颗原子弹爆炸，仅有六年半时间。电子计算机出现以后引起人类社会生活各领域的变化则更为深刻。这些技术上的突破所引起的生产力飞跃可以称为技术革命。某些技术的进步促进了人类物质文明的发展，推动了人类社会的进步。但是，某些技术进步也带来某些不良的影响，如环境污染问题日益严重，这一点正越来越引起全人类的关注。

19～20 世纪的重大技术发展包括蒸汽机、电力与通信技术、内燃机技术、计算机技术、核能技术和空间技术。从工业技术革命的角度看，到目前为止一共有四次科技革命：第一次工业革命是蒸汽技术革命；第二次工业革命是电力技术革命；第三次工业革命是计算机及信息技术革命；第四次工业革命是目前正在发生的以人工智能、清洁能源、机器人技术、量子信息技术、虚拟现实以及生物技术为主的全新技术革命。

第六节　科学与工程

一、科学与工程

"工程"（engineering）一词，源于"器械"（engine）和"独创性"（ingenious），而这两个词都来自拉丁文"Generare"，意为"创造"。因此，工程师可定义为创造性解决问题的人。一般认为，工程的核心是解决"做出了什么"的问题。大英百科全书的定义是："应用科学原理将自然资源，以优化的方式转换成结构、机器、产品、系统及工艺，以造福人类的方法"。惠灵顿（Wellington A. M，1847～1895）将工程描述为"做东西的艺术"，强调工程师的实用性，他认为工程师应该能"做出东西"。

在人类历史发展的长河中，工程技术源远流长。工程技术的成果也通常早于相应的科学理论。例如，在力向量和功（力施加一段距离）还没被发现之前，在古代战场就有投石机；火箭技术也早于万有引力的发现。我国古代在工程上曾经取得了举世瞩目的成就，比如长城、都江堰水利工程等。特别值得一提的是，大约在公元 1500 年，明代一位叫万户的官吏，为了实现飞天的梦想，将自己捆在椅子上，双手各抓住一个大风筝，在座椅背后装上 47 个大火箭，然后令仆人同时点燃所有的火箭，想借助火箭的推力和风筝的升力到达月球[①]。历史上，19 世纪之前的工程成果主要体现在土木工程、电气工程和机械工程方面，20 世纪以后，由于技术爆炸式的发展，诞生了很多现代的工程技术，主要包括建筑工程、化学工程、航空航天工程、材料工程、生物医学工程、核工程、农业工程、计算机工程、采矿和石油钻采工程、环境工程、海洋工程/海事工程、电信工程等。

工程活动非常重要的是改造世界，要改造世界必须要创新思维。因此，人们通常将工程思维与创新性活动相联系，工程思维涉及寻求多约束问题的合理解决方案。工程思维很重视创新性思维和横向思维：创新性思维重视打破固有的思维模式，从新的角度、新的方式去思考，以得出不一样的并且具有创造性的结论；横向思维强调从别的学科甚至其他领域寻求解决方案，这往往能突破本学科的思维定式，获得所研究的课题或问题的解决方案，如中国古代鲁班由于茅草的锯齿割破手指而发明了木工用的锯子。

工程师在解决问题时，首先会根据其掌握的知识，来搜集有关待解决问题的定性模型。只要没有找到解决问题的方案，大脑潜意识就会一直搜索自己的知识库。工程师解决问题思维方式如图 4 - 1 所示[②]。

做管理会计工作者未必要成为一个工程师，但工程思维、工程方法和工程师的素养对做好管理会计工作非常重要，特别是对文科背景的会计工作者而言。一般认为，文科背景的管理者具有开放性思维，但做具体工作时不太聚焦，目的性、时间性、纪律性相对较差。此外，创新对管理会计工作者来说，非常重要。一方面，管理会计本身就是财务会计创新的产物，它是从财务会计的成本会计脱胎而来；另一方面，管理会计主要为企业的经营管理提供相关信息，基于管理者信息需求的多样性、现代信息技术对实务的影响，以及

---

① 1959 年，为了纪念万户的壮举（第一个利用火箭进行飞行），科学家们将月球背面的一座环形山命名为"万户山"。

② 邵华编著：《工程学导论》，机械工业出版社 2016 年版，第 21 页。

获得解决方案

是

是否为解 ——否——

定量模型

有意识

- - - - - - - - - - - -

无意识

是

是否为解 ——否——

定性模型

知识库

经验知识

理论知识　　经验知识　　　思维

第一设想　　第二设想　　更多设想

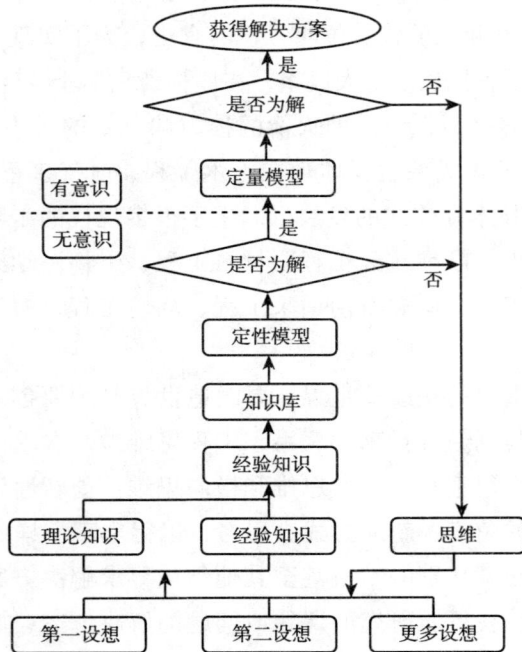

图 4 – 1　工程师求解问题的思维方法

组织环境等的动态变化，创新已成为管理会计工作的主旋律，而科学素养①（包括工程思维）是创新的基石。工程师和其他职业，比如作家、作曲家等一样，需要通过创新作品来满足人类的需要，但它更多受科学和经济的约束，在能力方面更多强调科学（包括数、理、化等）和技术能力。工程师创造的产品（工程），追求简洁②、可靠、经济、美观、高效等目标。因此，工程师一般需要

---

① 2006 年，为了持续保持美国国际领导力和全球竞争力，美国布什总统签发"美国竞争力计划"，提出加强科学、技术、工程和数学（STEM）教育，以宽阔的领域、协同的策略来培养具备创新能力的人才。STEM 是科学（science）、技术（technology）、工程（engineering）、数学（mathematics）四门学科英文首字母的缩写，其中科学在于认识世界、解释自然界的客观规律；技术是指使用、管理、理解和评价技术的能力；工程是对技术工程设计与开发过程的理解。技术和工程则是在尊重自然规律的基础上改造世界、实现对自然界的控制和利用、解决社会发展过程中遇到的难题；数学是发现、表达、解释和解决多种情境下的数学问题的能力，数学主要为技术与工程学科提供基础工具。由此可见，社会生活中发生的大多数问题需要应用多种学科的知识来共同解决。

② 工程学有一个原则叫 KISS 原则，即"Keep It Simple, Stupid"。

具备以下方面的能力：坚持不懈；多问为什么；永不满足；从失败或事故中学习；善于类比；及时归纳总结；定性和定量的分析能力；良好的形象思维能力；良好的绘图能力；发散思维能力；广泛的兴趣；挖掘隐藏的信息；遵循自然法则等能力①。

从无到有创造事物是工程学的核心。因此，工程学是将特定的目标和需求变成现实的学科。将顾客或市场需求转变为产品，需要设计工程师、制造工程师、管理会计师等组成的产品开发团队共同完成。就工程师而言，通常都要遵循如下流程，如图 4 - 2 所示。在这个流程中，三次循环非常重要：（1）第一次循环是方案设计（概念设计），即基于初步想法，提出一些方案或概念，然后对这些方案或概念进行可行性分析与研究。这一过程一般要重复多次，才能获得可行的方案或概念。（2）第二次循环为方案选择，为了对前面方案设计阶段获得的一些可行方案，进行更细致的分析与研究，同时进行初步设计，这时需要建立相应的模型（通常是数字模型），进行分析与验证。这个阶段往往需要多次重复，才能达到预期的设计目标。若达不到预期目标，则需要回到第一次循环，重新设计方案。（3）第三次循环是详细设计，即基于方案选择阶段所获得的经初步验证的数字模型，进行详细的细节及零部件设计（这时辅导模式考虑所有细节并绘出详细的系统装配及零部件图样，确定最佳设计方案的规格等），并进行必要的验证（强度、性能等）。这个阶段也需要重复。在完成详细设计后，就可以制作原型样机，并进行全面的考核和评估。若考评满足预期的目标，就可以考虑投资、生产和市场开拓工作了。从上述流程可以看出，工程创造的过程（工程设计方法），主要包括四个要点。（1）综合：将不同的部件、子系统及技术集成为一个整体。（2）分析：运用数学、物理学、化学、工程技术、管理学、经济学等知识将不同方案的性能进行量化。（3）交流：绘制简图、建立数字模型或实体模型、撰写书面报告、进行口头陈述，让同事或管理部门理解并支持设计方案、构思。（4）执行：落实并实施设计方案。②

---

① 邵华编著：《工程学导论》，机械工业出版社 2016 年版，第 47～49 页。
② 邵华编著：《工程学导论》，机械工业出版社 2016 年版，第 51～53 页。

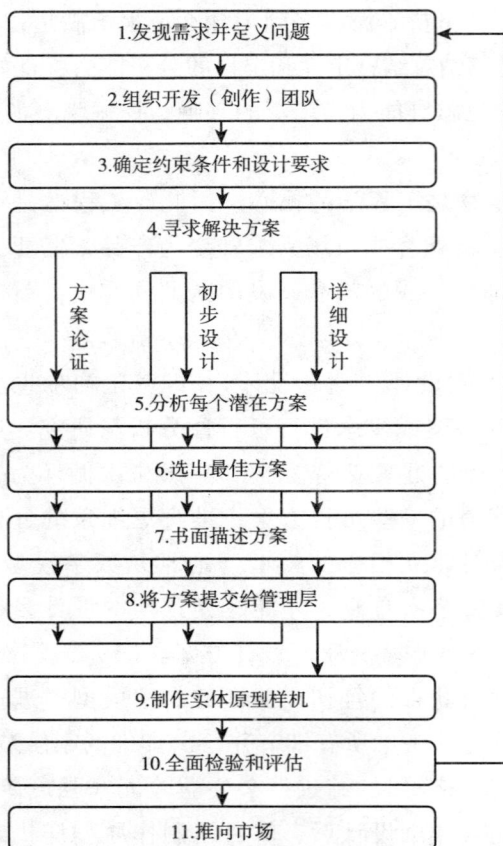

图 4 - 2 创造产品的流程

综上所述，工程是人类有组织地综合运用多门科学、技术进行大规模改造世界的活动。它除了要考虑技术的先进性和可行性之外，还要考虑成本和质量，做到经济、实用、美观，考虑对环境的影响，避免污染环境。此外，它还受自然、政治、法律、文化、宗教、道德和伦理等因素的影响。因此，工程项目的成功有赖以各种科学技术的综合集成、各种影响因素的考虑和科学的管理。

二、科学与系统工程

20 世纪 40 年代末，美国贝尔电话公司在研制电话自动交换中首先提出了

"系统工程"（systems engineering）这一名词。1957 年美国密执安大学高德和迈克教授写了第一本系统工程著作——《系统工程——大系统导论》，1965 年美国学者编写了《系统工程手册》，至此初步形成了较完整的理论体系。20 世纪 60 年代，美国的阿波罗登月计划成功地运用了系统工程的科学方法，按预定目标首次将人送到了月球。从此，系统工程广受重视，并获得迅速发展，被广泛应用到自然科学和社会科学的各个领域。

系统工程是运用系统方法，对系统进行规划、研究、设计、制造、试验和使用的组织管理技术。它从系统观念出发，运用各种组织管理技术，使系统的整体与局部之间的关系协调和相互配合，以实现总体最优运行的一种科学方法。著名科学家钱学森（1978）指出："'系统工程'是组织管理'系统'的规划、研究、设计、制造、试验和使用的科学方法，是一种对所有'系统'都具有普遍意义的科学方法"[①]。系统工程可以用于任何有系统的领域，比如人类社会、生态环境、自然、工程、组织管理等。系统工程是以大型复杂系统为研究对象，按一定目的进行设计、开发、管理与控制，以期达到总体效果最优的理论与方法。系统工程所需的基础理论包括运筹学、控制论、信息论和管理科学等。

系统工程的步骤和方法因处理对象不同而异。对一般步骤和方法的研究比较有影响的是美国贝尔电话公司系统工程师霍尔（Hall，1969）提出的三维空间法，如图 4-3 所示。（1）时间维。表示工程活动按时间顺序安排从规划到更新的 7 个阶段，即：规划；拟订方案；研制；生产；安装；运行；更新。（2）逻辑维。指完成上述 7 个阶段所要进行的工作内容和应遵循的思维程序。包括：明确问题（技术预测法、解析结构模型、多变量分析、心理学社会科学法），即：搜集本阶段资料，提供目标依据；确定目标（效用理论、费效分析、风险评估、价值工程、测试理论），即提出目标的评价标准；系统综合（QGD、TRIZ、形态结构分析、计算机辅助设计 CAD），即设计出所有待选方案或对整个系统进行综合；系统分析（统计分析、运筹学、建模与仿真、计算机仿真工程），即运用模型比较方案，进行说明；方案优化（数学规划、组合优化、控制

---

① 刘建明主编：《宣传舆论学大辞典》，经济日报出版社 1992 年版，第 885~886 页。

论、多学科优化），即从可行方案中选优；作出决策（决策理论、论辩理论）；实施计划（QFD、网络规划技术）①。（3）知识维。完成各步工作需要运用的管理科学、法律知识、社会科学、工程知识、艺术等各种知识和技能。这一方法为解决大型复杂系统的规划、组织、管理问题提供了统一的思想方法，在世界各国得到了广泛的运用。

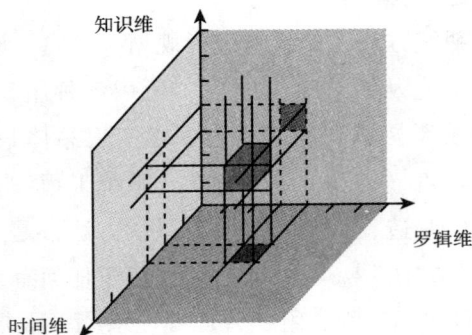

图 4 - 3　霍尔三维结构模式

系统工程方法是一种现代科学决策方法，也是一门基本的决策技术。其主要特点是：第一，将要处理的问题作为一个整体来分析，分析总体中各个部分之间的相互联系和相互制约关系，使总体中的各个部分相互协调配合，服从整体优化要求；在分析局部问题时，从整体协调的需要出发，选择优化方案，综合评价系统的效果。第二，综合运用各种科学管理的技术和方法，定性分析和定量分析相结合。第三，对系统的外部环境和变化规律进行分析，分析它们对系统的影响，使系统适应外部环境的变化。

系统工程与一般工程技术的区别是：系统工程不仅研究物质系统，也研究非物质系统，如教育、文化、新闻宣传等系统，应用广泛；而一般工程技术以具体的物质系统为对象。系统工程从全局、整体上处理系统。要以系统论、控制论、信息论为理论基础，又必须具备每一类系统工程的专业理论；而一般工程技术主要处理具体技术门类，以专业理论为主。系统工程工作者是系统工程

---

① 逻辑维中的括号内容，指的是系统工程在发展中所确立的一系列系统技术方法。

师，是决策人的委托人、参谋、助手，为社会服务；而一般工程师是专门技术人员。二者有不同的业务素质要求。

三、科学、技术与工程的关系

科学、技术与工程之间关系密切，正因为如此，我们经常看到科学技术（科技）、工程技术的表述。三者之间的联系，简单地说，技术是工程活动的基本要素，是实现工程的手段，工程是技术应用结果，技术和工程都要符合科学，都要接受科学的指导，而技术和工程的发展有助于推动科学进步。但三者之间有明显的不同，它们是不同类型的创造性活动，有着不同的发展规律，体现着不同的价值，在管理上需要不同的评价标准和政策支持[①]。三者之间的不同主要体现在：科学侧重于探索现实世界，揭示规律，即主要是发现、探索、研究事物运行的客观规律，重在解决"是什么、为什么"的问题；技术是系统的规则、科学的手段和方法，核心是发明革新，着重解决"做什么、怎么做"的问题；而工程是科学技术应用的结果，着重解决"做出了什么"的问题，科学是工程的理论基础和必须遵循的原则。三者之间，技术是联结科学与工程的桥梁。

对于科学、技术与工程（主要是科学与技术）的关系，李政道教授有一个生动的比喻，他将三者分别比喻为水、鱼和鱼市场。基础研究（科学）是水，

---

① 白春礼：《创新驱动发展战略靠什么支撑》，载《光明日报》，2014 年 5 月 15 日，第 16 版。中国科学院院长白春礼院士在论及科学、技术与工程的关系时认为：从目的和过程来看，科学是开发未知领域的，提供精神财富，技术和工程是满足人类现实需要，提供物质财富。科学研究不管是来自人们好奇心和兴趣的驱动，还是来自人类生产生活的重大需求以及已有技术成果的集成，往往需要宽松的环境，需要自由探索的氛围，需要比较长的研究周期；技术研发和工程建造，往往来自人类经济社会发展的直接需求，都需要取得立竿见影的应用效果。从成果和评价来看，科学更关乎文化，是体现一个国家文明程度的重要标志，一般可划在文化和社会事业的范畴，技术、工程本身更多考虑产业发展、经济效益，一般可划在与经济建设紧密结合的范畴。科学活动成果的主要形式是科学概念、科学定律、科学理论，是论文、著作，是全人类的共同财富、"公有的知识"，评价以学术水平为主要价值导向，注重国际同行评价；技术活动成果的主要形式是专利、图纸、配方和诀窍等，在一定时间内是"私有的知识"，评价更多的参考专利数量和质量；工程活动的主要成果形式是物质产品、物质设施，一般也说是"属于"某个特定"主体"的，评价更多的参考工程实体的质量和水平，技术和工程都注重应用部门、用户和市场评价。

应用研究（技术）是鱼，开发实验（工程）是鱼市场，没有基础研究之水就难以养活应用之鱼；没有市场开发，就没有鱼市场，没有鱼市场，老百姓就不能享受鱼的美味。

延伸阅读 4 - 1

科技部　中央宣传部关于印发
《中国公民科学素质基准》的通知

各省、自治区、直辖市、计划单列市、副省级城市科技厅（委、局）、党委宣传部，新疆生产建设兵团科技局、党委宣传部，中央、国务院各部门、直属机构，中央军委科学技术委员会，各人民团体：

　　为实施《中华人民共和国科学技术普及法》，落实《国家中长期科学和技术发展规划纲要（2006—2020年）》，《全民科学素质行动计划纲要（2006—2010—2020年）》（以下简称《科学素质纲要》）等确定的科普工作任务，国务院办公厅确定科技部、财政部、中央宣传部牵头，中央组织部等20个部门参加制定《中国公民科学素质基准》（以下简称《基准》），建立《科学素质纲要》实施的监测指标体系，定期开展中国公民科学素质调查和全国科普统计工作，为公民提高自身科学素质提供衡量尺度和指导。

　　经组织专家研究，在部分省（市）试点测评，并广泛征求部门、地方和社会各界意见，在达成广泛共识的基础上，制定了《基准》（电子版可从科技部门户网站等下载），现予印发。请各地各部门认真组织党政机关干部、工人、农民，科技、教育工作者、城乡劳动者、部队官兵、学生、社会各界人士等学习；各级党政机关、科研机构、企业、事业单位、学校、部队、社会团体等要组织《基准》学习和培训活动；新闻媒体、网站要对《基准》进行广泛宣传，在全社会大力弘扬科学精神、普及科学知识，提高全民科技意识和科学素养，形成鼓励大众创业、万众创新的良好氛围，为实施创新驱动发展战略，建设创新型国家和实现全面建成小康社会的目标奠定坚实的社会基础。

科技部　中央宣传部

2016 年 4 月 18 日

　　《中国公民科学素质基准》（以下简称《基准》）是指中国公民应具备的基本科学技术知识和能力的标准。公民具备基本科学素质一般指了解必要的科学技术知识，掌握基本的科学方法，树立科学思想，崇尚科学精神，并具有一定的应用它们处理实际问题、参与公共事务的能力。制定《基准》是健全监测评估公民科学素质体系的重要内容，将为公民提高自身科学素质提供衡量尺度和指导。《基准》共有26条基准、132个基准点，基本涵盖公民需要具有的科学精神、掌握或了解的知识、具备的能力，每条基准下列出了相应的基准点，对基准进行了解释和说明。

　　《基准》适用范围为18周岁以上、具有行为能力的中华人民共和国公民。具体如表4－1所示，测评时从132个基准点中随机选取50个基准点进行考察，50个基准点需覆盖全部26条基准。根据每条基准点设计题目，形成调查题库。测评时，从500道题库中随机选取50道题目（必须覆盖26条基准）进行测试，形式为判断题或选择题，每题2分。正确率达到60%视为具备基本科学素质。

表4－1　　　　　　　　　　　《中国公民科学素质基准》结构

序号	基准内容	基准点序号	基准点（个）
1	知道世界是可被认知的，能以科学的态度认识世界	1～5	5
2	知道用系统的方法分析问题、解决问题	6～9	4
3	具有基本的科学精神，了解科学技术研究的基本过程	10～12	3
4	具有创新意识，理解和支持科技创新	13～18	6
5	了解科学、技术与社会的关系，认识到技术产生的影响具有两面性	19～23	5
6	树立生态文明理念，与自然和谐相处	24～27	4
7	树立可持续发展理念，有效利用资源	28～31	4
8	崇尚科学，具有辨别信息真伪的基本能力	32～34	3
9	掌握获取知识或信息的科学方法	35～38	4
10	掌握基本的数学运算和逻辑思维能力	39～44	6
11	掌握基本的物理知识	45～52	8
12	掌握基本的化学知识	53～58	6
13	掌握基本的天文知识	59～61	3
14	掌握基本的地球科学和地理知识	62～67	6
15	了解生命现象、生物多样性与进化的基本知识	68～74	7

序号	基准内容	基准点序号	基准点（个）
16	了解人体生理知识	75～78	4
17	知道常见疾病和安全用药的常识	79～88	10
18	掌握饮食、营养的基本知识，养成良好的生活习惯	89～95	7
19	掌握安全出行基本知识，能正确使用交通工具	96～98	3
20	掌握安全用电、用气等常识，能正确使用家用电器和电子产品	99～101	3
21	了解农业生产的基本知识和方法	102～106	5
22	具备基本劳动技能，能正确使用相关工具与设备	107～111	5
23	具有安全生产意识，遵守生产规章制度和操作规程	112～117	6
24	掌握常见事故的救援知识和急救方法	118～122	5
25	掌握自然灾害的防御和应急避险的基本方法	123～125	3
26	了解环境污染的危害及其应对措施，合理利用土地资源和水资源	126～132	7

《中国公民科学素质基准》涉及具体的基准内容即基准点共计 132 个，基准点涉及的具体内容如下。

1. 知道世界是可被认知的，能以科学的态度认识世界。

（1）树立科学世界观，知道世界是物质的，是能够被认知的，但人类对世界的认知是有限的。

（2）尊重客观规律能够让我们与世界和谐相处。

（3）科学技术是在不断发展的，科学知识本身需要不断深化和拓展。

（4）知道哲学社会科学同自然科学一样，是人们认识世界和改造世界的重要工具。

（5）了解中华优秀传统文化对认识自然和社会、发展科学和技术具有重要作用。

2. 知道用系统的方法分析问题、解决问题。

（6）知道世界是普遍联系的，事物是运动变化发展的、对立统一的；能用普遍联系的、发展的观点认识问题和解决问题。

（7）知道系统内的各部分是相互联系、相互作用的，复杂的结构可能是由很多简单的结构构成的；认识到整体具备各部分之和所不具备的功能。

（8）知道可能有多种方法分析和解决问题，知道解决一个问题可能会引发其他的问题。

（9）知道阴阳五行、天人合一、格物致知等中国传统哲学思想观念，是中国古代朴素的唯物论和整体系统的方法论，并具有现实意义。

3. 具有基本的科学精神，了解科学技术研究的基本过程。

（10）具备求真、质疑、实证的科学精神，知道科学技术研究应具备好奇心、善于观察、诚实的基本要素。

（11）了解科学技术研究的基本过程和方法。

（12）对拟成为实验对象的人，要充分告知本人或其利益相关者实验可能存在的风险。

4. 具有创新意识，理解和支持科技创新。

（13）知道创新对个人和社会发展的重要性，具有求新意识，崇尚用新知识、新方法解决问题。

（14）知道技术创新是提升个人和单位核心竞争力的保证。

（15）尊重知识产权，具有专利、商标、著作权保护意识；知道知识产权保护制度对促进技术创新的重要作用。

（16）了解技术标准和品牌在市场竞争中的重要作用，知道技术创新对标准和品牌的引领和支撑作用，具有品牌保护意识。

（17）关注与自己的生活和工作相关的新知识、新技术。

（18）关注科学技术发展。知道"基因工程""干细胞""纳米材料""热核聚变""大数据""云计算""互联网＋"等高新技术。

5. 了解科学、技术与社会的关系，认识到技术产生的影响具有两面性。

（19）知道解决技术问题经常需要新的科学知识，新技术的应用常常会促进科学的进步和社会的发展。

（20）了解中国古代四大发明、农医天算以及近代科技成就及其对世界的贡献。

（21）知道技术产生的影响具有两面性，而且常常超过了设计的初衷，既能造福人类，也可能产生负面作用。

（22）知道技术的价值对于不同的人群或者在不同的时间，都可能是不同的。

（23）对于与科学技术相关的决策能进行客观公正的分析，并理性表达意见。

6. 树立生态文明理念，与自然和谐相处。

（24）知道人是自然界的一部分，热爱自然、尊重自然、顺应自然、保护自然。

（25）知道我们生活在一个相互依存的地球上，不仅全球的生态环境相互依存，经济社会等其他因素也是相互关联的。

（26）知道气候变化、海平面上升、土地荒漠化、大气臭氧层损耗等全球性环境问题及其危害。

（27）知道生态系统一旦被破坏很难恢复，恢复被破坏或退化的生态系统成本高、难度大、周期长。

7. 树立可持续发展理念，有效利用资源。

（28）知道发展既要满足当代人的需求，又不损害后代人满足其需求的能力。

（29）知道地球的人口承载力是有限的；了解可再生资源和不可再生资源，知道矿产资源、化石能源等是不可再生的，具有资源短缺的危机意识和节约物质资源、能源意识。

（30）知道开发和利用水能、风能、太阳能、海洋能和核能等清洁能源是解决能源短缺的重要途径；知道核电站事故、核废料的放射性等危害是可控的。

（31）了解材料的再生利用可以节省资源，做到生活垃圾分类堆放，以及可再生资源的回收利用，减少排放；节约使用各种材料，少用一次性用品；了解建筑节能的基本措施和方法。

8. 崇尚科学，具有辨别信息真伪的基本能力。

（32）知道实践是检验真理的唯一标准，实验是检验科学真伪的重要手段。

（33）知道解释自然现象要依靠科学理论，尊重客观规律，实事求是，对尚不能用科学理论解释的自然现象不迷信、不盲从。

（34）知道信息可能受发布者的背景和意图影响，具有初步辨识信息真伪的能力，不轻信未经核实的信息。

9. 掌握获取知识或信息的科学方法。

（35）关注与生活和工作相关知识和信息，具有通过图书、报刊和网络等途径检索、收集所需知识和信息的能力。

（36）知道原始信息与二手信息的区别，知道通过调查、访谈和查阅原始文献等方式可以获取原始信息。

（37）具有初步加工整理所获的信息，将新信息整合到已有的知识中的能力。

（38）具有利用多种学习途径终身学习的意识。

10. 掌握基本的数学运算和逻辑思维能力。

（39）掌握加、减、乘、除四则运算，能借助数量的计算或估算来处理日常生活和工作中的问题。

（40）掌握米、千克、秒等基本国际计量单位及其与常用计量单位的换算。

（41）掌握概率的基本知识，并能用概率知识解决实际问题。

（42）能根据统计数据和图表进行相关分析，做出判断。

（43）具有一定的逻辑思维的能力，掌握基本的逻辑推理方法。

（44）知道自然界存在着必然现象和偶然现象，解决问题讲究规律性，避免盲目性。

11. 掌握基本的物理知识。

（45）知道分子、原子是构成物质的微粒，所有物质都是由原子组成，原子可以结合成分子。

（46）区分物质主要的物理性质，如密度、熔点、沸点、导电性等，并能用它们解释自然界和生活中的简单现象；知道常见物质固、液、气三态变化的条件。

（47）了解生活中常见的力，如重力、弹力、摩擦力、电磁力等；知道大气压的变化及其对生活的影响。

（48）知道力是自然界万物运动的原因；能描述牛顿力学定律，能用它解释生活中常见的运动现象。

（49）知道太阳光由七种不同的单色光组成，认识太阳光是地球生命活动所需能量的最主要来源；知道无线电波、微波、红外线、可见光、紫外线、X 射线都是电磁波。

（50）掌握光的反射和折射的基本知识，了解成像原理。

（51）掌握电压、电流、功率的基本知识，知道电路的基本组成和连接方法。

（52）知道能量守恒定律，能量既不会凭空产生，也不会凭空消灭，只会从一种形式转化为另一种形式，或者从一个物体转移到其他物体，而总量保持不变。

12. 掌握基本的化学知识。

（53）知道水的组成和主要性质，举例说出水对生命体的影响。

（54）知道空气的主要成分。知道氧气、二氧化碳等气体的主要性质，并能列举其用途。

（55）知道自然界存在的基本元素及分类。

（56）知道质量守恒定律，化学反应只改变物质的原有形态或结构，质量总和保持不变。

（57）能识别金属和非金属，知道常见金属的主要化学性质和用途。知道金属腐蚀的条件和防止金属腐蚀常用的方法。

（58）能说出一些重要的酸、碱和盐的性质，能说明酸、碱和盐在日常生活中的用途，并能用它们解释自然界和生活中的有关简单现象。

13. 掌握基本的天文知识。

（59）知道地球是太阳系中的一颗行星，太阳是银河系内的一颗恒星，宇宙由大量星系构成；了解"宇宙大爆炸"理论。

（60）知道地球自西向东自转一周为一日，形成昼夜交替；地球绕太阳公转一周为一年，形成四季更迭；月球绕地球公转一周为一月，伴有月圆月缺。

（61）能够识别北斗七星，了解日食月食、彗星流星等天文现象。

14. 掌握基本的地球科学和地理知识。

（62）知道固体地球由地壳、地幔和地核组成，地球的运动和地球内部的各向异性产生各种力，造成自然灾害。

（63）知道地球表层是地球大气圈、岩石圈、水圈、生物圈相互交接的层面，它构成与人类密切相关的地球环境。

（64）知道地球总面积中陆地面积和海洋面积的百分比，能说出七大洲、四大洋。

（65）知道我国主要地貌特点、人口分布、民族构成、行政区划及主要邻国，能说出主要山脉和水系。

（66）知道天气是指短时段内的冷热、干湿、晴雨等大气状态，气候是指多年气温、降水等大气的一般状态；看懂天气预报及气象灾害预警信号。

（67）知道地球上的水在太阳能和重力作用下，以蒸发、水汽输送、降水和径流等方式不断运动，形成水循环；知道在水循环过程中，水的时空分布不均造成洪涝、干旱等灾害。

15. 了解生命现象、生物多样性与进化的基本知识。

（68）知道细胞是生命体的基本单位。

（69）知道生物可分为动物、植物与微生物，识别常见的动物和植物。

（70）知道地球上的物种是由早期物种进化而来，人是由古猿进化而来的。

（71）知道光合作用的重要意义，知道地球上的氧气主要来源于植物的光合作用。

（72）了解遗传物质的作用，知道 DNA、基因和染色体。

（73）了解各种生物通过食物链相互联系，抵制捕杀、销售和食用珍稀野生动物的行为。

（74）知道生物多样性是生物长期进化的结果，保护生物多样性有利于维护生态系统平衡。

16. 了解人体生理知识。

（75）了解人体的生理结构和生理现象，知道心、肝、肺、胃、肾等主要器官的位置和生理功能。

（76）知道人体体温、心率、血压等指标的正常值范围，知道自己的血型。

（77）了解人体的发育过程和各发育阶段的生理特点。

（78）知道每个人的身体状况随性别、体重、活动以及生活习惯而不同。

17. 知道常见疾病和安全用药的常识。

（79）具有对疾病以预防为主、及时就医的意识。

（80）能正确使用体温计、体重计、血压计等家用医疗器具，了解自己的健康状况。

（81）知道蚊虫叮咬对人体的危害及预防、治疗措施；知道病毒、细菌、真菌和寄生虫可能感染人体，导致疾病；知道污水和粪便处理、动植物检疫等公共卫生防疫和检测措施对控制疾病的重要性。

（82）知道常见传染病（如传染性肝炎、肺结核病、艾滋病、流行性感冒等）、慢性病（如高血压、糖尿病等）、突发性疾病（如脑梗塞、心肌梗塞等）的特点及相关预防、急救措施。

（83）了解常见职业病的基本知识，能采取基本的预防措施。

（84）知道心理健康的重要性，了解心理疾病、精神疾病基本特征，知道预防、调适的基本方法。

（85）知道遵医嘱或按药品说明书服药，了解安全用药、合理用药以及药物不良反应常识。

（86）知道处方药和非处方药的区别，知道对自身有过敏性的药物。

（87）了解中医药是中国传统医疗手段，与西医相比各有优势。

（88）知道常见毒品的种类和危害，远离毒品。

18. 掌握饮食、营养的基本知识，养成良好的生活习惯。

（89）选择有益于健康的食物，做到合理营养、均衡膳食。

（90）掌握饮用水、食品卫生与安全知识，有一定的鉴别日常食品卫生质量的能力。

（91）知道食物中毒的特点和预防食物中毒的方法。

（92）知道吸烟、过量饮酒对健康的危害。

（93）知道适当运动有益于身体健康。

（94）知道保护眼睛、爱护牙齿等的重要性，养成爱牙护眼的好习惯。

（95）知道作息不规律等对健康的危害，养成良好的作息习惯。

19. 掌握安全出行基本知识，能正确使用交通工具。

（96）了解基本交通规则和常见交通标志的含义，以及交通事故的救援方法。

（97）能正确使用自行车等日常家用交通工具，定期对交通工具进行维修和保养。

（98）了解乘坐各类公共交通工具（汽车、轨道交通、火车、飞机、轮船等）的安全规则。

20. 掌握安全用电、用气等常识，能正确使用家用电器和电子产品。

（99）了解安全用电常识，初步掌握触电的防范和急救的基本技能。

（100）安全使用燃气器具，初步掌握一氧化碳中毒的急救方法。

（101）能正确使用家用电器和电子产品，如电磁炉、微波炉、热水器、洗衣机、电风扇、空调、冰箱、收音机、电视机、计算机、手机、照相机等。

21. 了解农业生产的基本知识和方法。

（102）能分辨和选择常见食用农产品。

（103）知道农作物生长的基本条件、规律与相关知识。

（104）知道土壤是地球陆地表面能生长植物的疏松表层，是人类从事农业生产活动的基础。

（105）农业生产者应掌握正确使用农药、合理使用化肥的基本知识与方法。

（106）了解农药残留的相关知识，知道去除水果、蔬菜残留农药的方法。

22. 具备基本劳动技能，能正确使用相关工具与设备。

（107）在本职工作中遵循行业中关于生产或服务的技术标准或规范。

（108）能正确操作或使用本职工作有关的工具或设备。

（109）注意生产工具的使用年限，知道保养可以使生产工具保持良好的工作状态和延长使用年限，能根据用户手册规定的程序，对生产工具进行诸如清洗、加油、调节等保养。

（110）能使用常用工具来诊断生产中出现的简单故障，并能及时维修。

（111）能尝试通过工作方法和流程的优化与改进来缩短工作周期，提高劳动效率。

23. 具有安全生产意识，遵守生产规章制度和操作规程。

（112）生产者在生产经营活动中，应树立安全生产意识，自觉履行岗位职责。

（113）在劳动中严格遵守安全生产规定和操作手册。

（114）了解工作环境与场所潜在的危险因素，以及预防和处理事故的应急措施，自觉佩戴和使用劳动防护用品。

（115）知道有毒物质、放射性物质、易燃或爆炸品、激光等安全标志。

（116）知道生产中爆炸、工伤等意外事故的预防措施，一旦事故发生，能自我保护，并及时报警。

（117）了解生产活动对生态环境的影响，知道清洁生产标准和相关措施，具有监督污染环境、安全生产、运输等的社会责任。

24. 掌握常见事故的救援知识和急救方法。

（118）了解燃烧的条件，知道灭火的原理，掌握常见消防工具的使用和在火灾中逃生自救的一般方法。

（119）了解溺水、异物堵塞气管等紧急事件的基本急救方法。

（120）选择环保建筑材料和装饰材料，减少和避免苯、甲醛、放射性物质等对人体的危害。

（121）了解有害气体泄漏的应对措施和急救方法。

（122）了解犬、猫、蛇等动物咬伤的基本急救方法。

25. 掌握自然灾害的防御和应急避险的基本方法。

（123）了解我国主要自然灾害的分布情况，知道本地区常见自然灾害。

（124）了解地震、滑坡、泥石流、洪涝、台风、雷电、沙尘暴、海啸等主要自然灾害的特征及应急避险方法。

（125）能够应对主要自然灾害引发的次生灾害。

26. 了解环境污染的危害及其应对措施，合理利用土地资源和水资源。

（126）知道大气和海洋等水体容纳废物和环境自净的能力有限，知道人类污染物排放速度不能超过环境的自净速度。

（127）知道大气污染的类型、污染源与污染物的种类，以及控制大气污染的主要技术手段。能看懂空气质量报告。知道清洁生产和绿色产品的含义。

（128）自觉地保护所在地的饮用水源地。知道污水必须经过适当处理达标后才能排入水体。不往水体中丢弃、倾倒废弃物。

（129）知道工业、农业生产和生活的污染物进入土壤，会造成土壤污染，不乱倒垃圾。

（130）保护耕地，节约利用土地资源，懂得合理利用草场、林场资源，防止过度放牧，知道应该合理开发荒山荒坡等未利用土地。

（131）知道过量开采地下水会造成地面沉降、地下水位降低、沿海地区海水倒灌；选用节水生产技术和生活器具，知道合理利用雨水、中水，关注公共场合用水的查漏塞流。

（132）具有保护海洋的意识，知道合理开发利用海洋资源的重要意义。

延伸阅读 4 – 2

科学思维与方法缺失已成科研发展瓶颈

——访中国科学院山西煤炭化学研究所所长　王建国

本报记者　王海滨　通讯员　王玉芳

人们经常说要弘扬科学精神，科学精神在科研过程中如何体现？怎样激发科学研究内生动力？近日，科技日报记者采访了中国科学院山西煤炭化学研究所所长王建国。

1. 团队协作精神也是科学精神的一方面

科技日报：怎样理解科学精神，它包含哪些内容？

王建国：要理解科学精神，首先要理解科学的内涵。科学，不单单是指科学知识本身，更重要的是指科学的态度、科学的方法、科学的思想和科学的精神，其中尤为重要的是科学的精神。

所谓科学精神，是人们在长期的科学实践活动中形成的共同信念、价值标准和行为规范的总称。它表达的是一种敢于坚持科学思想的勇气和不断追求真理的意识，表现为求实精神、实证精神、探索精神、理性精神、创新精神、怀疑精神、独立精神和原理精神等。

1996 年，我在北京去德国的飞机上碰到的一件事对我触动很大。我的邻座是一位 60 多岁的德国老人，聊天时得知他只是一位普通的工人，但当他在饭前打完胰岛素后拿出一张很大的记录纸时，我惊呆了。上面密密麻麻但非常清晰地记录着过去几个月来他的血糖值和胰岛素给药数据，还有血糖随时间的变化曲线图，记录之详尽、规范让我们有些研究生的实验记录相形见绌。到了德国后我发现，飞机上遇到的情况并非偶然，科学精神已经渗入德国大众的意识深层。德国人的厨房里普遍都有带刻度的容器、秤等计量工具，菜谱书籍也都有明确的配方和制作程序，而不像我们的菜谱，这个"少许"，那个"适量"。

科学精神约束科学家的行为，是科学家在科学领域内取得成功的保证。

耐得住寂寞、求真务实、探索……这些都是科学精神必不可少的内容，也是科研工作者必须具备的素养。除了这些，我认为团队协作精神也是科学精神的一方面。所谓团队精神，简单来说就是大局意识、协作精神和服务精神的集中体现。核心是协同合作，挥洒个性、表现特长保证了成员共同完成任务目标，而明确的协作意愿和协作方式则产生了真正的内心动力。

随着科学研究越来越复杂，现在搞科研需要一批人、一个团队才能完成。团队成员都应该在自己的岗位上尽心尽力，主动为了整体而甘当配角，自愿为团队放弃私利。其实科学研究的过程，也是团结协作的过程，我们看到的伟大科学成果背后都是整个科研团队共同努力的结果。

2. 以论文数和期刊评估成果违背科学精神

科技日报： 怎样激发科学研究内生动力？

王建国： 科学研究，有些可以形成关键技术而转变为现实生产力，为人类造福；有些将来可能转变为生产力；还有一些只是为了满足人们认识自然的好奇心，但可以改变人们的世界观。从事科学研究的人很多，但大部分是把科学研究作为职业，其贡献是积累数据、传播科学思想、普及科学知识与科学精神，这是完全必要的。只有极少部分人是从本质上热爱科学、探求未知，他们就是喜欢科学，不求名利，研究不明白，吃不下睡不着。

现在我们热衷于过早、过度评估评价科学研究成果，早先是看发表了多少SCI论文，后来是看论文刊登在什么杂志上，产生了很多不良后果，从根本上违背了科学精神。其实，发表论文的数目和发表的期刊并不能准确反映研究工作的意义与重要性。很多科研工作在多年后才能体现其价值，历史上许多重要的科学研究成果发表在"很不起眼"的杂志上。我认为，对科学研究应该少评估、少评判、少评价，为科研工作者营造一种宽松的氛围。如果要评价，也应该更加注重研究成果本身的科学内涵。让科学家们能真正安下心来潜心研究，为一些重大的科学目标或者技术目标去做科研，科研的内生动力才能更好地激发，科研的功利性自然就会减少。

3. 科学思维与方法的缺乏使所得结果更像"偶遇"

科技日报： 我们的科研现状如何？突出的问题在哪里？

王建国： 我认为，我们的原始创新能力低下，基础研究薄弱，重大理论突破和原创引领性成果乏善可陈，甚至学术造假，浮夸浮躁等现象频发，根本原因不仅在于科学精神缺失，科学思维与方法的缺乏也是重要因素。长期的应试教育，使我们拥有了很多"知识"，却没能掌握获取知识的能力与方法。我们很多研究工作所采用的方法难免让人联想到"奇技淫巧",而不是源于基本原理、令人信服的科学方法,所得结果也更像是一种"偶遇",而不是基于普遍科学原理的一种必然,很多工作甚至是将本来就复杂的现象更加复杂化,而不是简单化、条理化,没有找到现象背后的本质规律,科学价值不大。

　　科学思想与方法的缺乏和我们的文化传统与推理方式有关。战国时期,诸子百家中有一学派叫名家,极其善辩,他们讨论概念的形成,追究概念的不同及其相互关系,如"白马非马""坚白论"等,看起来很枯燥,其实很重要,可惜历来对其评价不高,甚至被认为是诡辩。逻辑推理分两种,归纳推理与演绎推理。归纳推理是从个体现象中发现普遍规律,演绎推理是在普遍规律下分析个体现象。这两种方法我们掌握、应用得都不够好,我们可以从个体现象中总结出一些经验规律,但上升不到科学的层面,如我们的"四大发明";我们掌握了很多"死知识",但不能很好地利用普遍规律去分析个体现象。

(来源:《科技日报》2018 年 8 月 23 日)

· 第五章 ·

商业伦理与职业道德

第一节　商业伦理

一、伦理、道德与法律

英文的"伦理"（ethics）源于希腊语 ethos，表示常住的住所。亚里士多德首先使用名词 ethos 成为一个形容词 ethikos，意为"伦理的""道德的"，从而使其有德行的含义。汉语的"伦理"二字，是关于人与人之间关系的基本原则。孟子说的"……教以人伦：父子有亲，君臣有义，夫妇有别，长幼有序，朋友有信"的人伦，即中国传统社会的"五伦"，阐述的就是父子、君臣、夫妇、兄弟和朋友五类人之间应遵循的行为准则。从本质上来说，道德是对善与恶、对与错的价值判断，反映的是道德评价者的道德立场。

在西方哲学和伦理学界，"伦理"（ethics）与"道德"（morality）有明确的区分。黑格尔在《哲学史讲演录》中指出，伦理是指社会行为规范，包括风俗习惯等，而道德主要是指个人的内在操守。两者之间，伦理侧重于反映人伦关系以及维持人伦关系所必须遵循的规则，道德更偏向于反映主体自身的行为，应当是个体的内在精神境界。后人将"道德"引申为一个人的品德、品质。"伦理"内化为人操守即为道德。伦理与道德的差异如表 5 - 1 所示①。

---

① 刘爱军、钟尉等编著：《商业伦理学》，机械工业出版社 2016 年版，第 3~4 页。

表 5 - 1　　　　　　　　　　　伦理与道德的比较

对象	本质	评价尺度	具体表现	本义	英文
伦理	外在的规则	应当、不应当	社会规范、习俗	人与人之间的相处规则	ethics
道德	内在的心理	善、恶	个人品质、行为	个人内在的境界差异	morality

　　一般认为，法律是国家立法机关制定并由国家强制力保证实施的，对全体社会成员具有普遍约束力的行为规范。法律与伦理最大的区别是：第一，在调节方式上，法律具有强制性和外在性，而伦理是非强制性的，具有自觉性和内在性的规范；第二，在效果上，法律只能惩恶，不能扬善。法律与伦理的联系主要体现在：第一，伦理是法律制定、修改和完善的依据；第二，伦理与法律在内容上相互渗透，伦理是不成文的法律，法律是最低限度的伦理；第三，法律的执行一定程度上也依赖于伦理，特别是法律的自律执行。而法律又是维系伦理的有力工具，通过法制手段使伦理规范制度化、法制化，才能对违反伦理规范的人产生震慑。否则仅仅依靠社会舆论和习俗，很难保证伦理规范被所有人遵循。正因为如此，我国最新修订的 2013 年的《公司法》第五条规定："公司从事经营活动，必须遵守法律、行政法规，遵守社会公德、商业道德，诚实守信，接受政府和社会公众的监督，承担社会责任。"2017 年的《民法总则》第 86 条也有相同的规定。但遗憾的是该条文只具宣示性意义，而非裁判依据。

　　伦理理论有三个重要的学派：道义论、美德论和正义论。

　　道义论①关注的重点是人们的行为，并考察在不考虑行为结果的情况下，人们行为在道德上是否被认可。它主张，人们的尊严以及尊重别人的价值有一定的是非标准，这些标准要求我们对待他人不能撒谎、不能伤害他人或杀人，即要有道义。这些是非标准是人们行动的指南，它告诉我们哪些行为是被认可的，哪些是不被认可的。既然行为本身具有内在的好坏特征，因此学会如何作决策就非常重要。伦理学的重要目标就是要研究相互关联的道义主张，并选择最好的行为方式。

---

　　① 康德是道义论的代表人物，他认为人之所以会讲伦理道德，是因为人生来就有善良意志。康德主张"从义务出发"的观点，在他眼中，人们有四种基本的道德义务：诚信；不放弃自己的生命；帮助他人；增进自己的幸福。

运用道义论进行伦理分析，主要有六个步骤：（1）对需要评价的行为进行详细而清晰的描述；（2）考虑行动者是否具有相应的权利或义务；（3）考虑受该行为影响的人有哪些相关的权利和义务；（4）行动人和受该行动影响的人之间的权利和义务是否有冲突，若没有则按权利或义务的规定实施行动；（5）如果有冲突则进一步明确，冲突哪一方的权利或义务更为基本，保护的利益更为重要；（6）找到处于优先地位的权利或义务之后，考虑该权利或义务是否会受到其他因素的制约和支配，若是，则需要对这些因素进行分析；如不是则选择优先地位的权利或义务实施行动①。

美德论②又称德性论，它关注的重点是行为主体或个人应该具备的品德、品格，探讨什么是道德上的完人。美德论认为，一个具有美德的人经常会做出有道义的事情，因为他内在的品格具有相关的特质，使得他能自律地遵守伦理道德准则，这种内在的特质就是美德。与制度、规范相比，美德具有内在性、自律性和超越性。

运用美德论进行伦理分析一般不用于对某种行为或政策进行分析，而是用于对某个人的某项品德或整体道德素质进行判断，因为美德论追求的目标是如何成为有道德的人。因此，美德论的伦理分析有两个层次：第一，判断一个人是否具有某种品德；第二，判断一个人是否是一个好人或者有道德的人。第一个层次的分析一般可以分为四个步骤：（1）对需要评价的对象进行长时间的观察；（2）不仅从言辞上观察，更应该从行为上观察；不仅从正面观察，也要从侧面观察；（3）如果他在某种场合做出了符合某种品德的某种行为，就记录下来；（4）如果在相当长的时间内，该人符合某种品德的某种行为，在不同场合反复出现的话，就说明他很可能具有某种品德③。这些美德通常包括诚信、公正、谨慎、值得信赖、勇气等。第二个层次的分析还比较有争议，因为判断一个人是好人或善人的标准很难确定。由于文化差异，不同的国家关于美德的看法可能不同，在一个国家被视为美德，另一个国家可能并不这

---

① 刘爱军、钟尉等编著：《商业伦理学》，机械工业出版社 2016 年版，第 34 页。
② 亚里士多德被认为是美德论的代表人物，他认为人类有两种美德：一种是理智的美德，它是以知识、智慧的形式表现出来的，是通过教育获得的；另一种是道德的美德，是制约情感和欲望的习惯表现出来的。
③ 刘爱军、钟尉等编著：《商业伦理学》，机械工业出版社 2016 年版，第 38~39 页。

样认为。例如美国的文化更加推崇自由、企业家精神、进取心等，这反映美国文化的个人主义特征；与此不同的东方传统文化（如日本等国）则推崇团队合作、谦逊、荣誉感和忠诚等美德。还有政治制度的不同，对美德的看法也不尽一致。

正义论[①]，顾名思义，关注的重点是正义、公平。正义是人类社会的普世价值观，指具有公正性和合理性的观点、行为、活动、思想和制度等。正义论通常指人们按一定的道德标准所应当做的事，按照正义论进行道德判断的准则是一个人的行为在道德上是正确的或正当的，符合正义或公平的原则。正义论强调和追求实现美好的结果。与道义论相反，它不以行为本身具有道德特征为假设前提，即行为和行为的结果分离，行为本身在道德上是毋庸置疑的，唯一重要的是行为导致的结果。道义论有两个核心特征：（1）行为主体需要确定他们给自己设定的目标或结果具有道德合理性，否则结果很难证明任何行为的正义性，更不用说撒谎、不守承诺、违反公平竞争规则等道德上受质疑的行为；（2）人们需要采取能实现目标并产生最好结果的行为。正义论关注的重点是选择行为的方式，原则是在实现目标的过程中该行为能够在利弊之间创造最佳平衡。

运用正义论思想进行伦理分析时，不仅用于对一种行为道德判断，更多的是对某项政策进行伦理的判断，主要包括五个步骤：（1）对需要评价的行为或者政策进行详细而清晰的描述；（2）需要评价的行为或政策涉及哪些社会普遍认可的正义标准或原则；（3）需要评价的行为或政策是否涉及一些不为社会普遍认同的正义标准或原则？如果涉及，则需要寻找专家、学者对这些正义标准或原则进行分析，考察其适用性；（4）是否有特殊情况，可能会让行动者和政策突破某些正义标准或原则的要求；（5）如果没有，则选择符合正义标准的行为或者政策才是道德的。如果存在特殊情况，则应交给相关专家、学者进行讨论和判断，以决定是否修改或微调某些正义标准[②]。

需要进一步指出的是，道义论、美德论和正义论中的每一个理论都是长期

---

① 美国当代哲学家罗尔斯是正义论的最有影响力的代表人物，他将所有的社会价值分为两类：人的基本权利和财富。针对这两类价值，他提出了两个基本的正义原则：平等自由原则和限制原则（不因地位、财富、效率的限制而影响公平、正义）。

② 刘爱军、钟蔚等编著：《商业伦理学》，机械工业出版社2016年版，第37页。

以来伦理智慧的结晶，每一个学派都在形成道德情操和树立我们的生活规范方面提出了深刻的见解。但是，在现实生活中，只有将三个传统的流派结合起来思考，而不是相互分割，才能形成完整的伦理世界观。每一个流派都有重要的决策原则，但又各不相同，在企业活动中三者往往是相互关联的。

二、社会主义核心价值观

弘扬社会主义核心价值观是以德治国的重要抓手。2017 年 10 月，党的十九大报告将社会主义核心价值观视为新时代中国特色社会主义思想和基本方针，2018 年 3 月，新修订的《宪法》第 39 条规定："国家倡导社会主义核心价值观。"

党的十九大报告指出，社会主义核心价值观是当代中国精神的集中体现，凝结着全体人民共同的价值追求。要以培养担当民族复兴大任的时代新人为着眼点，强化教育引导、实践养成、制度保障，发挥社会主义核心价值观对国民教育、精神文明创建、精神文化产品创作生产传播的引领作用，把社会主义核心价值观融入社会发展各方面，转化为人们的情感认同和行为习惯。坚持全民行动、干部带头，从家庭做起，从娃娃抓起。深入挖掘中华优秀传统文化蕴含的思想观念、人文精神、道德规范，结合时代要求继承创新，让中华文化展现出永久魅力和时代风采。

社会主义核心价值观是社会主义核心价值体系的内核，体现社会主义核心价值体系的根本性质和基本特征，反映社会主义核心价值体系的丰富内涵和实践要求，是社会主义核心价值体系的高度凝练和集中表达。

我国在意识形态上非常重视价值观的培育和引导。中华人民共和国的建立，确立了以社会主义基本政治制度、基本经济制度和以马克思主义为指导思想的社会主义意识形态，为社会主义核心价值体系建设奠定了政治前提、物质基础和文化条件。改革开放以来，我国社会主义意识形态建设不断进行新的探索，提出了从建设社会主义核心价值体系到以"三个倡导"为内容，积极培育和践行社会主义核心价值观的重要论断和战略任务。1978 年 12 月，党的十一届三中全会重新恢复和确立了实事求是的思想路线，坚持把马克思主义与改革开放和我国社会主义建设伟大实践相结合，科学继承了毛泽东思想，创立了邓小平理论、"三个代表"重要思想、科学发展观、新时代中国特色社会主义思想等马克思主义中国化最新成果，马克思主义在意识形态领域的指导地位不断巩固。

2006 年 3 月，我们党提出了"八荣八耻"的社会主义荣辱观，继承和发展了我们党关于社会主义思想道德建设褒荣贬耻、我国古代的"知耻"文化传统，同时又赋予了新的时代内涵，深化了我们党对社会主义道德建设规律的认识。2006 年 10 月，党的十六届六中全会第一次明确提出了"建设社会主义核心价值体系"的重大命题和战略任务，明确提出了社会主义核心价值体系的内容，并指出社会主义核心价值观是社会主义核心价值体系的内核。学界对社会主义核心价值观的概括开始深入探讨。2007 年 10 月，党的十七大进一步指出了："社会主义核心价值体系是社会主义意识形态的本质体现"。2011 年 10 月，党的十七届六中全会强调，社会主义核心价值体系是"兴国之魂"，建设社会主义核心价值体系是推动文化大发展大繁荣的根本任务。提炼和概括出简明扼要、便于传播践行的社会主义核心价值观，对于建设社会主义核心价值体系具有重要意义。

2012 年 11 月，党的十八大报告明确提出"三个倡导"，即"倡导富强、民主、文明、和谐，倡导自由、平等、公正、法治，倡导爱国、敬业、诚信、友善，积极培育社会主义核心价值观"，这是对社会主义核心价值观的最新概括。2013 年 12 月，中共中央办公厅印发《关于培育和践行社会主义核心价值观的意见》，明确提出，以"三个倡导"为基本内容的社会主义核心价值观，与中国特色社会主义发展要求相契合，与中华优秀传统文化和人类文明优秀成果相承接，是我们党凝聚全党全社会价值共识作出的重要论断。

2017 年 10 月 18 日，习近平同志在党的十九大报告中指出，要培育和践行社会主义核心价值观。要以培养担当民族复兴大任的时代新人为着眼点，强化教育引导、实践养成、制度保障，发挥社会主义核心价值观对国民教育、精神文明创建、精神文化产品创作生产传播的引领作用，把社会主义核心价值观融入社会发展各方面，转化为人们的情感认同和行为习惯。坚持全民行动、干部带头，从家庭做起、从娃娃抓起。深入挖掘中华优秀传统文化蕴含的思想观念、人文精神、道德规范，结合时代要求继承创新，让中华文化展现出永久魅力和时代风采。2018 年 3 月 11 日，第十三届全国人民代表大会第一次会议通过中华人民共和国宪法修正案，将"国家提倡爱祖国、爱人民、爱劳动、爱科学、爱社会主义的公德"修改为"国家倡导社会主义核心价值观，提倡爱祖国、爱人民、爱劳动、爱科学、爱社会主义的公德"。

党的十八大提出，倡导富强、民主、文明、和谐，倡导自由、平等、公正、法治，倡导爱国、敬业、诚信、友善，积极培育和践行社会主义核心价值观。富强、民主、文明、和谐是国家层面的价值目标，自由、平等、公正、法治是社会层面的价值取向，爱国、敬业、诚信、友善是公民个人层面的价值准则，这24个字是社会主义核心价值观的基本内容。

"富强、民主、文明、和谐"，是我国社会主义现代化国家的建设目标，也是从价值目标层面对社会主义核心价值观基本理念的凝练，在社会主义核心价值观中居于最高层次，对其他层次的价值理念具有统领作用。富强即国富民强，是社会主义现代化国家经济建设的应然状态，是中华民族梦寐以求的美好夙愿，也是国家繁荣昌盛、人民幸福安康的物质基础。民主是人类社会的美好诉求。我们追求的民主是人民民主，其实质和核心是人民当家做主。它是社会主义的生命，也是创造人民美好幸福生活的政治保障。文明是社会进步的重要标志，也是社会主义现代化国家的重要特征。它是社会主义现代化国家文化建设的应有状态，是对面向现代化、面向世界、面向未来的，民族的科学的大众的社会主义文化的概括，是实现中华民族伟大复兴的重要支撑。和谐是中国传统文化的基本理念，集中体现了学有所教、劳有所得、病有所医、老有所养、住有所居的生动局面。它是社会主义现代化国家在社会建设领域的价值诉求，是经济社会和谐稳定、持续健康发展的重要保证。

"自由、平等、公正、法治"，是对美好社会的生动表述，也是从社会层面对社会主义核心价值观基本理念的凝练。它反映了中国特色社会主义的基本属性，是我们党矢志不渝、长期实践的核心价值理念。自由是指人的意志自由、存在和发展的自由，是人类社会的美好向往，也是马克思主义追求的社会价值目标。平等指的是公民在法律面前的一律平等，其价值取向是不断实现实质平等。它要求尊重和保障人权，人人依法享有平等参与、平等发展的权利。公正即社会公平和正义，它以人的解放、人的自由平等权利的获得为前提，是国家、社会的根本价值理念。法治是治国理政的基本方式，依法治国是社会主义民主政治的基本要求。它通过法制建设来维护和保障公民的根本利益，是实现自由平等、公平正义的制度保证。

"爱国、敬业、诚信、友善"，是公民基本道德规范，是从个人行为层面对社会主义核心价值观基本理念的凝练。它覆盖社会道德生活的各个领域，是公民必须恪守的基本道德准则，也是评价公民道德行为选择的基本价值标准。爱国是基于个人对自己祖国依赖关系的深厚情感，也是调节个人与祖国关系的行为准则。它同社会主义紧密结合在一起，要求人们以振兴中华为己任，促进民族团结、维护祖国统一、自觉报效祖国。敬业是对公民职业行为准则的价值评价，要求公民忠于职守、克己奉公、服务人民、服务社会，充分体现了社会主义职业精神。诚信即诚实守信，是人类社会千百年传承下来的道德传统，也是社会主义道德建设的重点内容，它强调诚实劳动、信守承诺、诚恳待人。友善强调公民之间应互相尊重、互相关心、互相帮助，和睦友好，努力形成社会主义的新型人际关系。

践行社会主义核心价值观，要紧紧围绕"三个倡导"这一基本内容，注重宣传教育、示范引领、实践养成相统一，注重政策保障、制度规范、法律约束相衔接，使社会主义核心价值观融入人们生产生活和精神世界。在路径选择上，一方面要把培育和践行社会主义核心价值观融入国民教育全过程；另一方面要把培育和践行社会主义核心价值观落实到经济发展实践和社会治理中。

"管理会计没有国界，但管理会计师有祖国。"管理会计师的执业活动是在一定"情境"（国情、社情、人情）下进行的管理活动，必定要受到社会意识形态的影响。社会主义核心价值观是我国管理会计师职业道德规范的基础。

三、商业伦理决策

刘易斯（Lewis，1985）① 对 1961～1981 年有关商业伦理的研究进行文献综述后，认为商业伦理是在特定的情境下的一种规则、标准、惯例或原则。

莫申江、王重鸣（2009）对商业伦理的研究进行综述，如表 5-2 所示，认

---

① Phillip V. Lewis, Defining "business ethics": Like nailing jello to a wall. Journal of Business Ethics, 1985, Vol. 4 (5), pp. 377-383.

为伦理（ethics）概念的内涵在于反映什么是正确且公平的行为，它的价值主要
表现为引导人们正确判断行为的对错，并决定接受与否。伦理学是一门研究有关
人际关系构建的哲学学科，商业伦理就是有关不同商业情境中，伦理困境或问
题的特殊伦理范畴。在界定商业伦理内涵时，不仅要考虑从企业所有者角度出发
的、最为直接的雇主与雇员间的关系，同时也应该注重从消费者或社会视角出
发，对商业组织的商业决策与行为提出的要求与期望，以便在斯文森（Svens-
son，2008）构建的抽象概念模型的基础上，构建更加能够体现"组织—环境"
互动特征的商业伦理模型。

表 5 - 2　　　　　　　　　　　　商业伦理维度要素汇总

作者（年份）	维度要素
Reidenbach 和 Robin（1988）	商业伦理应该包括公正性、相对性、自利性、功利性和奉献性五个维度
Reidenbach 和 Robin（1990）；Flory 等（1992）	商业伦理可进一步简化为广义的道德公正性、相对性、契约性三个维度
Hansen（1992）；Marnburg（2001）	在 Reidenbach 和 Robin（1990）提出的商业伦理要素的基础上，提出了包含广义道德判断、奉献性判断、技术性判断以及社会契约性判断四个维度，并认为商业伦理主要包括信用伦理、人文伦理、效率伦理和环境伦理
王中原（2003）	从组织内和组织间伦理视角把商业伦理分为职业伦理（组织伦理）和交换伦理（交易伦理）
Scott（2004）	从组织的不同伦理行为入手，把商业伦理分为生产伦理、销售伦理、关系伦理
Lin 和 Wei（2006）	认为组织的商业伦理包括安全氛围、公平环境、关怀行动三个方面
Svensson（2008）	基于利益相关者理论提出了商业伦理应该包含一切利益相关者关系的伦理内容（如领导关系、员工关系、股东关系、组织间关系、供应商关系、客户关系以及竞争对手间关系等方面）的观点

　　作为引导企业个人与群体行为的规范，商业伦理通常包括组织原则、价值
观等内容。在北美，商业伦理的发展经过了五个阶段[1]，如表 5 - 3 所示。

---

　　[1]　O. C. 费雷尔等：《企业伦理学》（第 10 版），李文洁等译，中国人民大学出版社 2016 年版，第
10 页。

表 5 - 3　　　　　　　　　　伦理和社会责任问题的时间轴

20 世纪 60 年代	20 世纪 70 年代	20 世纪 80 年代	20 世纪 90 年代	21 世纪
环境问题 公民权利问题 日益紧张的劳资关系 演化中的职业伦理 毒品泛滥	员工斗争 人权问题 掩盖而非纠正问题 处于弱势的消费者 透明度问题	贿赂与非法承包 以权谋私 欺骗性广告 财务欺诈行为	第三世界国家中的血汗 工厂与不安的工作条件 提高企业对个人的赔偿 责任 财务管理不善与欺诈 组织有悖伦理的行为	网络犯罪 财务不当行为 全球性问题 产品安全 可持续性 窃取知识产权

综上所述，我们认为，商业伦理是在一定的商业情境中，企业从事商业活动应该遵守的合乎道德与伦理的规则、规范、标准或原则。商业伦理是企业处理利益相关者（包括企业内部各利益主体以及企业外部的企业、政府、社会）关系的指引，是一种对企业行为的道德和伦理上的约束。

在经济活动中，遵守法律法规是企业应尽的义务，这是最低的要求（底线），当然非常重要，但这还不足以使企业赢得社会的认可和尊重，不足以使企业获得成功。因为法律要求还不完善，没有充分体现利益相关者对企业的道德期望，也不能保证企业由于败德行为而在未来遭受损失。因此，在企业进行经营管理决策时，如何作好商业伦理决策就很重要。商业伦理决策过程通常可分为以下四个步骤：第一步，识别伦理问题，企业从事的活动是否涉及伦理问题；第二步，判断行为的伦理性；第三步，作出合乎情理的决策（权衡各种后果，做出最佳选择）；第四步，执行决策。

为了有助于在企业决策中更好地做出商业伦理判断，西方学者开发了伦理决策模型，可供实践时参考。比如美国营销学教授拉克兹尼亚克在 1983 年提出的"九问式"模型颇具代表性。该模型的设计综合运用了道义论、正义论等理论，设计思路为：从法律检验开始，依次进行显要义务检验、特殊行业责任检验、目的检验、结果检验、过程检验、权利检验、公正检验。若问题的回答全部为否定，则决策在道德上是可以接受的。该模型的问题如下[①]：

（1）该行动违法吗？

（2）该行动违反以下任一条普遍性的道义吗？

——诚实的责任

---

① 叶陈刚主编：《商业伦理与企业责任》，高等教育出版社 2016 年版，第 85 页。

——感恩的责任

——公司的责任

——仁慈的责任

——自我完善的责任

——无伤害的责任

（3）该行动侵犯由组织类型而相应产生的特定义务吗？

（4）该行动的动机是邪恶的吗？

（5）采取该行动会不会发生某种"大恶"？

（6）是否故意否定了可以比该行动产生更多的善、更少恶的另一行动？

（7）该行动侵犯了消费者不可剥夺的权利了吗？

（8）该行动是否侵犯了别的组织的权利？

（9）个人或组织是否已经没有相关的权利了？

卡瓦纳等（1981）设计了道德决策树模型，如图 5 – 1 所示①。

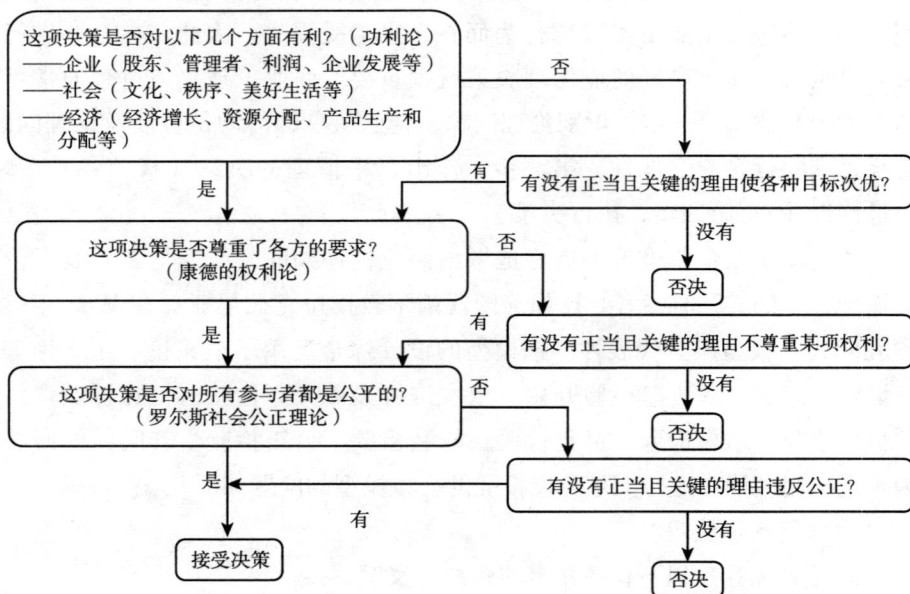

图 5 –1　卡瓦纳道德决策树

---

① 叶陈刚主编：《商业伦理与企业责任》，高等教育出版社 2016 年版，第 84 页。

　　在实际工作中如何具体地作出商业伦理决策，是一个从哲学到实践的过程，模型或工具只是辅助决策的手段，也很少有所谓的绝对正确的答案。因此，决策过程中的判断原则就很重要。威克斯等所著的《商业伦理学》一书中提到的经理人决策指南很有指导意义。三个决策指南分别是①：

　　决策指南一：行为准则。

　　第一个决策指南是"行为准则"，行为准则是判断行为是否符合道德标准的原则和规范。公司除了要制定自己的"行为准则"外，还要了解并尊重别的企业、行业和国家及国际上通行的行为规范。比如《联合国全球契约》就是国际上被广泛遵从的契约，它从人权、劳工、环境和反腐败四个方面提出了十条规范企业如何开展业务的原则②。

　　关于"行为准则"决策指南，威克斯等（2010）归纳出五个普遍性的原则：（1）有利原则。人们应该为他人提供帮助。（2）不伤害原则。人们应该避免引起对他人的伤害，特别是故意的和直接的伤害。（3）自主原则。人们应该自由地做出自己的选择，特别是涉及生命和安全的时候。（4）公正原则。人们应该给予他人其应得的东西，并以公平的方式执行。（5）责任原则。人们对自己拥有某种期望和责任，同时也期望从他人那里得到这些。

　　决策指南二：人格和人际关系。

　　这一原则的核心理念是企业应该言行一致，并以高尚的人格去处理事务。该指南强调人格特征对决策的重要性。具体来说，它关注企业长期的人格特征的塑造，而不是行为的短期利益。企业在处理业务时，要想清楚干什么和成为怎样的人或组织。该原则要求发扬伟大的人格，包括正直、尊重、同情、诚信，善待顾客和员工等。人格对维系良好的人际关系也非常重要，而良好的人际关系也是组织成功的标志之一。人际关系中的相互信任、尊重、合作、团队精神和有效沟通具有重要的伦理意义。

---

　　①　威克斯等：《商业伦理学：管理方法》，马凌远等译，清华大学出版社2015年版，第9~13页。
　　②　这十条原则分别是：原则1，企业应在其影响力范围内对保护国际社会宣布的人权给予支持和尊重；原则2，确保它们不与践踏人权者同流合污；原则3，企业界切实承认集体谈判权；原则4，消除一切形式的强迫和强制劳动；原则5，切实废除童工现象；原则6，消除就业和职业方面的歧视；原则7，企业应支持采用预防性办法来应付环境挑战；原则8，采取主动行动，促进在环境方面采取更负责任的做法；原则9，鼓励开发和推广不损害环境的技术；原则10，企业应反对商业中的腐败行为。

决策指南三：目标和结果。

对于利益相关者来说，企业的目标及其实现是他们关注的重点。确定要达到的目标，并采取行动实现目标是企业伦理行为的核心。该指南强调企业选择正确的目标并利用组织资源实现目标在伦理上的重要性。为利益相关者创造价值是企业管理者的基本伦理。因此，识别正确的目标和结果的有效途径是进行利益相关者分析，即将利益相关者罗列出来，分析他们各自的利益诉求及其道德说服力，然后按重要性排序，并考虑采取什么行动才能更好地实现目标。

需进一步指出的是，企业管理者在进行商业伦理决策时，为避免作出不正确、不合理的决策，应避免主观合理化，要多做换位思考，要遵循普遍性原则，要经得起公开检验（决策要经得起推敲，经得起公开辩论和事实验证），要经常检讨。

目前，商业伦理的范围已有所拓展，比如国际上广泛关注的 ESG（环境、社会与管治）也有人将其归入商业伦理的范畴。事实上，环境保护、社会责任（social responsibility）、公司治理问题等会严重影响企业的可持续发展。在我国，经过多年的粗放式发展，GDP 增长已不是政府的单一目标，"构建和谐社会""生态文明建设""建设清廉政府"已成为我国的既定国策。商业伦理建设是企业发展的基石。目前，国际上提供社会责任报告、可持续发展报告或 ESG 报告已是大势所趋，针对上市公司已成法定要求。比如香港联交所于 2015 年 12 月 21 日发布《环境、社会及管治（ESG）报告指引》咨询总结文件，确认了对《上市规则》的修改内容，要求在港上市公司从 2016 年开始每年都必须披露环境、社会及管治报告。我国 2018 年正在修订的《上市公司治理准则》，也将 ESG 报告列入法定披露要求。

第二节　职业道德

职业道德是伦理学发展的产物，是人们道德生活在职业活动中的延伸。

职业生活实践是职业道德产生的基础。在原始社会末期，由于生产和交换的发展，出现了农业、手工业、畜牧业等职业分工，职业道德开始萌芽。进入阶级社会以后，又出现了商业、政治、军事、教育、医疗等职业。在一定社会的经济关系基础上，这些特定的职业不但要求人们具备特定的知识和技能，而且要求人们具备特定的道德观念、情感和品质。各种职业集团，为了维护职业利益和信誉，适应社会的需要，从而在职业实践中，根据一般社会道德的基本要求，逐渐形成了职业道德规范。在古代文献中，早有关于职业道德规范的记载。例如，公元前6世纪的中国古代兵书《孙子兵法·计》中，就有"将者，智、信、仁、勇、严也"的记载。智、信、仁、勇、严这五德被中国古代兵家称为将之德。明代兵部尚书于清端提出的封建官吏道德修养的六条标准，被称为"亲民官自省六戒"，其内容有"勤抚恤、慎刑法、绝贿赂、杜私派、严徵收、崇节俭"。中国古代的医生，在长期的医疗实践中形成了优良的医德传统。"疾小不可云大，事易不可云难，贫富用心皆一，贵贱使药无别"，是医界长期流传的医德格言①。

公元前5世纪古希腊的《希波克拉底誓言》②，是西方最早的医界职业道德文献。在历史发展的长河中，西方许多工业、商业的行会条规以及从事医疗、教育、政治、军事等行业的著名人物的言行和著作中广泛包含有职业道德的内容，出现过具有高超技艺和高尚品德的人物，他们的职业道德行为和品质受到广大群众的称颂，并世代相袭，逐渐形成优良的职业道德传统。在许多国家和地区，还成立了职业协会，制定协会章程，规定职业宗旨和职业道德规范。从而促进了职业道德的普及和发展。目前在西方社会职业界，职业道德几乎无处不在、遍布各行各业，如企业道德、审计师道德、管理会计师道德、律师道德、科学家道德、教师道德、作家道德、体育道德，等等。

---

① 中国就业培训指导中心编：《职业道德》，中央广播电视大学出版社2010年版。

② 《希波克拉底誓言》是希波克拉底警诫人类的古希腊职业道德的圣典，是约2400年以前的希腊，向医学界发出的行业道德倡议书，是从医人员入学第一课要学的重要内容，也是全社会所有职业人员言行自律的要求，而且要求正式宣誓，没有医护人员不知道希波克拉底这位历史名医名言的。希波克拉底誓言为：我要遵守誓约，矢志不渝。对传授我医术的老师，我要像父母一样敬重，并作为终身的职业。对我的儿子、老师的儿子以及我的门徒，我要悉心传授医学知识。我要竭尽全力，采取我认为有利于病人的医疗措施，不能给病人带来痛苦与危害。我不把毒药给任何人，也决不授意别人使用它。尤其不为妇女施行堕胎手术杀害生命。我要清清白白地行医和生活。无论进入谁家，只是为了治病，不为所欲为，不接受贿赂，不勾引异性。对看到或听到不应外传的私生活，我决不泄露。如果我能严格遵守上面誓言时，请求神祇让我的生命与医术得到无上光荣；如果我违背誓言，天地鬼神一起将我雷击致死。

职业道德主要是从业人员在职业活动中应该遵循的行为准则。一般来说，职业道德有以下几个特征：（1）职业性。职业道德是一种职业规范，反映着特定职业活动对从业人员行为的道德要求。每一种职业道德都只能规范本行业从业人员的职业行为，在特定的职业范围内发挥作用。（2）继承性。职业道德是长期实践过程中形成的观念、习惯和信念。由于同一种职业的服务对象、职业责任和义务等相对稳定，因此即便在不同的社会经济发展阶段，职业行为的核心道德要求通常会被继承和发扬，从而形成被社会普遍接受的职业道德规范。（3）指导性。与法律规范相比，职业道德大多没有强制力，主要靠文化、内心信念和习惯，通过员工的自律实现。（4）实践性。职业行为过程，就是职业实践过程，只有在实践过程中，才能体现出职业道德的水准。职业道德的作用是调整职业关系，对从业人员职业活动的具体行为进行规范，解决现实生活中的具体道德冲突。（5）多样性。不同的行业和不同的职业，有不同的职业道德标准①。职业道德的要求，概括来说，主要应包括以下几方面的内容：忠于职守，乐于奉献；实事求是，不弄虚作假；依法行事，严守秘密；公正透明，服务社会。

职业道德是社会道德体系的重要组成部分，它一方面具有社会道德的一般作用；另一方面又具有自身的特殊作用。首先，职业道德是整个社会道德的主要内容。从规范的角度来看，职业道德规范是社会道德、伦理体系的重要组成部分，前者不能违反后者，在作用发挥上前者是后者的深化和补充；从执行人的角度来，若每个从业人员、每个职业群体具备优良的道德行为，整个社会的道德水平就会提高。其次，每个社会主体（包括政府、行业、企业、社会组织等）的职业道德，在组织内部可以调节从业人员内部的关系，即运用职业道德规范约束职业内部人员的行为，促进职业内部人员的团结与合作。最后，在组织外部，职业道德又可以调节从业人员和服务对象之间的关系。如职业道德规定了公务员如何对待老百姓；服务人员如何对待顾客；医生怎样对待病人；教师怎样对待学生等。此外，职业道德还有助于维护和提高本行业或企业的信誉，促进本行业或企业的发展。一个行业、一个企业的信誉，也就是它们的形象、

---

① 中国就业培训指导中心编：《职业道德》，中央广播电视大学出版社 2010 年版。

信用和声誉，主要依赖于其提供的产品和服务的质量，而从业人员职业道德水平高是产品质量和服务质量的有效保证。

需进一步说明的是，社会主义的职业道德是适应社会主义物质文明和精神文明建设的需要，除了不同社会共同的职业操守之外，在意识形态上有自己鲜明的特点。比如，在中国要服从共产党的领导，要遵循社会主义核心价值观。

综上所述，职业道德（ethics）是职业团体制定的，用来判断对错的各种信念，是被广泛接受的用来判断职业行为是好还是坏的标准。一般来说，职业道德决策的程序是：第一，识别各种职业道德问题（使用职业道德准则识别职业道德问题）；第二，分析各种选择（考虑各种方案好的以及不好的结果）；第三，进行职业道德决策（权衡各种后果，做出最佳选择）。

目前社会上有人将职业道德扩展到社会责任。社会责任是指企业应该关心自己的行为会对社会造成什么样的影响。企业的社会责任包括捐赠、减少污染、改善员工工作条件、支持继续教育等。不但是大公司，很多小企业也在积极履行自己的社会责任，比如为学生和老人提供折扣等。

第三节　会计职业道德

大部分职业都有来自不同文化和宗教的成员，他们可能具有不同的道德准则。因此，不同的专业团体需要制定不同的职业行为规范来约束其成员的职业活动。

会计行为具有经济后果，对社会、经济和企业的发展有重大影响。1987 年 3 月 27 日，美国总统里根在给美国注册会计师协会（AICPA）成立 100 周年的贺信里写道："你们协会和注册会计师职业在建立、维持和完善我国的资本市场中起着卓越的作用……独立审计为企业和政府的会计报表提供可信度。没有这种可信度，债权人和投资者就难以作出为我们的经济带来稳定和活力的决策。没有 CPA，我们的资本市场将土崩瓦解。"[1] 因此，优秀的会计师应具备社会责

---

① 陈少华：《美国会计职业界的过去、现在与未来》，载《财会通讯》1988 年第 12 期。

任感、专业和诚信的品德。

会计职业道德是指会计人员在会计活动中应当遵循的、体现会计特征的、调整会计职业关系的行为准则和规范。会计职业道德是一般社会公德在会计工作中的具体体现，是引导、制约会计行为，调整会计人员与社会、会计人员与不同利益集团以及会计人员之间关系的社会规范。会计职业道德具有指导、约束、评价和教化会计人员的功能。通常认为，会计职业道德的素质要求包括知识、能力和道德三个方面。美国会计继续教育委员会（2012）为众多组织（包括 NASBA、AICPA、IMA、IIA、CGFM、Robert Half、Grant Thornton 和国际机构 IFAC）编制了会计人员的能力要求，该汇编将要求的能力归为三类，即技术知识、专业技能和职业操守、责任与承诺①。在能力要求方面，强调综合性的整体能力如图 5 - 2 所示。

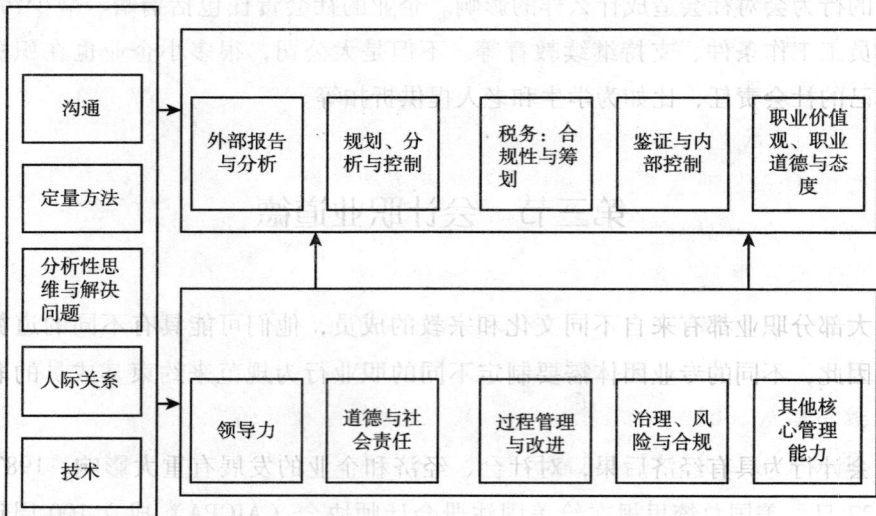

图 5 - 2　综合性基础能力框架

① Raef A. Lawson（Chair），Edward J. Blocher，Peter C. Brewer，Gary Cokins，James E. Sorensen，David E. Stout，Gary L. Sundem，Susan K. Wolcott，and Marc J. F. Wouters. 2014. Focusing Accounting Curricula on Students' Long-Run Careers：Recommendations for an Integrated Competency-Based Framework for Accounting Education，Accounting Education 29（2）：pp. 295 - 317.

我国会计职业道德①主要内容有八项，包括以下方面。

（1）爱岗敬业。要求会计人员热爱会计工作，敬重会计职业；对工作严肃认真，一丝不苟；要忠于职守，尽职尽责。

（2）诚实守信。要求会计人员做老实人，说老实话，办老实事，不搞虚假；要实事求是，如实反映；要保守秘密，不为利益所诱惑；要执业谨慎，信誉至上。

（3）廉洁自律。要求会计人员树立正确的人生观和价值观；要公私分明，不贪不占。

（4）客观公正。要求会计人员端正态度，依法办事；实事求是，不偏不倚；保持应有的独立性。

（5）坚持准则。要求会计人员熟悉准则、遵循准则和坚持准则。

（6）提高技能。要求会计人员要有不断提高会计专业技能的意识和愿望；要有勤学苦练的精神和科学的学习方法。

（7）参与管理。要求会计人员在做好本职工作的同时，努力钻研业务，熟悉财经法规和相关制度，提高业务技能，为参与管理打下基础；要熟悉服务对象的经营活动和业务流程，使参与管理的决策更具针对性和有效性。

（8）强化服务。要求会计人员强化服务意识，提高服务质量。

第四节　管理会计职业道德

从学科上来说，管理会计是向内部管理者提供其决策所需信息的系统，是通过提供有价值的信息来辅助管理者决策，从而创造价值的系统。从工作的角度来看，管理会计是一项管理工作，是管理与会计的融合。因此，不同等级的管理会计人员应具备不同的管理能力，比如高级管理会计人员应该具有较高水平的领导能力；在知识结构上，要具备必要的中国管理文化与哲学、管理学基础、商业伦理、战略管理、组织行为学、绩效管理、沟通与协作知识、管理信

---

① 引自 2009 年 10 月 26 日，财政部印发了《会计从业资格考试大纲（修订）》（以下简称《考试大纲》），自 2010 年 1 月 1 日起施行。

息系统等知识；在职业道德上，要有高尚的品行修养、精深的专业能力、卓越的领导力，勇于创新和勇于承担责任。

2015 年 1 月生效的英国皇家特许管理会计师公会（CIMA）的职业道德准则（CIMA Code of Ethics）包括五个基本原则：（1）诚信（integrity）：指在处理任何职业或者商业关系时保持直率、诚实和信任。管理会计人员不可以和任何认为有重大错误的信息，或者不管是由于虚假陈述还是由于忽略而导致的误导信息，有任何关系。（2）客观（objectivity）：指不存在偏见，不因利益冲突或被他人因素影响自己的专业判断。（3）职业能力和尽职关心下属（professional competence and due care）：对自己的专业知识和能力不断精益求精，关注实务、立法以及技能的最新发展变化。关心下属的成长，对他们进行合适的培训和监督。（4）保密（confidentiality）：除非经同意或者有法律或职业的义务，否则不得透露任何关于职业方面的信息。（5）专业行为（professional behaviour）：遵守相关的法律与法规，避免任何可能对职业名声造成恶劣影响的行为。

2014 年 4 月，CIMA 与美国注册会计师协会（AICPA）共同推出全球特许管理会计师（CGMA），旨在提升管理会计职业的全球影响力。CIMA 和 AICPA 联合发布了《全球特许管理会计师能力框架（CGMA COMPETENCY FRAMEWORK）》，简称"CGMA 能力框架"。"CGMA 能力框架"对管理会计人员提出了全面的能力标准及要求。它以道德、诚信和专业精神为基础，构建了四个方面的职业技能框架：即技术技能、商业技能、人际技能和领导技能。

由于技术、政治、全球竞争加剧等因素的变化，目前 CGMA 正在进行管理会计能力框架的修订，CGMA 认为社会变化将驱动财务、组织的变革，其全球化（globlization）、地缘政治（geopolitics）、消费者权力（gonsumer empowerment）、技术（technology）、人口结构（demography）是重要的驱动因素。

2016 年 11 月，美国管理会计师协会（简称 IMA）正式发布《管理会计能力框架》，对管理会计人员的能力和素质提出了全面的要求，为管理会计行业的人才管理与职业发展提供了新的指引。IMA 归纳了五类、共计 28 项具体能力的管理和职业发展指南，五类能力分别是：第一类，规划与报告能力。需具备的能力包括洞察未来、衡量绩效和报告财务业绩。第二类，制定决策能力。需具备的能力包括指引决策、管理风险和建立道德环境。第三类，科技能力。需具备的能力包括管理技术、信息系统和驱动有效运营。第四类，运营能力。需具备的能力包括作为跨职能的商业伙伴和助力于全公司运营转型。第五类，领导能力。需具备的能力包括与他人合作和激励启发团队去达成组织目标。

为了反映商业和监管环境的变化、管理会计职业的全球变化以及管理会计职业的全球化，IMA 对其《职业道德守则公告》（SEPP）进行了修订，目的在于协助、指导管理会计专业人士的个人决策。该版 SEPP 于 2017 年 7 月 1 日生效并取代 2005 年发布的旧公告。在 IMA 首要核心道德原则，即诚信、公平、客观和责任的指导下，新版的 SEPP 根据四个标准类别，即能力、保密、正直和可信，列出了会员需要遵守的具体要求。新版公告是 IMA 道德委员会经多年努力，在对多家专业组织的道德准则及国际会计师职业道德准则理事会发布的全球道德标准进行深度研究的基础上，并考虑了 2010 年《多德—弗兰克华尔街改革和消费者保护法》的举报人保护规定，在旧版公告基础上修订而成的综合研究成果。IMA 道德委员会名誉主席 Curt Verschoor 说："自 2005 年以来，会计行业发生了不少变化，本次发布的新版《职业道德守则公告》能够确保我们对会员的职业道德指导与行业发展实践保持同步。新版公告鼓励积极的专业判断、强调个人责任及对举报人的保护。"

2017 年 6 月 16 日，作为我国首家具有法人资格的管理会计师协会——广东省管理会计师协会（简称 GAMA），发布了《中国管理会计能力框架》（简称 GAMA 能力框架），提出了"135"能力框架（"一目标、三维度、五特征"的能力框架）。即以激发管理会计人员最大价值、实现企业价值创造最大化为目标，从职业道德与职业精神、通用技能、专业技能三个维度塑造管理会计师的能力框架，将管理会计能力框架的具体内容归纳为"多技能、善沟通、会管理、有远见、敢担当"。2014 年 6 月，中国总会计师协会召开管理会计能力框架专家研讨会，与会专家认为管理会计师的能力架构涉及价值创造、决策支撑、风险管控、统筹协同、协调服务、考核评价六个方面能力（张成栋，2014）。

与财务会计不同，管理会计并没有严格的法律法规约束，由于决策需求不同，信息提供、沟通的方式也不尽相同。因此，不同的组织、职业团体发布的管理会计职业道德准则可能不完全一致。但为了规范管理会计工作的职业行为，促进管理会计行业发展，提供管理会计执业水平，又必须制定管理会计职业道德标准。根据我国国情和目前现实的需要，我们认为，管理会计的职业道德是管理会计人员在开展管理会计工作中应当具有的职业品德、应当遵守的职业纪律和应当承担的职业责任的总称，它可以分为三个层面：（1）针对个人品德要求。诚信（诚实、讲信用）、敬业，奉公守法；（2）针对职业特点的要求。专业胜任、能力强（对自己的专业知识和能力，精益求精，终身学习）；（3）履行职业行为要求（包括对内部管理者、对客户、对社会等）。客观公正（客观、独立、公正地作出自己的专业判断和决策，不因私利而发表有偏见的观点或虚假信息），保守机密（保守商业秘密和组织机密，未经允许不能泄露任何需保密的信息）。当然，这三个方面的划分不是绝对的，它们之间相互关联。

具体要求如下。

（一）诚信敬业

1. 诚实守信，自觉加强自己的品德修养，在专业人员中起表率作用；
2. 有责任心、有担当，勇于承担责任；
3. 有事业心、有工匠精神，精益求精，追求卓越；
4. 公允、客观地提供和沟通所有与决策相关的信息；
5. 根据组织政策和相关法规的要求，及时报告有关信息以及内部控制及风险管理方面的延迟或者缺陷；
6. 坦诚沟通由于专业限制或其他制约，可能会影响尽责判断和成功履职的行为。

（二）奉公守法

1. 遵守社会主义核心价值观；
2. 奉公行事，遵守法令，按规矩办事；
3. 在管理会计工作中讲政治、讲大局（顾全大局），致力于为组织创造价值；
4. 廉洁奉公，不谋取不道德、不合法的个人利益。

（三）客观公正

1. 避免潜在或者实际上的利益冲突，告知全部当事人所有的潜在利益冲突；

2. 禁止从事任何不利于按职业道德办事的行为；

3. 禁止从事或者支持任何损害管理会计职业的活动；

4. 弘扬积极的道德文化，将职业诚信置于个人利益之上。

（四）保守机密

1. 对管理会计工作中所获取的信息保密，非因有效授权、法律规定或其他合法事由不得披露；

2. 告知有关方面或人员正确使用工作过程中获得的机密信息，监管下属行为，履行保密义务，警惕非故意泄密的可能性；

3. 禁止利用工作时获取的信息牟取不正当利益，或者以有悖于法律法规、组织规定及职业道德的方式使用信息。

（五）专业胜任

1. 通过扩充知识和提高技能（特别是知识整合和创新能力），保持适当水准的专业引领能力；

2. 按照有关的法律法规和技术标准履行职责；

3. 提供准确、清晰、简洁和及时的决策支持信息和建议。

延伸阅读 5 - 1

公民道德建设实施纲要

各省、自治区、直辖市党委，各大军区党委，中央各部委，国家机关各部委党组（党委），军委各总部、各军兵种党委，各人民团体党组：

现将《公民道德建设实施纲要》（以下简称《纲要》）印发给你们，请认真贯彻执行。

加强社会主义思想道德建设，是发展先进文化的重要内容和中心环节。在新的历史条件下，从公民道德建设入手，继承中华民族几千年形成的传统美德，发扬党领导人民在长期革命斗争与建设实践中形成的优良传统道德，借鉴世界各国道德建设的成功经验和先进文明成果，努力建立与发展社会主义市场经济相适应的社会主义道德体系，对形成追求高尚、激励先进的良好社会风气，保证社会主义市场经济的健康发展，促进整个民族素质的不断提高，全面推进建设中国特色社会主义伟大事业，具有十分重要的意义。

各地区、各部门一定要从全面贯彻落实江泽民同志在庆祝中国共产党成立80周年大会上的重要讲话和"三个代表"重要思想的战略高度，充分认识加强公民道德建设的重要性、艰巨性、长期性和紧迫性，把公民道德建设放在突出位置来抓，促进依法治国与以德治国的紧密结合，推动经济和社会的全面发展。要依据《纲要》，结合实际，研究制定贯彻意见和具体措施，并认真组织实施。中央文明委、中央宣传部要对《纲要》的实施工作进行指导和检查，并负责将各地区、各部门贯彻情况向中央报告。

中 共 中 央

二〇〇一年九月二十日

公民道德建设实施纲要

一、公民道德建设的重要性

1. 社会主义道德建设是发展先进文化的重要内容。在新世纪全面建设小康社会，加快改革开放和现代化建设步伐，顺利实现第三步战略目标，必须在加强社会主义法制建设、依法治国的同时，切实加强社会主义道德建设、以德治国，把法制建设与道德建设、依法治国与以德治国紧密结合起来，通过公民道德建设的不断深化和拓展，逐步形成与发展社会主义市场经济相适应的社会主义道德体系。这是提高全民族素质的一项基础性工程，对弘扬民族精神和时代精神，形成良好的社会道德风尚，促进物质文明与精神文明协调发展，全面推进建设中国特色社会主义伟大事业，具有十分重要的意义。

2. 党的十一届三中全会特别是十四大以来，随着改革开放和现代化建设事业的深入发展，社会主义精神文明建设呈现出积极健康向上的良好态势，公民道德建设迈出了新的步伐。爱国主义、集体主义、社会主义思想日益深入人心，为人民服务精神不断发扬光大，崇尚先进、学习先进蔚然成风，追求科学、文明、健康生活方式已成为人民群众的自觉行动，社会道德风尚发生了可喜变化，中华民族的传统美德与体现时代要求的新的道德观念相融合，成为我国公民道德建设发展的主流。

但是，我国公民道德建设方面仍然存在着不少问题。社会的一些领域和一些地方道德失范，是非、善恶、美丑界限混淆，拜金主义、享乐主义、极端个人主义有所滋长，见利忘义、损公肥私行为时有发生，不讲信用、欺骗欺诈成为社会公害，腐化堕落现象严重存在。这些问题如果得不到及时有效解决，必然损害正常的经济和社会秩序，损害改革发展稳定的大局，应当引起全党全社会高度重视。

3. 加强公民道德建设是一项长期而紧迫的任务。面对社会经济成分、组织形式、就业方式、利益关系和分配方式多样化的趋势，面对全面建设小康社会，人民群众的精神文化需求不断增长，面对世界范围各种思想文化的相互激荡，道德建设有许多新情况、新问题和新矛盾需要研究解决。必须适应形势发展的要求，抓住有利时机，巩固已有成果，加强薄弱环节，积极探索新形势下道德建设的特点和规律，在内容、形式、方法、手段、机制等方面努力改进和创新，把公民道德建设提高到一个新的水平。

二、公民道德建设的指导思想和方针原则

4. 根据党在社会主义初级阶段的历史任务，当前和今后一个时期，我国公民道德建设的指导思想是：以马克思列宁主义、毛泽东思想、邓小平理论为指导，全面贯彻江泽民同志"三个代表"重要思想，坚持党的基本路线、基本纲领，重在建设、以人为本，在全民族牢固树立建设中国特色社会主义的共同理想和正确的世界观、人生观、价值观，在全社会大力倡导"爱国守法、明礼诚信、团结友善、勤俭自强、敬业奉献"的基本道德规范，努力提高公民道德素质，促进人的全面发展，培养一代又一代有理想、有道德、有文化、有纪律的社会主义公民。

5. 坚持社会主义道德建设与社会主义市场经济相适应。要充分发挥社会主义市场经济机制的积极作用，不断增强人们的自立意识、竞争意识、效率意识、民主法制意识和开拓创新精神。正确运用物质利益原则，反对只讲金钱、不讲道德的错误倾向，在实践中确立与社会主义市场经济相适应的道德观念和道德规范，为改革开放和现代化建设提供强大的精神动力与思想保证。

6. 坚持继承优良传统与弘扬时代精神相结合。要继承中华民族几千年形成的传统美德，发扬我们党领导人民在长期革命斗争与建设实践中形成的优良传统道德，积极借鉴世界各国道德建设的成功经验和先进文明成果，在全社会大力宣传和弘扬解放思想、实事求是，与时俱进、勇于创新，知难而进、一往无前，艰苦奋斗、务求实效，淡泊名利、无私奉献的时代精神，使公民道德建设既体现优良传统，又反映时代特点，始终充满生机与活力。

7. 坚持尊重个人合法权益与承担社会责任相统一。要保障公民依法享有政治、经济、文化、社会生活等各方面的民主权利，鼓励人们通过诚实劳动和合法经营获取正当物质利益。引导每个公民自觉履行宪法和法律规定的各项义务，积极承担自己应尽的社会责任。把权利与义务结合起来，树立把国家和人民利益放在首位而又充分尊重公民个人合法利益的社会主义义利观。

8. 坚持注重效率与维护社会公平相协调。要把效率与公平的统一作为社会主义道德建设的重要目标，在全社会形成注重效率、维护公平的价值观念。把效率与公平结合起来，使每个公民既有平等参与机会又能充分发挥自身潜力，促进经济发展，保持社会稳定。

9. 坚持把先进性要求与广泛性要求结合起来。要从实际出发，区分层次，着眼多数，鼓励先进，循序渐进。积极鼓励一切有利于国家统一、民族团结、经济发展、社会进步的思想道德，大力倡导共产党员和各级干部带头实践社会主义、共产主义道德，引导人们在遵守基本道德规范的基础上，不断追求更高层次的道德目标。

10. 坚持道德教育与社会管理相配合。要广泛进行道德教育，普及道德知识和道德规范，帮助人们加强道德修养。建立健全有关法律法规和制度，把公民道德建设融于科学有效的社会管理之中。逐步完善道德教育与社会管理、自律与他律相互补充和促进的运行机制，综合运用教育、法律、行政、舆论等手段，更有效地引导人们的思想，规范人们的行为。

三、公民道德建设的主要内容

11. 从我国历史和现实的国情出发，社会主义道德建设要坚持以为人民服务为核心，以集体主义为原则，以爱祖国、爱人民、爱劳动、爱科学、爱社会主义为基本要求，以社会公德、职业道德、家庭美德为着力点。在公民道德建设中，应当把这些主要内容具体化、规范化，使之成为全体公民普遍认同和自觉遵守的行为准则。

12. 为人民服务作为公民道德建设的核心，是社会主义道德区别和优越于其他社会形态道德的显著标志。它不仅是对共产党员和领导干部的要求，也是对广大群众的要求。每个公民不论社会分工如何、能力大小，都能够在本职岗位，通过不同形式做到为人民服务。在新的形势下，必须继续大张旗鼓地倡导为人民服务的道德观，把为人民服务的思想贯穿于各种具体道德规范之中。要引导人们正确处理个人与社会、竞争与协作、先富与共富、经济效益与社会效益等关系，提倡尊重人、理解人、关心人，发扬社会主义人道主义精神，为人民为社会多做好事，反对拜金主义、享乐主义和极端个人主义，形成体现社会主义制度优越性、促进社会主义市场经济健康有序发展的良好道德风尚。

13. 集体主义作为公民道德建设的原则，是社会主义经济、政治和文化建设的必然要求。在社会主义社会，人民当家做主，国家利益、集体利益和个人利益根本上的一致，使集体主义成为调节三者利益关系的重要原则。要把集体主义精神渗入社会生产和生活的各个层面，引导人们正确认识和处理国家、集体、个人的利益关系，提倡个人利益服从集体利益、局部利益服从整体利益、当前利益服从长远利益，反对小团体主义、本位主义和损公肥私、损人利己，把个人的理想与奋斗融入广大人民的共同理想和奋斗之中。

14. 爱祖国、爱人民、爱劳动、爱科学、爱社会主义作为公民道德建设的基本要求，是每个公民都应当承担的法律义务和道德责任。必须把这些基本要求与具体道德规范融为一体，贯穿公民道德建设的全过程。要引导人们发扬爱国主义精神，提高民族自尊心、自信心和自豪感，以热爱祖国、报效人民为最大光荣，以损害祖国利益、民族尊严为最大耻辱，提倡学习科学知识、科学思想、科学精神、科学方法，艰苦创业、勤奋工作，反对封建迷信、好逸恶劳，积极投身于建设中国特色社会主义的伟大事业。

15. 社会公德是全体公民在社会交往和公共生活中应该遵循的行为准则，涵盖了人与人、人与社会、人与自然之间的关系。在现代社会，公共生活领域不断扩大，人们相互交往日益频繁，社会公德在维护公众利益、公共秩序，保持社会稳定方面的作用更加突出，成为公民个人道德修养和社会文明程度的重要表现。要大力倡导以文明礼貌、助人为乐、爱护公物、保护环境、遵纪守法为主要内容的社会公德，鼓励人们在社会上做一个好公民。

16. 职业道德是所有从业人员在职业活动中应该遵循的行为准则，涵盖了从业人员与服务对象、职业与职工、职业与职业之间的关系。随着现代社会分工的发展和专业化程度的增强，市场竞争日趋激烈，整个社会对从业人员职业观念、职业态度、职业技能、职业纪律和职业作风的要求越来越高。要大力倡导以爱岗敬业、诚实守信、办事公道、服务群众、奉献社会为主要内容的职业道德，鼓励人们在工作中做一个好建设者。

17. 家庭美德是每个公民在家庭生活中应该遵循的行为准则，涵盖了夫妻、长幼、邻里之间的关系。家庭生活与社会生活有着密切的联系，正确对待和处理家庭问题，共同培养和发展夫妻爱情、长幼亲情、邻里友情，不仅关系到每个家庭的美满幸福，也有利于社会的安定和谐。要大力倡导以尊老爱幼、男女平等、夫妻和睦、勤俭持家、邻里团结为主要内容的家庭美德，鼓励人们在家庭里做一个好成员。

四、大力加强基层公民道德教育

18. 提高公民道德素质，教育是基础。要紧紧抓住影响人们道德观念形成和发展的重要环节，通过家庭、学校、机关、企事业单位和社会各方面，坚持不懈地在全体公民中进行道德教育，把建设中国特色社会主义的思想观念和道德要求，不断灌注到全体党员和干部群众的头脑之中，使人们懂得什么是对的，什么是错的，什么是可以做的，什么是不应该做的，什么是必须提倡的，什么是坚决反对的。

19. 家庭是人们接受道德教育最早的地方。高尚品德必须从小开始培养，从娃娃抓起。要在孩子懂事的时候，深入浅出地进行道德启蒙教育；要在孩子成长的过程中，循循善诱，以事明理，引导其分清是非、辨别善恶。要在家庭生活中，通过每个成员良好的言行举止，相互影响，共同提高，形成好的家风。

20. 学校是进行系统道德教育的重要阵地。各级各类学校必须认真贯彻党的教育方针，全面推进素质教育，把教书与育人紧密结合起来。要科学规划不同年龄学生及各学习阶段道德教育的具体内容，坚持贯彻学生日常行为规范，加强校纪校风建设。要发挥教师为人师表的作用，把道德教育渗透到学校教育的各个环节。要组织学生参加适当的生产劳动和社会实践活动，帮助他们认识社会、了解国情，增强社会责任感。

21. 机关、企事业单位是对公民进行道德教育的重要场所。各类机关、企事业单位应当从自己的实际出发，有计划、有重点地抓好道德教育。要把道德特别是职业道德作为岗前和岗位培训的重要内容，帮助从业人员熟悉和了解与本职工作相关的道德规范，培养敬业精神。要把遵守职业道德的情况作为考核、奖惩的重要指标，促使从业人员养成良好的职业习惯，树立行业新风。

22. 社会是进行公民道德教育的大课堂。党政各部门、社会各方面以及城市社区、农村基层组织在公民道德教育中，有着义不容辞的责任。要结合各自的工作职能，运用多种形式和手段，大力宣传基本道德知识、道德规范和必要礼仪，使之家喻户晓、人人皆知。要积极开发优秀民族道德教育资源，利用各种爱国主义教育基地，进行历史和革命传统教育。要不断充实富有时代特色的道德教育内容，推广群众易于接受的各种教育方式。各类市民学校、职工学校、民工学校、农民夜校、家政学校等，要通过编写和运用通俗易懂的简明教材，对公民进行道德教育。

23. 家庭、学校、机关、企事业单位和社会在公民道德教育方面各有侧重、各有特点，是相互衔接、密不可分的统一整体。必须把家庭教育、学校教育、单位教育和社会教育紧密结合起来，相互配合，相互促进。要突出加强社会教育，巩固家庭教育、学校教育、单位教育的成果，促进公民道德教育的深化。

五、深入开展群众性的公民道德实践活动

24. 公民道德建设的过程，是教育和实践相结合的过程。以活动为载体，吸引群众普遍参与，是新形势下加强公民道德建设的重要途径。每个公民既是道德建设过程的参与者，也是道德建设成果的受益者，要坚持在各种类型的群众性精神文明创建活动中突出思想内涵，强化道德要求，使人们在自觉参与中思想感情得到熏陶，精神生活得到充实，道德境界得到升华。

25. 以"讲文明树新风"为主题的创建文明城市、文明村镇、文明行业活动，各级党政机关开展的创先争优、依法行政、公正执法、做人民满意公务员活动，以及社会各界组织的"希望工程""送温暖""志愿者""手拉手""幸福工程""春蕾计划""扶残助残"等公益活动，覆盖面广、参与人数多，对公民道德建设有着深刻的影响。要在各项创建活动中充分体现社会公德、职业道德、家庭美德的内容，明确具体标准，制定落实措施，力求取得实效。

26. 中华人民共和国以来特别是改革开放和社会主义现代化建设中涌现出来的先进集体、先进人物，是实践社会主义道德的榜样。要广泛开展向先进典型学习的活动，善于发现和运用先进典型，树立可亲、可敬、可信、可学的道德楷模，让广大群众学有榜样、赶有目标、见贤思齐，从先进典型的感人事迹和优秀品质中受到鼓舞、汲取力量，使先进典型的高尚情操成为社会的共同财富。

27. 各种重要节日、纪念日，蕴藏着宝贵的道德教育资源。要利用"五四""七一""八一""十一"等革命节日，"三八""五一""六一"等国际性节日，以及民间传统节日和重大历史事件、历史人物纪念日等，举行形式多样的群众性庆祝、纪念活动，使人们在集体聚会、合家团圆的同时，增强对祖国、对家乡、对自然、对生活的热爱，陶冶道德情操。

28. 开展必要的礼仪、礼节、礼貌活动，对规范人们的言行举止，有着重要的作用。要提倡在重要场所和重大活动中升国旗、唱国歌，开展入队、入团、入党宣誓、成人仪式以及各种形式的重礼节、讲礼貌、告别不文明言行等活动，引导公民增强礼仪、礼节、礼貌意识，不断提高自身道德修养。

29. 各种道德实践活动源于基层、扎根群众，反映了人民群众对美好生活的向往和追求，有着强大的生命力。要因势利导，发挥基层组织和群众团体的骨干作用、先进典型和先进单位的带动作用、广大群众的主体作用，坚持从具体事情做起、从群众最关心的事情抓起，使道德实践活动与各项业务工作紧密结合，贴近基层、贴近群众、贴近生活，防止和克服形式主义，促进公民道德建设稳步向前发展。

六、积极营造有利于公民道德建设的社会氛围

30. 大众传媒、文学艺术以及体育活动，对公民道德建设有着特殊的渗透力和影响力。一切思想文化阵地、一切精神文化产品，都要宣传科学理论、传播先进文化、塑造美好心灵、弘扬社会正气、倡导科学精神，大力宣传体现时代精神的道德行为和高尚品质，激励人们积极向上，追求真善美；坚决批评各种不道德行为和错误观念，帮助人们辨别是非，抵制假恶丑，为推进公民道德建设创造良好的舆论文化氛围。

31. 广播、电视、报纸、刊物等大众媒体，要坚持团结稳定鼓劲、正面宣传为主，牢牢把握正确舆论导向，满腔热情地宣传两个文明建设中涌现出来的、反映新时期道德要求的新事物、新典型。要利用群众喜爱的名牌栏目，加强对社会普遍关注的道德热点问题的引导。要积极开展舆论监督，有力地批评背离社会主义道德的错误言行和丑恶现象。要发动群众参与，对具有典型意义的人和事展开讨论。计算机互联网作为开放式信息传播和交流工具，是思想道德建设的新阵地。要加大网上正面宣传和管理工作的力度，鼓励发布进步、健康、有益的信息，防止反动、迷信、淫秽、庸俗等不良内容通过网络传播。要引导网络机构和广大网民增强网络道德意识，共同建设网络文明。

32. 电影、电视剧、戏曲、音乐、舞蹈、美术、摄影、小说、诗歌、散文、报告文学等各类文艺作品的创作，要积极反映改革开放和现代化建设的火热生活，热情讴歌人民群众的开拓进取精神和良好道德风貌，以其独特形式和艺术魅力，给人以鼓舞、启迪和美的享受。要在各种文艺评论、评介、评奖中，把是否合乎社会主义道德作为一条重要标准。要加强对人们审美观念的引导，提倡高雅、健康的审美情趣。要坚决制止出版、播映、演出格调低下的作品和节目，依法打击反动、淫秽及各种非法出版物，让健康的文化产品占领思想文化阵地。要切实加强对娱乐服务场所的监督管理，严厉打击赌博、吸毒等社会丑恶现象。各种类型的商业性广告，要注意文化艺术品位，不得出现有损道德、有伤风化的内容。要大力提倡各种形式的社会公益广告，净化人们心灵，优化人文环境。各种类型的体育活动，要精心组织、加强引导，吸引群众参与，以健康向上、团结拼搏的氛围，激发人们的团队精神和爱国热情。

七、努力为公民道德建设提供法律支持和政策保障

33. 公民道德建设是一个复杂的社会系统工程，要靠教育，也要靠法律、政策和规章制度。必须综合运用各种手段，把提倡与反对、引导与约束结合起来，通过严格科学的管理，培养文明行为，抵制消极现象，促进扶正祛邪、扬善惩恶社会风气的形成、巩固和发展。

34. 加强社会主义法制，是公民道德建设健康发展的重要保证。要按照建设社会主义法治国家的要求，把道德建设与法制建设紧密结合起来。在认真抓好全民法制宣传教育的同时，加大执法力度，严厉打击危害社会的各种违法犯罪活动，维护正常经济秩序、公共秩序、生活秩序，为公民道德建设提供强有力的法律支持。

35. 各项经济、社会政策，对人们的价值取向、道德行为有着直接影响。各地区、各部门在制定政策时，不仅要注重经济和社会事业发展的需要，而且要体现社会主义精神文明和公民道德建设的要求。既要保护和支持所有通过正当、合法手段获取个人和团体利益的行为，又要提倡和奖励多为他人和社会做奉献、道德高尚的行为，防止和避免因具体政策的不当或失误给社会带来消极后果，为公民道德建设提供正确的政策导向。

36. 公民良好道德习惯的养成是一个长期、渐进的过程，离不开严明的规章制度。各地区、各部门、各行业和各基层单位在建立健全规章制度时，要充分体现相关的道德规范和具体要求。要把思想引导与利益调节、精神鼓励与物质奖励统一起来，加强督促检查，严格考核奖惩，确保各种行政规章以及道德守则和公约在实践中得到落实，为公民道德建设提供有效的制度保障。

八、切实加强对公民道德建设的领导

37. 各地区、各部门必须始终不渝地坚持"两手抓、两手都要硬"的方针，充分认识新形势下加强公民道德建设的重要性、艰巨性、长期性和紧迫性，把它作为一项十分重要的工作，放在突出位置，提供有利条件，下决心狠狠地抓，一天不放松地抓，从具体事情抓起。

38. 加强公民道德建设，共产党员和领导干部的模范带头作用十分重要。广大党员特别是各级领导干部要讲学习、讲政治、讲正气，牢记党的根本宗旨，努力改造主观世界，加强道德修养，自重、自省、自警、自励。要严格遵守党员领导干部廉洁从政的有关规定，清正廉洁，勤政为民，要求群众做到的自己首先做到，要求群众不做的自己坚决不做。要教育好自己的配偶和子女，管好身边的工作人员，自觉接受党组织和群众的监督，用良好的道德形象取信于民，带动广大群众进一步做好工作。

39. 推进公民道德建设，需要社会各方面的共同努力。各级宣传、教育、文化、科技、组织人事、纪检监察等党政部门，工会、共青团、妇联等群众团体以及社会各界，都应当在党委的统一领导下，各尽其责，相互配合，把道德建设与业务工作紧密结合起来，纳入目标管理责任制，制定规划，完善措施，扎实推进。要充分发挥各民主党派和工商联在公民道德建设中的作用。

40. 各级文明委和党委宣传部，在公民道德建设中担负着指导、协调、组织的具体职责。要深入实际，调查研究，了解新情况，分析新问题，及时发现、总结和推广群众创造的新鲜经验，探索道德建设规律，改进方式方法，指导面上工作。要在一定时期内，集中力量抓好若干社会影响大、示范作用强、受群众欢迎的实事，促进一些难点问题的解决。

延伸阅读 5 - 2

转变中的中国政治文化结构①

王沪宁

当代政治学受世界一体化进程的推动，日益认识到不同社会和不同民族文化差异的政治意义。自然障碍的逾越，人为藩篱的冲破，排外心理的消除，是文化因素走入政治科学殿堂的阶梯。本尼迪克特对日本文化的研究，可以视为这个进程的起步：人类社会必然会为自己的生活作出某种设计，它会赞成某些应付事态的方式和某些估量事态的方式，生活在那个社会中的人们把这些解决问题的方法视为整个世界的基础。今天，人们比以往任何时候都更加清楚地认识到，政治生活不单单由诸如制度、体制、权力、规范等"硬件"构成，还有"软件"亦即潜在的或内在的命令，如价值、感情、心理、态度等。政治文化分析恰恰是适应人们的这种认识要求而生的。中国政治正处在变革之中。在这种情势下，审视其政治文化的历史结构和因素结构、历时性结构和共时性结构、既存结构和发展结构，很有必要。

1. 中国政治文化历来是一种"文化中轴的政治文化"，它异于西方"制度中轴的政治文化"。所谓"文化中轴的政治文化"，指的是政治文化本身与家庭生活、社会生活、道德生活和伦理生活有着千丝万缕的联系，政治文化弥散在更宏大的社会文化之中，社会通过一定的文化机制和一定文化形态下形成的主体文化沉淀作用于政治生活，社会生活和伦理生活的展开便是政治生活的实现。"制度中轴的政治文化"则较为明确地划分政治领域和上述其他领域，更多地肯定了主体在不同领域中的不同身份，建立了政治生活特有的程序、机制、功能和结构。近代以来，中国政治文化古已有之的结构多次遇到冲击，起伏跌宕，

---

① 载《复旦学报》（社会科学版）1988 年第 3 期。

既有域外文化的渗入，又有内部文化的嬗变，但其主体精神却难说有根本的改造，"文化中轴的政治文化"依然是认识中国政治生活不可或缺的维度，也是人们构划政治体制改革时不应撇开的基础。"文化中轴的政治文化"也罢，"制度中轴的政治文化"也罢，均不是人们随心所欲选择的结果，而是一定社会发展水平、一定社会结构、一定主体的精神状况等因素交互作用的结果，亦即汤因比所说的，人类社会的规范、风俗、习惯是互相关联的，形成了一个网络，制约人类生活各个领域的规范，也许彼此间并无逻辑上的关系。但是，这种意义上的心理联系显然是存在的。社会演进往往是缓慢的，其表层有时虽然可以在几年或几十年中间变得面目全非，但社会关系的深层变化却小得多。因此，细察中国社会之状况，应当将历史—社会—文化条件与其联在一起，舍此不行。

由此可以认为，无论是考察今天的中国社会政治发展，还是分析历史的沿革，政治文化的作用都不可低估。近代以来，中国政治走上从"文化中轴的政治文化"向"制度中轴的政治文化"过渡的漫长道路，但目前中国政治发展的主要轨道仍没有超出这一历史进程；准确地说，近几年的变革，是这个漫长过程中节奏最快的时刻。现今中国社会的政治文化已处在转变之中。从社会发展来说，中国社会正在从政治动员型社会走向经济动员型社会，从产品经济走向商品经济。政治生活只是社会生活中的一个结构，或曰一个系统，在大系统发生变化时，政治会发生两个方向的变化：一是随历史—社会—文化的变革而变革，从而适应并推进社会变革；二是超越经济社会变革的现有限度，超前转变，成为执导社会经济变革的观念和心理力量。无论是哪种方向，都离不开一定的政治文化的辅佐。

2. 政治文化的力量是潜移默化的，又是强大有力的。如果我们把社会政治生活比喻为辽阔大海上的冰山，那下面庞大的部分便是社会的政治文化。美国学者 S. N. 艾森施塔特说，至关重要的是要把政治过程与社会文明更广大的背景结合起来，文明设定政治过程，政治过程在文明中发展成长。在中国特定的文化背景下，政治文化的功效尤为显著。这一则出于政治文化的发达，另一则由于社会对政治文化的认同。根据中国公民政治心理调研组从 3 204 份问卷的 740 万个数据的分析（1987 年 8 月），中国社会公民的政治敏感性层次很高。在被调查对象中，有 83.51% 的公民认为应当关心国家大事，有 77.67% 的人对政治局势的稳定和局部波动表示"非常留心"和"比较留心",有57.01%的公民表示具有某种政治信念,有49.13%的公民认为应当不顾一切地为自己的政治信念进行奋斗,还有56.99%的公民表示愿意谈论政治问题。这些数据并没有揭示公民政治文化的具体构成和具体内容,但它们显现了政治文化可以产生的作用。由于长期的文化熏染,中国社会大众的政治敏感性很高。这种敏感性因现代政治的发展空前强化,反过来又构成"文化中轴的政治文化"得以存在的一项条件。美国著名政治学者罗伯特·达尔在分析"政治人"的概念时,曾区分了无政治阶层、政治阶层、谋求权力者、有权者等不同范畴,以分析他们在政治生活中扮演的不同角色。用达尔的概念似乎还不宜对"文化中轴的政治文化"中的人做分类,因为他根据人们对制度的态度和关系来分类。在中国,大部分人都属于文化政治阶层,这一特征决定了政治文化在中国政治生活中的基本作用。

文化政治阶层本身是个成份复杂的整体,不能一概而论。但文化政治阶层与制度政治阶层(达尔意义上的政治阶层)大为不同,起的作用显然也不同。制度政治阶层主要是依其对政治过程的参与而判定和划分的,也就是"确实去参与政治生活"。而在中国的文化氛围中,政治文化的效能和力量来自大众的认同或不认同,感应或不感应,纳入或不纳入,而非一定要身体力行。不难看出,这既是文化特征,又是体制特征,既是功能特征,又是结构特征。此间得出的政治文化转变的重要性只是初级产品,高级产品是什么,值得深长思之。

文化发展首先也是一种历时性的过程。政治文化是较为宽泛的概念,不同的学者对它有不同的规定。阿尔蒙德提出,政治文化是一个民族在特定时期流行的一套政治态度、信仰和感情,这个政治文化是由本民族的历史和现在社会、经济、政治活动过程中形成的。一般认为,政治文化包括政治认识性成份、政治情感性成份、政治价值性成份和政治理想性成份,由它们聚成一个整体。这些成份都需要一个历史的加工、提炼、凝固和溶化过程。因此,剖析中国政治文化的转变,首先要考虑政治文化的历时性结构,这是解析当代政治文化的历史背景。舍此,既把握不住当代政治文化与传统政治文化之间的亲亲血缘关系,也把握不住当代政治文化转变的幅度及历史动因。

分析当代中国政治文化的历时性结构,以下变量是不可不选择的。

第一,古典结构,即中国传统文化中政治文化的基本内容和基本精神。中国传统政治文化重心性、重伦理、重修身、重至善、重道德，因而政教不分，政学相同。西方政治文化重社会、重法制、重权力、重制约，因而政教相分，政学相分。西方政治文化形成的"集体无意识"是重外部调节，即通过一定的政治制度、权力关系、权力运用、法律制度等机制调节人的行动，达到政治目的或政治理想。中国政治文化铸造的"集体无意识"则强调仁义礼智信，忠孝悌恕勇，天地君亲师，格物致知诚意正心修身齐家治国平天下，强调通天人一内外，内圣外王。在这种精神主导下，则有忠君、草民等种种观念萌发。由于古典政治文化的精神未易，其具体成份也难变。儒家以追求人性为基本，治平为标的，追求"广大悉备，圆融和谐"，使政治文化乳化在整个文化之中，界限不明。这既压抑了政治文化的成长，又巩固了政治文化。当然，政治文化中的古典结构，是历史选择过的结构，不能简单地将以往的东西完全加之于今天。古典结构只是当今政治文化的一分子，若用它来解释和透视整个中国政治文化，是不公允的。古典结构包含的具体成份也在演化之中。

第二，近代结构，即近代以来维新变法、批判赞文化所形成的结构。这个结构的形成过程始于鸦片战争，直至五四新文化运动达到高点。五四运动否定传统，追求西方文化，诚如李泽厚先生所言：这在中国数千年的文化史上是划时代的。实际上，近代结构与古典结构是认识论上的两极。现代结构的内在意义在于西方民主主义文化，在于洛克、孟德斯鸠、卢梭、潘恩、杰佛逊等人提倡的自然权利、主权在民、社会契约、权力分立等观念。这些观点与古典结构的精神是相悖的，它们之间有着长期、激烈的较量。应当说，经过将近一百五十年的消长，近代结构的存在已很确定，至少在具体成份上，它是压倒古典结构的。可以看到，近代结构有其历史局限性和地理局限性，从更高的理想追求来说，它也有原则上的局限性。这同其产生的渊源有关。但这一结构是近代中国没有达到的境界，故特别具有吸引力。

第三，最近结构，即 1949 年以后在马克思主义和社会主义指导下形成的政治文化结构。它较为年轻，且自身变革和改造最多，其形成和发展与中国的新民主主义革命和社会主义革命相辅相成，也与"革命后社会"的特性有关。按理，最近结构可以超越古典结构和近代结构，但由于中国社会的特定状况，前者无法一蹴而就，往往与后两者交织在一起，形成一种复杂的实态。最近结构以马克思主义政治价值观为主导，以超越近代结构为目的，更不去言古典结构。然而，最近结构需要一定的社会经济条件才能超越，这也是当时设计者立论的基础。这一点在从半殖民地半封建状态中脱胎出来的社会主义中国还不具备，加之旧的结构所依赖的社会经济关系和人伦关系尚未彻底改变，最近结构虽然成为主导，可并没有全然排除其他历时性结构，有时往往还会遇到它们的严峻挑战。交锋的结果是最近结构被高度强化，其中最激烈的成份被扩大，以压倒其他结构。这个过程是必然的，也是实际所要求的，因为不如此，新的制度就有可能站不住脚。但是，强化在客观和主观因素的作用下走向了极度，反而破坏了自己的存在。"文革"便是这种演变的结果。"文革"实质上是最近结构的一种更替。"文革"形成的政治文化成份脱开了其产生的母体，也脱开了社会需求和社会价值体系。"文革"之后，又发生一次更替，"文革"结构被从原则上否定，建设起来的结构一方面是对"文革"前结构的恢复，另一方面是对社会政治经济文化发展需要的判明和适应。因此说，最近结构既形成了又没有形成。说其形成，是因为它也有几十年的发展历程了；说其没有形成，是因为自我否定不断，还在寻求自己的血肉之躯。任何政治文化的成份都是不断衍生、不断变化、不断升华的，不能希望转眼之间形成一种政治文化形态。不过，最近结构的否定之否定，的确值得注意，它会对社会政治生活和大众政治心态产生重要的影响。不能忘记，最近结构是中国政治文化的主体结构。

从历史演进观之，近代以来，中国政治文化始终在不断地自我更新或自我否定。每一个历时性结构都意味着对前一种结构的否定或批判，结局是没有形成较为稳定的价值系统。每一种新的价值系统还没有渗透社会政治文化的土壤就被淘汰了。政治文化的更新与新价值系统的形成关系密切，尤其与新价值系统的社会化有关。新的价值系统渗透政治文化，并能够驱逐旧的价值系统，支撑新的政治文化，需要相当长的时间。一种价值系统只有成为帕斯卡尔所言的"第二天性"，才真正坚实稳固。世界上具有这一条件的国家并不多见。西方发达国家从文艺复兴开始形成新的价值系统，大约经过三百年左右的时间才完成社会化的过程，近代以降，中国政治文化中的价值系统大约处于五十年来一番彻底改造的节拍中，古典结构往往潜在地、不声不响地延续下来，乃至进入后两个结构，而由社会变革或历史运动推动的价值更新，却不合人意。这是中国政治文化转变时期重要历史参据。其中更为根本的原因应由深奥的哲学思辨来分析，不属本文范围。

3. 政治文化除有历时性结构的一面外，还有其共时性结构的一面。从某种意义上锐，共时性结构的作用更至关重要。历时性结构最终会加入共时性结构，成为共时性结构的组成分子。自然，在文化意义上，共时性结构的每一部分均有其历时性，沉积的历时性结构也都会表现为共时性结构。当代中国政治文化的这种症状尤为明显。因此，言转变中的中国政治文化结构，必须言其共时性结构。共时性结构表示着一种因素组合关系。每个因素自身在变化着，这些变化一方面改变着政治文化中各种成份的关系，另一方面催促着社会政治文化的转变。

共时性结构的解剖颇为复杂，甚至可以说是不可能完善的。政治文化的弥散性，使其具有较大的模糊性。加之政治文化包括的面较为宽泛，因素结构的分解很难。转变中的中国政治文化具有异常复杂的共时性结构，在中国社会大幅度变革的推动下，各种因素都在或多或少地发生转变。粗线条地看，历时性结构的沿革已使我们得以确定传统政治文化的存留、近代政治文化的成份和最近政治文化的要素这样三个大块，它们实际上相互作用着、较量着又相互补充着，是目前政治文化的主干。这只是概而论之。政治文化的差异还要包括世代之间、男女之间、城乡之间、阶层之间、团体之间、民族之间的差异，包括政治认识、政治情感、政治价值和政治理想之间的吻合与分歧，包括人们对政治权力、政治体制、政治结构、政治功能和政治产品的偏重和评价等。平心而论，政治文化是一个捉摸不到的对象，因为它太广大无边。这的确是政治文化分析的一大难题。然而，做理论上的设计还是有益于分析问题的。大体上，可以将政治文化的共时性结构分在以下框架中。

第一，因素结构，即政治文化所包括的各类性质的构成因素。因素结构本身是多层次、多向性的。因素结构可以是传统政治观念、近代政治观念、马克思主义政治观念以及中国社会实际形成的政治观念，由此产生的心理、情感和理想也与之相应；也可以是价值体系的不同组成因素。

第二，群体结构，即由于某种条件而形成特定界限的群体的亚政治文化。这可以由职业、教育水平、社会地位、种族、语言、年龄等来划分。我们可以从附录看到年龄差别对人们政治观念的影响。群体结构是政治文化中动态的结构，也是载体结构，因素结构只有与它复合起来才有意义，下面讲的功能结构和地理结构也相似。

第三，功能结构，即围绕政治体制的各种功能而产生的亚政治文化，如对政治体系领导功能、行政功能、决策功能、扶助功能、发展功能、立法功能、管制功能等特殊领域的认知、感情和评价。这部分亚政治文化往往制约政治体制的功能选择和功能分配，直至制约政治活动的样式。我们在转变政府功能上（变直接管理为间接管理，变微观管理为宏观管理，变行政干预为法律调节等）遇到了种种困难，其中就有功能亚政治文化的错位问题。一旦政府功能变革了，人们长期形成，对政府功能的观念如不及时加以调整，就会成为制约力量。当然，功能变革本身总会推动亚政治文化的转变，只不过不那么迅速。

第四，地域结构，即因地理位置不同；从而因经济发展水平和风俗习惯的不同而产生的亚政治文化。在中国，这层亚政治文化结构尤为错综复杂，民族区域之间的政治文化差异、城乡之间亚政治文化的差异、东西部之间的亚政治文化的差异，尤其是乡土政治文化的分析和转变，都令人注目。中国有80%的人口在农村，所以政治文化的大部分载体在农村。由于经济长期不发达，商品经济始终未能搅动这潭静水，这里的传统结构尤其坚固、耐久。费孝通先生所分析的"乡土中国"，所谓的"差序格局""家族""男女有别""礼治秩序""血缘关系"依然存在，只是程度不同罢了。这潭静水随着近年来承包责任制、开放搞活和商品经济的到来而开始发生变化，但有时又往往表现为一种新形式与旧成份的畸形成长。甚至可以说，在许多遥远的乡土文化中，还没有形成现代的政治意识和政治概念，现代政治语言包罗的是乡土家族文化和亲缘文化的内容，与城市政治文化有较大反差。中国乡土政治文化这个大头长期没有得到真正的开发，现在只能说开始转变。除此之外，其他的地域结构也在转变中。

以上只是粗略的分析，况且只是一种分法，政治文化成份和因素五彩缤纷，任何分类都只能是理论的说明，而非事实的摄像。这四种共时性结构你中有我，我中有你，相互渗透，相互包含，作为一个系统综合地发生作用。

强调共时性结构，就要强调它们处在转变之中。中国政治文化正在发生深刻的转变，多政治文化中传统的、保守的、封闭的、集中的、主观的、武断的成份正在向新型的、开放的、分散的、客观的、民主的成份转变。这场转变既是历史转变的继续，又是新转变的发轫。当代中国政治文化有着玄远的历史动力，它是近代以来中国政治文化转变的继续，是对古典、近代和最近的历时性结构的超越和扬弃。这场转变有着深刻的社会、经济和文化原因。

它首先发源于革命后社会本身的转变。我曾提出现阶段革命后社会发展的一般趋势是：（1）思想路线经过总体性革新；（2）现代化建设成为社会主义主体工程；（3）市场机制作为计划经济的辅助手段；（4）政治生活走向制度化和法律化；（5）传统的各项体制经过改革逐步让与新的体制；（6）与外部世界发生了全方位的联系；（7）民主观念和民主权利得到充分的肯定；（8）现代化科学技术的全面开发和应用；（9）文化艺术教育的全面展开；（10）社会全体成员能动精神和创造精神的积极焕发。总体的现实社会变革，必然会影响政治文化的转变。今天，中国政治文化转变的动因在改革和开放。改革和开放孕育新的政治文化成份，新的政治文化成份又可滋润改革和开放。也就是马克思所言："物质生活的生产方式制约着整个社会生活、政治生活和精神生活的过程。"不过，新政治文化成份的生长一般均较为缓慢，在其没有接替旧成份之前，既存政治文化的相当成份往往起制约或抑制的作用，而非促进作用。

当代政治文化的转变除经济社会的推动外，本身又与社会文化处在共时性结构之中。近十年来中国社会文化处在快速的转变之中，归纳起来，这场转变大致有下述十个特点：（1）从革命性文化转向建设性文化；（2）从政治倾向文化转向经济倾向文化；（3）从整体性文化转向个体性文化；（4）从单一维度文化转向多样维度文化；（5）从精神偏重文化转向物质偏重文化；（6）从原则论证文化转向操作论证文化；（7）从目标分析文化转向过程分析文化；（8）从理想描绘文化转向现实描绘文化；（9）从单渊源文化转向多渊源文化；（10）从衍生性文化转向创新性文化。这是些高度提炼的表述，每一个命题都有丰富多彩的内容，这里无法展开论述。中国政治文化的转变也具有上述特点。社会文化的转变作用于政治文化的共时性结构，不过，政治文化的不同结构并非均衡地受到压力，它们各自的转变速度和幅度不尽相同。各类亚政治文化在转变速度和幅度上的差异性是转变中的中国政治文化的一个重要特点。

4. 综合中国政治文化近代以来的演化，基本上是这样一个过程，即从"文化中轴的政治文化"向"制度中轴的政治文化"转变。这个过程不断地被政治、社会和文化的变故打断，又不断地但缓慢地进行着。20 世纪以来，这个转折尤为突出。产生这种转折有多种原因，西方社会经济、技术、科学、文化的"示范"效应首当其冲。明显的是，向"制度中轴的政治文化"转变，并没完成，处于逐渐递进的过程。在许多情况下，"制度中轴的政治文化"只是一种向往或理想，现实进程更为蹒跚。"文化中轴的政治文化"扎根于中国历史—社会—文化的深厚且肥沃的土壤，不可能轻而易举地被变革，只有现实变革了，它才会发生变革，而且这种变革往往不同步。

伴随着这个进程，是本土政治文化结构一而再、再而三有力地表现出来。近代至今，中国政治文化的主体结构遇到几番彻底转向。近代结构对古典结构的否定，首先使千年沿袭的价值系统受到威胁，新的价值系统开始移植进政治文化，生长发育，形成"文化中轴的政治文化"和"制度中轴的政治文化"的双重价值系统。更大的转向发生在社会主义制度建立之后。近代结构基本上基于西方近代民主主义的价值系统，它本来与中国社会的人伦秩序和社会秩序就有距离，所以根基不牢。最近结构是近代结构所依赖的价值系统的对立物，逻辑的结果是对近代结构的否定。于是，中国政治文化具备了三重价值系统，其中最近结构的价值系统排斥其他两者。最近结构发展，由于种种原因，走向片面，发展到极端，偏离了马克思主义的价值系统，在心理深层和意识深层为极"左"思潮及实践创造了氛围。这套偏向的价值系统通过政治权威和强制逐步建立起来，曾在中国社会发生过举足轻重的影响。所以，"左"的思潮以至十年动乱，不仅有体制的原因，更重要的是有适应助长它的文化氛围。这应是最有启发的历史教训。

1949 年之后，近代以来从"文化中轴的政治文化"向"制度中轴的政治文化"转变的步伐放慢了。除了人们主观上否定以西方民主主义为基础的价值系统以及它不适应于社会主义制度的重要原因之外，还有更为神奇的原因。深究之，西方民主主义源于法学世界观，即将国家与法视为社会的主导力量和决定因素，这和它从封建社会生产的条件有关。马克思主义不同于法学世界观，它是一种社会学或经济学世界观，即注重市民社会以及这个社会的内在机制和内在关系，注重生产力和生产关系所表现的社会形态，政治和政治文化被确定为受前者制约的因素。马克思主义在西方民主主义的基础上超越这种价值系统，从更广阔的层面改造社会，推进人类生活，力图通过变革广义社会文化（包括经济文化和生产文化）变革社会。在这里，跨过一级台阶就可能产生迥然不同的结局。中国社会主义革命确定了马克思主义的统治地位，一方面中国并没有马克思主义力图超越的那种价值系统。出乎意料的是，"制度中轴的政治文化"被无意地制止了，而"文化中轴的政治文化"却获得了意想不到的发展环境，继续生长，甚至介入马克思主义政治文化的价值系统，表现为一些奇特结合与联体。一些古典结构的东西挣脱了近代结构对它的压抑，变换形态在可能的空间复生。制度因素不发达，社会有序就得依靠文化，这是非常现实的，并非有意识的选择和设计。这一历史跨步一方面使人们越过了反对封建主义的阶段；另一方面也使人们超过历史条件追求未来社会的价值系统。只有经过了历史考验和现实的风风雨雨之后，人们才清醒地认识到政治文化建设上应何去何从：其一是根据中国社会的实情确定立场，社会主义初级阶段理论是合乎实际的定位；其二是清除封建主义残余，也就是邓小平同志所言，现在应当明确提出继续肃清思想政治方面封建主义残余影响的任务。

近年来，中国政治文化进入最有意义的转变时期。这场转变的动力来自中国社会政治、经济和文化的转变。既存的经济、政治和文化体制得到或面临全面的改革。文化形成体制也可形成文化。30 多年来高度集权体制形成的文化氛围在这场改革中必然会转变。政治体制的改革更为直接地推动了政治文化的转变，思想解放、民主体制的建设、民主政治目标的确定、教育发展、文化开放及许多具体制度的建设助长了政治文化的转变。这场变革的意义不亚于以前的变革。只不过它刚刚开始，至于结果如何，还有赖于具体进程。

在社会主义初级阶段理论的基础上重新确定中国社会的各项生活原则，意味着对以往主导原则的再检讨。从政治文化的角度看，也是一种再造。这便是政治文化的转变。这场转变较为全面、深刻、彻底，原因有二：一是对 1978 年前形成的极"左"政治文化价值系统的否定；二是对整个最近结构的再检讨。在既存体制尤其是政治体制发生转变的条件下，政治文化的转变是必然的，在某种意义上，它恢复了向"制度中轴的政治文化"的演进。目前中国的政治体制改革以变革和健全体制为目的，与以往以思想改造为主的政治发展途径不同。当然，究竟哪一种更适应中国社会，则是一个有待探讨和实践检验的问题。

中国政治文化处在转变之中，过去的成份正在消失或应当消失，新的成份正在产生。处在这样一个转变阶段，就会具有许多转变初期的特点，其中最根本的是作为政治文化核心的价值系统在辞旧迎新，旧的被否定了，新的正在形成。目前转变中的中国政治文化的总体特征是：（1）政治敏感性高。这是由长期的熏陶培养出来的。一项民意调查统计表明，参加调查的94.22%的公民赞成"国家兴亡，匹夫有责"，54.14%的公民对自己生活在社会主义国家感到骄傲，分别有74.95%和65%的公民对"如果国家使您失望，您就有理由不爱她"和"如果国家使您失望，您就有理由背叛她"表示反对，表现出中国政治文化中强烈的"恋国情结"。（2）政治认同低。虽然政治意识高，但对政治体系和政治价值系统认同不高，这是因为这两者本身就处在变化之中。这里有一种悖论：一方面长期培养了公民的高度政治敏感性；另一方面又缺乏认同对象。这一矛盾可以用来解释许多现象，以及一些政治心理上的浮躁和行为骚动。这也是转变时期不可避免的。关键在于要充分认识这个情况，以促进政治文化的转变。（3）政治知识差。政治知识指对政治权力、政治体制、政治规范、政治功能等的认识。由于政治文化本身始终处在转变之中，严格的、科学的政治知识正在孕育，政治知识差可以想象。以往的政治知识已不适用，也是原因。另一个原因在于政治社会化程度低，附录表六显示了这一点，知道宪法的达75.15%，但了解最清楚的只有1.60%。在其他各个方面，情况也不例外。这种状况显然不利于政治文化乃至政治的发展。（4）政治感情淡，即公民对政治体制或政治权威的归属感、眷恋感淡薄。由于一度的政治动乱和政治体制的自我革新，人们一般对政治体制持批评态度，这是政治文化转变时期的必然现象。另一项抽样调查显示，被调查的人74.4%认为没有政治民主，即使经济搞上去了也不能算真正的现代化，81%的人表示中国政治体制改革的时机已经成熟。这在新旧体制交替时也是可以理解的。社会对一种体制的感情，要看它的运转以及它所带来的实际成效。以上四个特征是中国改革大环境的产物，有利有弊。有利之处在于它们有助于新政治行为模式的形成和发展；不利之处在于它们无助于政治稳定和政治体制的有效运行。在目前的条件下，应当充分认识这种政治文化结构可能带来的积极的和消极的作用，采取有效措施去弊存利。

这并非转变中的中国政治文化的弊端，而只是转变中必然会出现的状态。转变中的中国政治文化正萌发着前所未有的新成份，政治文化中的民主精神、创造精神、平等精神、竞争精神等因素已有一定程度的弘扬。这对中国政治文化和实际政治的发展定会产生深远的影响。

5. 言政治文化处在转变之中，就是言政治文化处在发展之中。依据前面分析的各层结构，我们可以剖析一下中国政治文化的发展问题。政治文化的发展，必会涉及政治文化的历时性结构和共时性结构，涉及其功能结构和成份结构。在实际生活中，这些结构不可分离，是总体性的转变。总结历史变革，中国政治文化的发展还是倾向于走从"文化中轴的政治文化"向"制度中轴的政治文化"的道路，这是需要的，也是必然的。最新的转变使之更加明朗化了。不过，这只是其目前阶段的走向。客观地说，"文化中轴的政治文化"和"制度中轴的政治文化"各有千秋。哪种政治文化更适应中国社会，要参照社会特点、民族特性、心理特征和政治状况等因素。最新转变前中国政治文化的结构包罗了一些消极或非现代的成份。"左"的思想长期存在，封建残余萦绕不散，新旧因素汇合，造成一些特定的属性，如民主观念和法制观念薄弱，政治责任感漫漶，参政意识朦胧，权利观念淡薄，权力意识畸形，等等。政治文化的发展就是要克服这些成份，纳入积极的、民主的、创新的成份。问题可以归结为：创造能创造新行为的社会文化，能改变行为模式的心理积淀。政治文化更新是中国民主政治建设的根本基础，也是社会主义制度显示出优越性的重要条件。

政治文化可以分为认识、情感、评价和态度等几个方面，但这些方面并非等同的。一种政治文化的形态如何，最关键的是支撑其骨骼的价值系统如何。从哲学分析来说，还可以进一步追寻价值系统的源头活水。近代以来中国政治文化一直处在转变之中，基本原因就在于价值系统不断新陈代谢，而且速度太快，间隔太小，不等一种价值系统渗透社会政治文化，新的价值系统已经取而代之。如杜维明先生所说，中国的近代历史有着许多断层，每隔五年十年就发生一次根本性的转折或折腾，各个断层时期构成其复杂的多层传统文化心理，使得现代中国人缺乏一种统一的、明确的、持续的历史感。时下处于转变中的中国政治文化还不能说确立了确定的价值系统。传统的价值系统、近代的价值系统都没有生根，也没有消弭。至于前者，原因恐怕在于人们没有找到扬弃传统的真正有效的途径，也没有具备充分的客观物质条件，至于后者，原因恐怕在于它没有找到适合的土壤。最近结构的价值系统也在自我更新之中，没有转入相对的稳态。当代中国政治文化基本上围绕着最近结构的价值系统展开，一旦这个主轴变动了，整个政治文化就势必要转变。假如新的价值系统不能较快构筑，政治文化就会失去集聚的核心，发散开去，从而产生种种消极结果。

因此，对转变中的中国政治文化来说，当务之急是形成新的价值系统。这个价值系统不是凭空臆想的，它一方面要符合客观政治、经济、文化发展的格局；另一方面要能够从更高的高度催发出推进客观发展进程的文化氛围和精神氛围。只有新的价值系统建立并充分社会化了，前述状况才会得到改观。从构筑价值系统来看，转变中的中国政治文化面临三项任务。

第一，认真反思共时性结构，探索古典结构、近代结构和最近结构价值系统的精华与糟粕，去粗取精，去伪存真，使古典结构中代表中华文化精神和中华民族特性的成份真正得以继承和发扬，将其自身具有的变通性与现代精神结合起来，使近代结构中体现现代民主精神和人文思想的成份找到依托点，找到生长的机制，弘扬最近结构中表现人类美好追求和博大理想的成份，使其真正执领价值系统。唯其如此，这三者才能有机结合，水乳交融，摆脱长期以来存在的相互不适或相互排斥的局面，以将本族和外族、传统与现代、现实与理想统一起来。

第二，积极改造共时性结构。不论是共时性结构的哪一种，或按照何种方法分类的共时性结构，都应增添新的成份。新的成份的萌生可以来自两个方面：一是来自现实社会的发展和推动；二是来自人们的注入和推进。从目前中国改革与开放的具体进程和具体要求看，中国政治文化需要扩张参与、民主、协商、平等、权利、责任、竞争、法制等成份。随着经济政治文化的变革，这些成份将会增长，并坚固起来。

第三，切实铸造价值核心。政治文化的转变是一个漫长的过程，需要围绕一定的价值系统去生长和发育。中国政治文化目前面临的首要工作是铸造价值核心，也就是价值系统中的中坚概念。要不然，政治文化的发展，就会像杜威所讲的那样，由"习惯、成见、阶层利益和体现在制度中的传统等去决定了"。

长时间中，中国政治文化存在的一些问题均与价值核心不稳定有关。价值核心其实并非高不可及的东西，而是普遍的但深入人心的几个概念。西方资产阶级革命后，形成自由、平等、博爱、民主等基本价值核心，从而在几百年时间里培育了一种政治文化。中国古代的君君、臣臣、父父、子子表示的核心观念也主导了那时的政治文化。但最近结构中缺乏这样的价值核心。言其没有形成，有多层含义：一是在原则上没有形成；二是有的话也没有传遍政治文化；三是没有实现代际传播的价值实体。中华人民共和国成立之后，一直在批判古典结构和近代结构的价值核心，对于塑造自己的价值核心注重不够。马克思主义本身是超越法学世界观的，但在从未有过法学世界观的中国，它带来的结果并不都是积极的。所以，今天铸造价值核心，就是把握从"文化中轴的政治文化"向"制度中轴的政治文化"转变的总体过程，选择有利于这场转变的核心概念。

政治文化不能独自转变或发展，需要现实物质运动的基础。中国政治文化的发展，最终取决于中国社会经济政治的走向。中国政治文化历来是"文化中轴的政治文化"，本质上反映中国社会的社会结构和人伦关系。梁漱溟先生言，中国政治之根本法则与伦理道德相结合，二者一致而不分；张岱年先生言中国哲学合知行、一天人和同真善；王亚南先生言，中国的家族制度、社会风习与教育思想成为政治制度内部的"一种机能，一种配合物"。他们都将中国政治视为与文化水乳交融的东西。尽管中国政治文化自古至今沧桑巨变，但不能说全然改观。时至今日，这种机制仍然存在，并起着重要的作用。随着现代化的大幅度推进，这种状况将发生有史以来激动人心的变革。可以相信，随着现代化的进程和商品经济的发达，转变中的中国政治文化将会获得更为广大的更新基础。

附录

表一	你怎样看中国的民主与自由问题	单位:%
意见	25 岁以下	26~35 岁
1. 中国目前缺乏民主自由，实现民主自由是"四化"的必要条件	19.46	21.51
2. 中国目前不需要民主自由，经济先搞上去再说	9.83	6.45
3. 中国目前已有一定民主，需要进一步完善	55.44	56.45

续表

意见	25 岁以下	26～35 岁
4. 中国已有高度的社会主义民主，再一味地追求民主自由是无理取闹	2.51	4.03
5. 搞"四化"需要全国人民同心同德，现在鼓吹民主自由是别有用心	7.11	5.91
6. 其他	5.65	5.65

资料来源：转引自《中国青年报》1987 年 12 月 12 日。

表二　　　　　　　**下面哪种说法代表您对政府的评价**　　　　　单位：%

1. 政府的工作都是在为老百姓办实事	17.37
2. 政府整天喊要办实事，实际什么也不干	3.05
3. 政府好像整天在为群众办实事，实际上什么也干不出来	14.00
4. 政府有政府的难处，但只要有可能，政府还是尽量为老百姓办实事的	42.55
5. 政府要处理很多国家大事，不应要求政府过多考虑为老百姓办实事	3.25
6. 政府会很好地为老百姓考虑，不必过多地过问，应充分信任政府	6.71
7. 其他	5.77

资料来源：转引自《世界经济导报》1987 年 10 月 26 日。

表三　　　　　　**有人说"中国之所以发展缓慢，政治体制上的**
　　　　　　　　　　问题是重要原因。"你是否同意　　　　　单位：%

意见	25 岁以下	26～35 岁
1. 非常同意	16.90	12.50
2. 基本同意	55.40	62.50
3. 不完全同意	15.62	18.06
4. 不同意	12.08	6.94

资料来源：转引自《中国青年报》1987 年 12 月 12 日。

表四	公民对政治体制改革的评价	单位:%
1. 最好维持现状,改来改去没有什么用		13. 3
2. 暂时别动,不然会变得前途难测		5. 37
3. 谨慎地试验,进行调整与改革		34. 47
4. 对政治体制进行大手术,立即进行全面的政治体制改革		17. 23
5. 广泛吸取各种思潮,创造政治体制改革的环境		15. 04
6. 不清楚和其他		14. 59

资料来源:转引自《世界经济导报》1987 年 10 月 26 日。

表五	你认为党应具有什么政治功能	单位:%
功 能	25 岁以下	26 ~ 35 岁
1. 党无条件地直接管理国家和社会生活	8. 76	10. 8
2. 党既行使用人权、决策权,也行使行政权	15. 38	11. 41
3. 党行使用人权、决策权,但不行使行政权	14. 74	16. 30
4. 上层党政合一,下层党政分开	6. 20	5. 98
5. 党只管大政方针,监督政府,但不直接管理	24. 57	30. 71
6. 党只起精神领袖作用,提供指导性的思想和理论	20. 94	16. 58
7. 党只管党员和党组织	9. 41	8. 15
8. 党政合一(总计)	24. 15	22. 28
9. 党政分开(总计)	75. 85	77. 72

表六	公民心目中的宪法	
	比例(%)	排序
1. 公民知道人数最多的	75. 15	18
2. 公民最关心的	55. 76	18
3. 公民议论最多的	0. 32	23
4. 公民认为最得民心的	0. 78	18
5. 公民认为在政治上敏感而有争议的	10. 52	23
6. 公民了解最清楚的	1. 60	19
7. 公民个人最感兴趣的	0. 82	23
8. 公民最不满意的	0. 55	23

资料来源:转引自《世界经济导报》1987 年 10 月 26 日。

中国管理会计师能力框架构建研究①

王　华

引言

管理会计自从 20 世纪 50 年代产生以来，在企业价值创造中扮演着越来越重要的角色。实践证明，管理会计可以助力经营者创造价值，这个观点已成为业财两界共识。当今，科学技术发展日新月异，互联网正在改变世界。在"互联网＋"、大数据背景下，管理会计有了更广阔发展空间，同时，对管理会计人员的能力也提出了更高要求。

我国财政部先后发布《管理会计基本指引》（2016 年 6 月）和《管理会计应用指引》（征求意见稿）（2016 年 12 月发布，征求意见截至 2017 年 3 月底），在强大的政府推力下，中国管理会计从幕后走向台前，这是历史必然。管理会计作为一项工作，其胜任者的能力框架应如何构建？作为将来一种职业的中国管理会计师，其能力框架是否应考虑渐进式的阶梯能力要求？然而，我国目前尚没有一套公开的、系统的管理会计师能力框架，以作为我国管理会计工作中重中之重的人才培养与评价的基础与指南。国际著名管理会计组织，如 CIMA 和 AICPA、IMA 等，先后对管理会计能力体系提出了系统全面的思考和设计，形成了可资借鉴的框架。但是，能力的内涵是文化的滋养和凝结，落地于中国管理会计能力框架，必然与中国传统文化发生密切关联。中华民族在发展的历史长河中，积淀了优秀的传统文化和精神财富，也形成了处理人与人、人与自然、人与社会关系的独特文化。改革开放政策使得中国经济社会发生了巨大变化，国家体制的独特性也使得中国的发展具有鲜明特色。如何立足中国国情，置身中国情境，跟进科技发展，海纳优秀文化，构建一个中国特色的管理会计师能力框架，是我国管理会计界亟须解决的问题。

为此，广东省管理会计师协会（GAMA）作为一个有理想、有担当的民间

① 载《GAMA 新视野》2018 年 6 月。

会计职业团体，致力于此以期做出自己应有的贡献，专门成立了"GAMA 中国管理会计师能力框架"课题组，经过一年多的研究，构建了中国管理会计师能力框架（2017 版）。

一、中国管理会计师能力框架构建的逻辑

管理会计师能力框架是对符合管理会计师资格的人员所应具备的能力及知识结构的系统的、科学的概括，是对管理会计师培养和评价的基础与指南。因此，明确构建管理会计师能力框架的目标，认识管理会计师服务的环境及其未来可能的变化、采用科学合理的方法，对管理会计师能力框架的构建尤为重要。

（一）管理会计师能力框架构建的目标

助力企业创造价值，是管理会计的目标。但是，任何工作不能见物不见人，企业如此，会计工作亦如此，人的自由、全面发展是最根本的发展。管理会计帮助企业创造价值，必须建立在人的价值实现基础之上。因此，建立管理会计师能力框架的基本目标就是：提高管理会计师综合素质和能力，助力企业价值创造。以基本目标为终点，需要人本目标与具体目标支持。为实现基本目标，确立建立管理会计师能力框架的人本目标为：实现管理会计师个人价值最大化。同时，考虑到我国会计人员知识结构与能力的差异，以及对会计人员评估与职称分级认定的现状，我们进一步推衍出构建管理会计师能力框架的具体目标如下：（1）建立不同层级管理会计师的能力标准；（2）为管理会计师能力培训提供指南；（3）为管理会计师晋升提供参考依据；（4）为大学管理会计人才培养方案提供参照；（5）为管理会计理论与实务研究提供基本框架。

（二）管理会计师能力框架构建的原则

企业会计人员的工作重心正在从财务会计的相关利益者报告价值逐步转向管理会计的助力企业价值创造，会计与市场同步、为管理服务、同业务融合、重价值创造的功能愈加显见。可以预见，会计工作内容将会重新构建，会计机构将会与业务机构逐步融合，会计功能会愈来愈综合，会计技术方法愈来愈现代化，互联网与大数据分析工具会普遍应用，会计机器人会替代程序性的会计工作。情境变化要求管理会计人员必须是综合素质高、创新精神强、知识融合深、技能复合广、应用能力好的全面型人才，单一"会计"知识结构的人员将不能够胜任当下和未来的管理会计工作。因此，中国管理会计师能力框架的构

建应综合考虑以下原则：（1）基于环境变化，分析管理会计地位、作用的变化；（2）基于科技趋势，认识管理会计发挥作用基于一个互联互通的平台；（3）基于会计转型，认识财务共享中心、业财融合、大数据分析对管理会计的推进；（4）基于中国情境，融合五千年优秀文化积淀与改革开放四十年成功经验；（5）基于传统文化，主张以人为本，德行为先；（6）基于人的价值，推行在帮助企业创造价值的同时实现管理会计师自身价值；（7）基于跨界要求，分析企业价值创造活动对管理会计师的新要求。

（三）理论基础——胜任能力"冰山模型"

为使管理会计师能力框架的构建系统而逻辑，我们借助关于人力资源管理的理论——胜任能力"冰山模型"。McClelland（1973）指出对人的工作测评应基于胜任能力而不仅是智力因素，他研究发现，传统的基于智力因素的测评方法对人的工作业绩预测有偏，决定人在工作上能否取得成功，除了应具备工作所需的知识、技能外，更重要的是取决于其人格特质、动机及价值观等，他把这种影响工作业绩的个人条件与行为特征称为胜任能力（competence），并提出了对工作胜任能力测评的方法，随后开启了大量学者对之的兴趣与研究。基于McClelland（1973），Spencer 和 Spencer（1993）在总结前 20 年有关胜任能力的研究的基础上，设计了胜任能力冰山模型（iceberg model of central and surface competence）。如图 5－3 所示，胜任能力冰山模型把个体素质比作漂浮在洋面上的冰山，其中知识和技能属于显现于水面上的冰山表层部分的素质，即显性素质，是对任职者基础素质的要求，它们与工作要求直接相关，比较容易测评及通过培训得以提高；社会角色定位、价值观和道德素养、品质和动机等属于潜

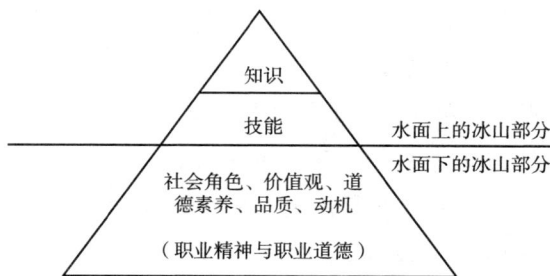

图 5－3　胜任能力"冰山模型"

藏于水下的冰山深层部分的素质，即隐性素质，不容易被观察和测评，也不太容易通过外界的影响而得以改变，但却对人的行为与表现起着核心与关键性的作用，提升这部分素质需要长期的过程。

针对专业性强的管理会计师的能力构建维度而言，其知识和技能至少应具备两个方面：（1）必要的娴熟的专业技能，包括管理会计、财务会计、审计、财务管理、资产评估等专业知识和技能；（2）足够的商业和管理的知识和技能、较强的语言文字表达、情感沟通、网络技术、软件应用、持续学习、跨界综合、合作共事、礼仪礼貌、健康习惯等通用技能。此外，更重要的是，水面以下的冰山部分——角色定位、价值观、道德素养、品质和动机等会直接影响知识与技能在工作中的体现，它们浓缩于管理会计师的职业精神和职业道德，诚实守信、忠诚敬业、精益求精、保守秘密等是对管理会计师的职业精神和职业道德的基本要求。如果把管理会计师比作一架飞机，通用技能和专业技能是管理会计师事业发展的两翼，职业精神和职业道德则是管理会计师持续飞高走远的发动机；没有发动机，两翼只是个摆设，而没有两翼，发动机功率再大也不能把飞机送上天空。为此，基于胜任能力冰山模型，以职业精神和职业道德为基础，以通用技能和专业技能为要件，构建了管理会计师能力的三维框架。

（四）构建方法

在确立了管理会计师能力框架构建的目标和原则的基础上，全面掌握当前关于管理会计师能力框架的研究与发展状况，走访与调研企业，基于胜任能力冰山模型，结合我国实际情景与管理会计师的胜任能力要求，分析中国管理会计师应具备的核心胜任能力，根据国人习惯的初、中、高三个层次逐级向下分解三维能力为相应的能力要素。考虑到胜任能力不易直接观察，在建立胜任能力分级体系的基础上，我们还提炼了管理会计师胜任能力表现的特征，这显然不同于其他关于管理会计师能力框架构建的文献。

在完成管理会计师能力框架初稿的基础上，继续采用了企业访谈与调查、专家咨询与研讨的方法进一步进行修改与完善。其中，企业访谈与调查主要基于广东省管理会计师协会（GAMA）的会员单位①；专家咨询主要进行了三轮：

---

① 广东省管理会计师协会目前已有会员单位120多家。

（1）初稿雏成之际的广东省管理会计专家咨询与研讨（2017 年 5 月）；（2）GAMA 成立周年之际特邀全国 30 余位会计学专家对管理会计师能力框架的研讨与意见征集（2017 年 6 月 15～16 日）；（3）参加各类学术研讨会进行宣讲并征集修改意见，如中国会计学会教育专业委员会年会（兰州，2017 年 7 月 21 日），中国高等财经教育委员会会计教育改革研讨会（大连，2017 年 6 月 18 日）。

二、中国管理会计师能力框架：维度与特征

以"提高管理会计师综合素质和能力，助力企业价值创造"为基本目标，联系中国情景，调查与分析中国管理会计师应具备的胜任能力，我们构建了中国管理会计师能力框架。

（一）管理会计师的三维能力框架及其要素

如前所述，以胜任能力"冰山模型"为理论基础，构建了基于职业精神与职业道德、通用技能与专业技能的三位一体的管理会计师能力框架。如表 5-4 所示，职业精神与职业道德是管理会计师的立足之本，事业之基，在三维中处于基础地位；通用技能与专业技能是管理会计师发挥职业专长、实现自身价值进而助力企业价值创造的双臂。

表 5-4　　　　　　中国管理会计师的三维能力框架及其要素

		通用技能	专业技能		
企业资源管理系统（ERP）、互联网与信息技术应用（2 项）	互联网与信息技术			报告与分析	财务报告编制、交易核算与账务流程、成本报告与分析、税务会计与税务筹划、财务分析、管理信息报告（6 项）
环境分析、法规遵循、商业分析和应用（3 项）	商业与法律			决策与预测	辅助战略制定、预算与盈利预测、投资决策、融资决策、营运决策与资金管理（5 项）
沟通能力、领导能力（2 项）	沟通与领导力			评价与控制	营运控制、项目管理、质量管理、风险管理、内部控制、内部审计、业绩评价（7 项）
职业精神与职业道德（2 项）					

1. 第一维度：职业精神与职业道德。

职业精神是人们在职业生活中能动地表现自己，反映职业性质和特征的思想、观念和价值取向，它构建管理会计师的价值观——忠诚组织、爱岗敬业、知行合一、止于至善、敢于担当；职业道德是人们在职业生活中形成并应遵循的具有特定职业特征的、调整一定职业关系的行为准则和规范，它要求管理会计师理解、遵守并按照职业行为准则和规范进行日常工作及管理，以实践管理会计师职业精神。职业精神规定着从业者追求的价值目标，是从业者的内在尺度；职业道德是职业精神的外在要求，为从业者提供明确的行为指导。因此，职业精神是一种追求，职业道德是一种遵循，在管理会计师的胜任能力基础上，我们将职业精神排在职业道德之前，体现管理会计师追求卓越、止于至善的价值取向。

2. 第二维度：通用技能。

通用技能是管理会计师专业技能以外的关乎智商、情商、健商的各种能力，它是助力专业技能更好地发挥职能作用的技能与知识。分析管理会计师所处的环境及其未来的可能变化，管理会计师的通用技能至少包括三个方面：互联网与信息技术、商业与法律、沟通与领导力。(1) 互联网与信息技术涉及管理会计信息的收集、存储、传输、加工和利用，它包括企业资源管理系统（ERP）和互联网与信息技术应用两个子集，前者是管理会计师熟悉并有效利用包括会计信息系统在内的企业资源管理系统（ERP），支持管理决策的能力；后者是关注互联网理念与技术的最新发展，从事后的数据处理与报告进入到基础数据的管理、整个业务与外部环境的分析过程，致力于为企业管理者提供更优决策相关信息的能力。(2) 商业与法律技能是管理会计师对商业和法律环境的分析和应用能力，它帮助企业在特定的商业和法律环境中，通过调整自身的战略和行为以达到最大的商业目的，它包括环境分析、法规遵循、商业分析与应用三个子集。环境分析技能是管理会计师遵循商业规律、驾驭商业环境、善用法律法规、维护商业秩序、营造良好的商业氛围的能力；法规遵循保证会计师帮助企业合规经营；商业分析与应用基于企业价值链与企业内部经营活动而进行，达到"业财融合"，为管理会计方法的应用与价值创造提供基础。(3) 沟通与领导力以组织的战略、使命和目标的实现为基础，沟通是领导力实施的重要手段。沟通技能是管理会计师向组织内部和外部的各个层面有效诠释和传达财务和非财务信息的能力；领导力是管理会计师通过自身的专业水准、个人特征、职业精神与职业道德等，对他人产生影响，引导组织内部和外部的各个层面为达成组织战略和使命而行动的能力。

3. 第三维度：专业技能。

专业技能是管理会计师作为专业人士所应具备的专业知识与技能。分析管理会计师的职业目标及其面临的环境，依据管理会计的工作程序将其专业技能有序地划分为三个模块：报告与分析、预测与决策、控制与评价。（1）报告与分析技能确保管理会计师知悉财务报告编制、交易核算与账务流程，进行成本报告与分析，完成税务会计与税务筹划，实施财务数据分析，形成并提交管理信息报告，为管理层管理和决策提供指导与支持，它是会计师进一步预测与决策、控制与评价的前提与基础。根据工作内容，如表 5-4 所示，报告与分析技能进一步细分为财务报告编制等 6 个子集。（2）预测与决策技能确保管理会计师熟悉公司战略的基本理论，运用建模、预测和规划方法，在复杂及不确定的商业环境下，完成资金管理、预算编制和盈利预测等工作，帮助企业实现有效的投融资决策和资本运作，它在企业战略制定、流程管理和经营决策中具有关键性的支撑作用，它包括辅助战略制定、预算与盈利预测、投资决策、融资决策、营运决策与资金管理五个子集。（3）控制与评价技能确保管理会计师有助于企业战略目标的实现和员工激励，其中，控制技能是按既定目标和标准对组织活动进行监督、检查，使工作能按原计划进行或适当调整计划以达到预期目的能力，包括营运控制、项目管理、质量管理、风险管理、内部控制与内部审计六个子集；评价技能是管理会计师对企业一定经营期间的盈利能力、资产质量、债务风险以及经营增长等经营业绩和员工努力程度等方面进行综合评判的能力。

（二）管理会计师胜任能力的特征

管理会计师能力框架所包含的能力及其要素不易直接观察，需要通过相应元素加以具象化，以直观表现管理会计人员胜任能力的外在特征。根据三维能力框架要求，结合中国传统文化要义和国人习惯表述方式，把中国管理会计师能力框架的具体内容归纳为："多技能、善沟通、会管理、有远见、敢担当"五个特征。

多技能："积财千万，不如薄技在身。"[①] 术业专攻、多技傍身、与时俱进、

---

① 北齐·颜之推《颜氏家训·勉学》。

文化底蕴是对当代管理会计师的能力要求。管理会计的专业技能不仅要求为对会计专业，尤其是管理会计方面的基础理论扎实、知识丰富深入、技术运用娴熟、解决问题快捷，还要求对通用技能，如 IT 技术、软件应用能力、大数据分析能力、商业技能、法律知识运用能力、交际能力、写作能力等，更重要的是对逻辑思维、合作共事、组织协调等各方面的能力要与所担负的管理会计工作相匹配。对不同层级的管理会计师的技能要求会有差异，这并不改变环境变化对技能的要求越来越高。

善沟通："故作《文赋》以述先士之盛藻，因论作文之利害所由，他日殆可谓曲尽其妙。"① 推诚相见，曲尽其妙，字顺文从，情趣盎然是对当代管理会计师的素质要求。善沟通反映人的素质超常、情商过人。善于沟通是提升管理会计工作水平的前提，虽然不同阶层的管理会计师沟通的对象、层面不同，但沟通技巧始终是必备之技。沟通既是一种文化，也是一门艺术。有效的沟通可以消除疑虑、困惑、障碍和敌意，从而达到准确传递信息，填平意识鸿沟，结成思想联盟，达成组织目标。

会管理："秉权而立，垂法而治。"② 垂法而治、道法自然是对当代管理会计师的融入管理业务的规则要求。管理是集中人的脑力和体力达到预期目的的活动。管理不仅表现在对人与人之间关系的调整上，也决定如何运用自己的体力和脑力上。道法自然，趋利避害，称物平施，秦智虞愚，这些都是管理必循之道，只是在不同位阶管理的范围、层次有差别而已。

有远见："智术之士，必远见而明察。"③ 审时度势，未雨绸缪，纵观全局，高识远见是对当代管理会计师的眼界要求。俗话说，站得高，看得远。随着管理会计师位阶提升，有远大的眼光、高明的见识越来越重要。总括说，要有战略眼光，全局观念，能未雨绸缪，有预测未来能力；职业敏感性强，市场眼光独到，商业嗅觉敏锐。

敢担当："若夫为国家出气力，担当大任，有虞江辈在，山人可以安枕矣。"④ 诚信守德、敢为善为对当代管理会计师的道德要求。作为有志有为的管理

---

① 晋·陆机《文赋序》。
② 《商君书·壹言》。
③ 《韩非子·孤愤》。
④ 《韩非子·孤愤》。

会计师，应当有理想、有抱负，勇于担责，堪负重任；勤勉尽责，恪尽职守，忠诚坦白，坚守职业精神；敬畏法治、诚信守德，敢为善为，勇于创新，领导力强。

在五个能力特征中，多技能是基础，善沟通是前提，会管理是关键，有远见是保障，敢担当是根本。中国管理会计师能力框架以助力企业价值创造为目标导向，由"专业技能、通用技能、职业精神与职业道德"三个维度构成，其中，"多技能"同属于通用技能和专业技能范畴，"善沟通""会管理""有远见"属于通用技能范畴，"敢担当"属于职业精神与职业道德范畴。管理会计师能力五特征是能力三维度框架的具象化。

三、中国管理会计师能力框架：能力分级与框架图

（一）管理会计师的能力分级

有为才有位，有位才能为。在实务中，中国管理会计师岗位或职称通常分为高级、中级、初级三级，不同的岗位所担负的工作、责任不同，面对的管理对象、管理问题、管理层次不一样，决策的事项、环境、层级差别很大，因而对能力的要求也不同，五项能力特征在不同岗位层级上表现也不一致。为此，与已有中国会计职业岗位与职称定级实践相适应，考虑渐进式的阶梯能力要求，将管理会计师的能力划分为初级、中级、高级三级。其中，我们定义，初级，注重岗位的实际操作能力、执行能力，以及为管理决策提供管理会计信息数据的能力；中级，理解相关管理会计体系的基本原理，具备根据管理要求进行企业经营状况、财务状况的基本分析和未来发展趋势的预判能力；高级，深入把握企业所处的内外环境，参与企业战略的制定，具备在企业发展战略基础上构建管理会计体系的能力和相关的决策能力。

表5-5列示了各级管理会计师与其能力内容结构的对应关系。其中，职业精神与职业道德、通用技能中的互联网与信息技术对各级管理会计师都非常重要；专业技能中的报告与分析技能对初级与中级管理会计师非常重要，对高级会计师的功能定位与职能发挥中等重要；而通用技能中的商业与法律、沟通与领导力，以及专业技能中的预测与决策、控制与评价等技能，均随着管理会计师级别的提高而愈显重要。我们据此还针对各级管理会计师的下一级能力要素进行了详细的定义和诠释。

表 5 – 5　　　　　　　　　各级管理会计师能力内容结构对应表

	初级管理会计师	中级管理会计师	高级管理会计师
职业精神与职业道德	★★★	★★★	★★★
通用技能			
互联网与信息技术	★★★	★★★	★★★
商业与法律	★	★★	★★★
沟通与领导力	★	★★	★★★
专业技能			
报告与分析	★★★	★★★	★★
预测与决策	★	★★	★★★
控制与评价	★	★★	★★★

注：★表示该等级管理会计师对于此能力的要求一般；★★表示该等级管理会计师对于此能力的要求中等；★★★表示该等级管理会计师对于此能力的要求非常重要。

（二）"135"能力框架

综上所述，中国管理会计师能力框架体系如下：一个基本目标是，提高管理会计师综合素质和能力，助力企业价值创造；管理会计师能力框架"三维度"为，职业精神与职业道德、通用技能、专业技能；管理会计师五个能力特征是：多技能、善沟通、会管理、有远见、敢担当。因此，如图 5 – 4 所示，我们将中国管理会计师能力框架概括为："135"能力框架（即"一目标、三维度、五特征"能力框架）。

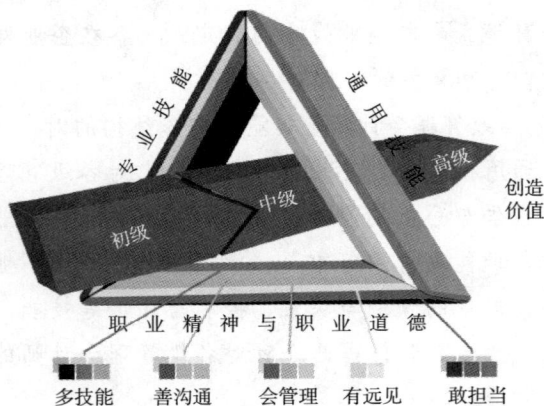

图 5 – 4　中国管理会计师 "135" 能力框架

结语

　　"GAMA 中国管理会计师能力框架"的主要特征如下：（1）以基本目标（提高管理会计师综合素质和能力，助力企业价值创造）为基础，提出人本目标——实现管理会计师个人价值最大化，有利于激发管理会计人员的工作能动性；（2）基于胜任能力"冰山模型"，结合中国会计职业实践，将管理会计师的诸多能力要素划分为三维（职业精神和职业道德、通用技能、专业技能）、三级（初、中、高），并根据管理会计工作范围与程序有序地组织专业技能和通用技能的能力要素，有利于我国管理会计人员接受与实施；（3）联系中国传统文化与时代发展，将管理会计师的能力具象为"多技能、善沟通、会管理、有远见、敢担当"五特征，有利于管理会计人员对胜任能力的识别、吸纳与提高。这些特征使"中国管理会计师能力框架"有别于植根于美、英等西方国家环境与文化的管理会计人员能力框架，它作为我国首例公开发布的系统的管理会计师能力框架，对我国管理会计师的培养与职业能力提升、实现管理会计师自身价值进而推动企业创造价值具有重要的意义。

　　以"中国管理会计师能力框架"为基础和指南，拟订具体的管理会计师培养计划与提纲，推动我国管理会计人才的培养、认证、评价及大学教育工作，形成科学、系统、有序的中国管理会计人才培养与评价体系，是我们未来进一步努力的目标。诚然，继续进行实地调研，接受企业实务界的评价与建议，并定期对管理会计师工作进行评估，对管理会计师怎样有效地进行工作进行调研，亦是未来持续改进"中国管理会计师能力框架"及相应人才培养体系的方向。

第三编

税务基础

· 第六章 ·

税种、法规与纳税申报

第一节　税种及法规

一、概论

税种是"税收种类"的简称，构成一个税种的主要因素有征税对象、纳税人、税目、税率、纳税环节、纳税期限、缴纳方法、减税免税及违章处理等。不同的征税对象和纳税人是一个税种区别于另一个税种的主要标志，也往往是税种名称的由来。同时，每个税种都有其特定的功能和作用，其存在依赖于一定的客观经济条件。

目前我国税收分为商品和劳务税、所得税、资源税、财产税和特定行为税五大类。中国现行的税种共 18 种（2016 年 5 月 1 日起，全面推行"营改增"；2018 年 1 月 1 日起施行环保税），分别是：增值税、消费税、企业所得税、个人所得税、资源税、城市维护建设税、房产税、印花税、城镇土地使用税、土地增值税、车船税、船舶吨税、车辆购置税、关税、耕地占用税、契税、烟叶税、环保税。目前只有个人所得税、企业所得税、车船税、环保税、烟叶税和船舶吨税、车辆购置税这 7 个税种通过全国人大立法，其他绝大多数税收事项都是依靠行政法规、规章及规范性文件来规定。

二、增值税、消费税

（一）增值税

1. 增值税的概念。增值税是以商品在流转过程中产生的增值额为计税依据所征收的一种流转税，从计税原理上说，增值税是对商品生产、流通、劳务服务中多个环节的新增价值或商品的附加值进行征收。我国现行增值税的基本规范，是 1993 年 12 月 13 日国务院颁布的《中华人民共和国增值税暂行条例》，该《条例》经过 2008 年、2016 年、2017 年的 3 次修订。

理解增值税首先必须了解什么是增值额。从理论上讲，增值额是企业在生产经营过程中新创造的那部分价值。即货物或劳务价值中 v + m 部分，在我国相当于净产值或国民收入部分。现实经济生活中，对增值额这一概念可以从以下两个方面理解：（1）从一个生产经营单位来看，增值额是指该单位销售货物或提供劳务的收入额扣除为生产经营这种货物（包括劳务，下同）而外购的那部分货物价款后的余额；（2）从一项货物来看，增值额是该货物经历的生产和流通的各个环节所创造的增值额之和，也就是该项货物的最终销售价值。但在各国的实践中，增值税一般不直接以增值额作为计税依据。各国计算增值税时都不是先求出各生产经营环节的增值额，然后再据此计算增值税，而是采取从销售总额的应纳税款中扣除外购项目已纳税款的税款抵扣法。

2. 增值税的征税范围、纳税人和税率。

（1）征税范围。我国现行的增值税征税范围包括货物的生产、批发、零售和进口四个环节。此外，提供加工和修理修配劳务、销售服务、无形资产、不动产也属于增值税的征税范围。凡在上述四个环节中销售货物，提供劳务、服务，销售无形资产、不动产（以下统称应税销售行为）的，都要按规定缴纳增值税。而且，单位或个体经营者的视同销售货物行为要征收增值税，比如将货物交付他人代销、销售代销货物等。一项销售行为如果既涉及服务又涉及货物，为混合销售。从事货物的生产、批发或者零售的单位和个体工商户的混合销售行为，按照销售货物缴纳增值税；其他单位和个体工商户的混合销售行为，按照销售服务缴纳增值税。纳税人兼营销售货物、劳务、服务、无形资产或者不动产，适用不同税率或者征收率的，应当分别核算适用不同税率或者征收率的销售额；未分别核算的，从高适用税率。

（2）纳税人。在中华人民共和国境内销售货物或者加工、修理修配劳务（以下简称劳务），销售服务、无形资产、不动产以及进口货物的单位和个人，为增值税的纳税人。

增值税的扣缴义务人：中华人民共和国境外（以下简称境外）单位或者个人在境内发生应税行为，在境内未设有经营机构的，以购买方为增值税扣缴义务人。

另外，可将纳税人分为一般纳税人和小规模纳税人。小规模纳税人是指年销售额在规定标准以下，并且会计核算不健全，不能按规定报送有关税务资料的增值税纳税人。

（3）税率。增值税的计征方式目前主要有两类：一类是增值税的税率，适用于一般纳税人。另一类是增值税的征收率，适用于小规模纳税人和特定一般纳税人。

基本税率：增值税一般纳税人销售或者进口货物（除适用11%的货物外），提供加工、修理、修配应税劳务，发生应税行为（有形动产租赁），除下面列举外，一律为16%。这一税率就是通常所说的基本税率。

低税率：增值税一般纳税人销售或者进口下列货物的，税率为10%。这一税率即是通常所说的低税率，包括粮食、食用植物油；自来水、暖气、冷气、热水、煤气、石油液化气、天然气、沼气、居民用煤炭制品等。2018年5月1日起，制造业等行业增值税税率从17%降至16%，交通运输、建筑、基础电信服务等行业及农产品等货物的增值税税率从11%降至10%。

零税率：纳税人出口货物，境内单位和个人发生符合规定的跨境应税行为，税率为零。在计算缴纳增值税时，销项税额按照0%的税率计算，进项税额允许抵扣。但是国务院另有规定的除外。

增值税征收率：是指对特定的货物或特定的纳税人销售货物、提供应税劳务、发生应税行为在某一生产流通环节应纳税额与销售额的比率。这种方式属于简易计税办法，并且不得抵扣进项税额。增值税征收率适用于两种情况：一是小规模纳税人；二是一般纳税人销售货物、提供应税劳务、发生应税行为按规定可以选择简易计税方法的。征收率有 5%、3%。

3. 增值税税额计算。对于任何一个一般纳税人而言，由于其在经营活动中，既会发生销售货物或提供应税劳务或发生应税行为，又会发生购进货物或接受应税劳务或应税行为，因此，每个一般纳税人都会有收取的销项税额和支付的进项税额。增值税的核心就是用纳税人收取的销项税额抵扣其支付的进项税额，其余额为纳税人实际缴纳的增值税额。一般纳税人销售货物或者提供应税劳务和应税服务，应纳税额为当期销项税额抵扣当期进项税额后的余额。

应纳税额计算公式：应纳税额 = 当期销项税额 − 当期进项税额

销项税额是纳税人销售货物或者提供应税劳务和应税服务等应税行为，按照销售额和法定税率计算并向购买方收取的增值税额。其计算公式为：销项税额 = 销售额 × 税率。其中，销售额为纳税人销售货物或者提供应税劳务和应税服务向购买方收取的全部价款和价外费用。

进项税额是纳税人购进货物、加工修理修配劳务、服务、无形资产或者不动产，所支付或者负担的增值税额。进项税额是与销项税额相对应的一个概念。在开具增值税专用发票的情况下，它们之间的对应关系是，销售方收取的销项税额，就是购买方支付的进项税额。

4. 税收优惠。增值税优惠政策主要包括直接免税、减征税款、起征点、即征即退等方式。《增值税暂行条例》规定的免征增值税的项目有：农业生产者销售的自产初级农业产品、直接用于科学研究、科学试验和教学的进口仪器、设备等。另外根据规定，增值税小规模纳税人应分别核算销售货物，提供加工、修理修配劳务的销售额和销售服务、无形资产的销售额。增值税小规模纳税人销售货物，提供加工、修理修配劳务，销售服务、无形资产销售额不超过 3 万元/月（按纳税 9 万元/季），2018 年 1 月 1 日～2020 年 12 月 31 日，可分别享受小微企业暂免征收增值税优惠政策。

（二）消费税

1. 消费税的概念。消费税是指对消费品和特定的消费行为按流转额征收的一种商品税。广义上，消费税应对所有消费品包括生活必需品和日用品普遍课税；但从征收实践上看，消费税主要指对特定消费品或特定消费行为等课税。在我国，消费税是对我国境内从事生产、委托加工和进口应税消费品的单位和个人征收的一种流转税。消费税的征税项目具有选择性、征税环节具有单一性、征收方法具有多样性，且其具有特殊的税收调节作用。

2. 征税对象。消费税的征收范围比较狭窄，同时也会根据经济发展、环境保护等国家大政方针进行修订，依据《消费税暂行条例》及相关法规规定，目前的消费税税目的适用范围如下。

（1）烟：是以烟叶为原料加工生产的产品。烟的征收范围包括卷烟（含进口卷烟、白包卷烟、手工卷烟和未经国务院批准纳入计划的企业及个人生产的卷烟）、雪茄烟和烟丝。

（2）酒：是酒精度在 1 度以上的各种酒类饮料，包括粮食白酒、薯类白酒、黄酒、啤酒和其他酒。

（3）高档化妆品：自 2016 年 10 月 1 日起，本税目调整为包括高档美容、修饰类化妆品、高档护肤类化妆品和成套化妆品。

（4）贵重首饰及珠宝玉石：本税目的征收范围包括以金、银、白金、宝石、珍珠、钻石、翡翠、珊瑚、玛瑙等高贵稀有物质以及其他金属、人造宝石等制作的各种纯金银首饰及镶嵌首饰和经采掘、打磨、加工的各种珠宝玉石。对出国人员免税商店销售的金银首饰征收消费税。

（5）鞭炮、焰火：征收范围包括各种鞭炮、焰火。体育上用的发令纸、鞭炮药引线，不按本税目征收。

（6）成品油：包括汽油、柴油、石脑油、溶剂油、航空煤油、润滑油和燃料油。

（7）小汽车：指由动力驱动，具有 4 个或 4 个以上车轮的非轨道承载的车辆。

（8）摩托车：征收范围包括轻便摩托车和摩托车两种。对最大设计车速不超过 50 千米/小时，发动机气缸总工作容量不超过 50 毫升的三轮摩托车不征收消费税。气缸容量 250 毫升（不含）以下的小排量摩托车不征收消费税。

（9）高尔夫球及球具：指从事高尔夫球运动所需的各种专用装备，包括高尔夫球、高尔夫球杆及高尔夫球包（袋）等。

（10）高档手表：指销售价格（不含增值税）每只在 10 000 元（含）以上的各类手表。

（11）游艇：指长度大于 8 米小于 90 米，船体由玻璃钢、钢、铝合金、塑料等多种材料制作，可以在水上移动的水上浮载体。

（12）木制一次性筷子：指以木材为原料经过锯段、浸泡、旋切、刨切、烘干、筛选、打磨、倒角、包装等环节加工而成的各类供一次性使用的筷子。

（13）实木地板：指以木材为原料，经锯割、干燥、刨光、截断、涂漆等工序加工而成的块状或条状的地面装饰材料。

（14）电池：包括原电池、蓄电池、燃料电池、太阳能电池和其他电池。自 2015 年 2 月 1 日起对电池（铅蓄电池除外）征收消费税；对无汞原电池、金属氢化物镍蓄电池、锂原电池、全钒液流电池免征消费税。自 2016 年 1 月 1 日起，对铅蓄电池按 4% 税率征收消费税。

（15）涂料：指涂于物体表面能形成具有保护、装饰或特殊性能的固态涂膜的一类液体或固体材料之总称。自 2015 年 2 月 1 日起对涂料征收消费税。

3. 消费税的税率。消费税的税率，有三种形式：比例税率；定额税率；复合税率，即定额税率和比例税率复合征收。消费税税率形式的选择，主要是根据课税对象的具体情况来确定的，对一些价格差异不大、计量单位规范的消费品，选择计税简便的定额税率，如黄酒、啤酒、成品油等；对一些价格差异较大、计量单位不规范的消费品，选择税价联动的比例税率，如高档化妆品、贵重首饰及珠宝玉石、鞭炮、焰火、摩托车、小汽车等。2001 年 6 月 1 日以后，烟、粮食白酒和薯类白酒改为定额税率和比例税率复合征收税制。

4. 消费税税额的计算。按照现行消费税法规定，消费税应纳税额的计算分为从价计征、从量计征和从价从量复合计征三种方法。

（1）从价计征。实行从价定率办法征税的应税消费品，计税依据为应税消费品的销售额。

由于消费税和增值税实行交叉征收，消费税实行价内税，增值税实行价外税，这种情况决定了实行从价定率征收的消费品，其消费税税基和增值税税基是一致的，即都是以含消费税而不含增值税的销售额作为计税基数。实行从价定率征收办法的消费品，其应纳税额计算公式为：

$$应纳税额 = 应税消费品的销售额 \times 适用税率$$

（2）从量计征。从量定额通常以每单位应税消费品的重量、容积或数量为计税依据，并按每单位应税消费品规定固定税额，这种固定税额即为定额税率。我国消费税仅对黄酒、啤酒、汽油、柴油等实行定额税率，采用从量定额的办法征税，其计税依据是纳税人销售应税消费品的数量，其计税公式为：

$$应纳税额 = 应税消费品数量 \times 消费税单位税额$$

（3）复合计征。现行消费税的征税范围中，只有卷烟、白酒实行从量定额和从价定率相结合计算应纳税额的复合计税办法。应纳税额计算公式为：

$$应纳税额 = 销售数量 \times 定额税率 + 销售额 \times 比例税率$$

三、企业所得税、个人所得税

（一）企业所得税

1. 企业所得税的概念。企业所得税是对我国境内的企业和其他取得收入的组织的生产经营所得和其他所得征收的一种税。企业所得税的计税依据，是纳税人的收入总额扣除各项成本、费用、税金、损失等支出后的净所得额，它既不等于企业实现的会计利润额，也不是企业的增值额，更非销售额或营业额。因此，企业所得税是一种不同于商品劳务税的税种。

2. 纳税义务人。企业所得税法规定，除个人独资企业、合伙企业不适用企业所得税法外，凡在中华人民共和国境内的企业和其他取得收入的组织为企业所得税的纳税人，依照企业所得税法规定缴纳企业所得税。根据企业纳税义务范围的不同，可以把缴纳企业所得税的企业分为居民企业和非居民企业，分别承担不同的纳税义务。

居民企业，是指依法在中国境内成立，或者依照外国（地区）法律成立但实际管理机构在中国境内的企业。这里的企业包括国有企业、集体企业、私营企业、联营企业、股份制企业、外商投资企业、外国企业以及有生产、经营所得的其他组织。非居民企业，是指依照外国（地区）法律成立且实际管理机构不在中国境内，但在中国境内设立机构、场所的，或者在中国境内未设立机构、场所，但有来源于中国境内所得的企业。

3. 征税对象及税率。企业所得税的征税对象从内容上看包括企业的生产经营所得、其他所得和清算所得。从空间范围上看，企业所得税的征税对象包括来源于中国境内的所得和境外的所得。

企业所得税的税率是体现国家与企业分配关系的核心要素。企业所得税实行比例税率。企业所得税的纳税人类型不同，适用的税率也不同。根据现行规定，我国企业所得税的税率分为两档，其中：基本税率25%，基本税率适用于居民企业和在中国境内设有机构、场所且所得与机构、场所有关联的非居民企业；低税率20%，低税率适用于在中国境内未设立机构、场所的，或者虽设立机构、场所但取得的所得与其所设机构、场所没有实际联系的非居民企业。但是，在实际征收时适用10%的税率。

4. 应纳税所得额。应纳税所得额是企业所得税的计税依据，按照企业所得税法的规定，应纳税所得额为企业每一个纳税年度的收入总额，减去不征税收入、免税收入、各项扣除以及允许弥补的以前年度亏损后的余额。用公式可以表达为：

$$应纳税所得额 = 收入总额 - 不征税收入 - 免税收入 - 各项扣除$$
$$- 允许弥补的以前年度亏损$$

上述以收入总额为基础计算应纳税所得额的方法也被称为直接计算法。在实际操作中，更常用的应纳税所得额的计算方法是间接计算法，这种方法以企业的会计利润总额为基础计算企业的应纳税所得额，因为企业的利润总额较为容易获取，因此用间接法计算企业的应纳税所得额更为简便，计算成本较低，该方法可以用公式表示为：

$$应纳税所得额 = 会计利润总额 \pm 纳税调整项目金额$$

纳税调整项目金额包括两方面的内容：一是税收规定范围与会计规定不一致的应予以调整的金额；二是税法规定扣除标准与会计规定不一致的应予以调整的金额。

（1）收入项目。企业的收入总额包括以货币形式和非货币形式从各种来源取得的收入。其中，货币形式的收入包括：现金、存款、应收账款、应收票据、准备持有至到期的债券投资以及债务的豁免等；非货币形式的收入包括：固定资产、生物资产、无形资产、股权投资、存货、不准备持有至到期的债券投资、劳务以及有关权益等。

不征税收入是指不具可税性的收入。根据可税性原理，如果一项收入、收益具有公益性或者营利性，就不具可税性，不应对其征税。从政府角度而言，如果对财政支出的拨款征税后再转为财政收入，就如同将钱从自己的左口袋挪入右口袋，是对财政资金的循环征税，不符合效率原则。行政事业性收费、政府性基金两者均属财政性资金，都是国家财政收入，征税者不应再对自己征税。

免税收入是指具有可税性，但按税法规定免予征税的收入。企业的下列收入为免税收入：国债利息收入，符合条件的居民企业之间的股息、红利等权益性收益，在中国境内设立机构、场所的非居民企业从居民企业取得与该机构、场所有实际联系的股息、红利等权益性投资收益，符合条件的非营利组织的收入。

（2）扣除项目。

一是成本，指企业在生产经营活动中发生的销售成本、销货成本、业务支出以及其他耗费，即企业销售商品（产品、材料、下脚料、废料、废旧物资等）、提供劳务、转让固定资产、无形资产（包括技术转让）的成本。

二是费用，指企业每一个纳税年度为生产、经营商品和提供劳务所发生的销售（经营）费用、管理费用和财务费用。已经计入成本的有关费用除外。

三是税金，指企业发生的除企业所得税和允许抵扣的增值税以外的企业缴纳的各项税金及其附加。即企业按规定缴纳的消费税、城市维护建设税、关税、资源税、土地增值税、房产税、车船税、土地使用税、印花税、教育费附加等产品销售税金及附加。这些已纳税金准予税前扣除。

四是损失，指企业在生产经营活动中发生的固定资产和存货的盘亏、毁损、报废损失，转让财产损失，呆账损失，坏账损失，自然灾害等不可抗力造成的损失以及其他损失。

五是扣除的其他支出，指除成本、费用、税金、损失外，企业在生产经营活动中发生的与生产经营活动有关的、合理的支出。

（3）不得扣除的项目。在计算应纳税所得额时，下列支出不得扣除：向所有者支付的股息、红利等权益性投资收益款项；企业所得税税款；税收滞纳金；罚金、罚款和被没收财务的损失等。

（4）亏损弥补。亏损是指企业依照税法规定，将每一纳税年度的收入总额减除不征税收入、免税收入和各项扣除后小于零的数额。税法规定，企业某一纳税年度发生的亏损可以用下一年度的所得弥补，下一年度的所得不足以弥补的，可以逐年延续弥补，但结转年限最长不得超过 5 年。而且，企业在汇总计算缴纳企业所得税时，其境外营业机构的亏损不得抵减境内营业机构的营利。

5. 税收优惠。税法中规定的企业所得税税收优惠方式包括免税、减税、加计扣除、加速折旧、减计收入、税额抵免等。具体的税收优惠政策阐述如下。

花卉、茶以及其他饮料作物和香料作物的种植，海水养殖、内陆养殖，减半征收企业所得税。蔬菜、谷物、薯类、油料、豆类、棉花、麻类、糖料、水果、坚果的种植，农作物新品种的选育等，免征企业所得税。国家需要重点扶持的高新技术企业减按 15% 的税率征收企业所得税。自 2018 年 1 月 1 日~2020 年 12 月 31 日，对年应纳税所得额低于 100 万元（含 100 万元）的小型微利企业，其所得减按 50% 计入应纳税所得额，按 20% 的税率缴纳企业所得税。对研究开发费、安置残疾人员所支付的工资给予加计扣除优惠。企业在 2018 年 1 月 1 日~2020 年 12 月 31 日期间新购进的设备、器具，单位价值不超过 500 万元的，允许一次性计入当期成本费用在计算应纳税所得额时扣除，不再分年度计算折旧。

6. 应纳税额的计算。

（1）居民企业应纳税额的计算。居民企业应纳税所得额等于应纳税所得额乘以适用税率，基本计算公式为：

$$应纳税额 = 应纳税所得额 \times 适用税率 - 减免税额 - 抵免税额$$

其中，减免税额和抵免税额是指根据企业所得税法和国务院税收优惠规定减征、免征和抵免的应纳税额。

（2）境外所得税抵免。

第一，直接抵免，企业取得的居民企业来源于中国境外的所得、非居民企业在中国境内设立机构、场所，取得发生在中国境外但与该机构、场所有实际联系的应税所得，已在境外缴纳的所得税税额，可以从其当期应纳税额中抵免，抵免限额为该项所得依照企业所得税法规定计算的应纳税额；超过抵免限额的部分，可以在以后 5 个年度内，用每年度抵免限额抵免当年应抵税额后的余额进行抵补。

第二，间接抵免，居民企业从其直接或者间接控制的外国企业分得的来源于中国境外的股息、红利等权益性投资，外国企业在境外实际缴纳的所得税税额中属于该项所得负担的部分，可以作为该居民企业的可抵免境外所得税税额，在企业所得税法规定的抵免限额内抵免。

（3）非居民企业应纳税额的计算。对于在中国境内未设立机构、场所的，或者虽设立机构、场所但取得的所得与其所设机构、场所没有实际联系的非居民企业的所得，按照下列方法计算应纳税所得额：股息、红利等权益性投资收益和利息、租金、特许权使用费所得，以收入全额为应纳税所得额；转让财产所得，以收入全额减除财产净值后的余额为应纳税所得额。财产净值是指财产的计税基础减除已经按照规定扣除的折旧、折耗、摊销、准备金等后的余额；其他所得，参照前两项规定的方法计算应纳税所得额。

（二）个人所得税

1. 个人所得税的概念与特点。个人所得税是以个人（自然人）取得的各项应税所得为征税对象所征收的一种税。个人所得税的纳税人包括个人和具有自然人性质的企业。个人所得税的特点如下。

（1）综合与分类相结合的混合所得税制。世界各国的个人所得税制大体可分为三种类型：分类所得税制、综合所得税制和混合所得税制。我国现行个人所得税采用的是综合与分类相结合的混合所得税制，即将个人取得的各种所得划分为 9 项，居民个人取得的工资、薪金所得，劳务报酬所得，稿酬所得和特许使用权费所得合并为综合所得，按纳税年度计算个人所得税。非居民个人取得的前述四项所得和纳税人取得的其他五项所得，按照个人所得税法规定分项计算个人所得税。

（2）累进税率与比例税率并用。分类所得税制一般采用比例税率，综合所得税制通常采用累进税率。比例税率计算简便，便于实行源泉扣缴；累进税率对收入分配具有调节作用，体现公平。我国现行个人所得税将这两种形式的税率运用于个人所得税制。

（3）费用扣除额较宽。各国的个人所得税均有费用扣除的规定，只是扣除的方法及额度不尽相同。我国本着费用扣除从宽、从简的原则，采用费用定额扣除和定率扣除两种方法。对工资、薪金所得，每月减除费用5 000元（根据2018年8月31日十三届全国人民代表大会常务委员会第五次会议《关于修改〈中华人民共和国个人所得税法〉的决定》第七次修正，将综合所得基本减除费用标准，即通常所说的起征点，提高到5 000元/月）。

（4）采取源泉扣缴和自行申报两种征纳方法。我国个人所得税法规定，对纳税人的应纳税额分别采取由支付单位源泉扣缴和纳税人自行申报两种方法。

2. 纳税人。个人所得税的纳税人包括居民纳税人和非居民纳税人。居民纳税人是指在中国境内有住所，或者无住所而一个纳税年度内在中国境内居住满183天的个人，其从中国境内和境外取得的所得，依照本法规定缴纳个人所得税。非居民纳税人是指在中国境内无住所又不居住，或者无住所而一个纳税年度内在中国境内居住累计不满183天的个人，其从中国境内取得的所得，依照本法规定缴纳个人所得税。包括中国公民、个体工商户、个人独资企业、合伙企业投资者和香港、澳门、台湾同胞以及外籍个人等。

另外，我国个人所得税实行代扣代缴和个人申报纳税相结合的征收管理制度。税法规定，个人所得税以所得人为纳税人，以支付所得的单位或者个人为扣缴义务人。扣缴义务人应当按照国家规定办理全员全额扣缴申报。纳税人有中国居民身份证号码的，以中国居民身份证号码为纳税人识别号；纳税人没有中国居民身份证号码的，由税务机关赋予其纳税人识别号。扣缴义务人扣缴税款时，纳税人应当向扣缴义务人提供纳税人识别号。

3. 征税对象。个人所得税的征税对象是个人取得的应税所得。《中华人民共和国个人所得税法》列举征税的个人所得共有9项。

（1）工资、薪金所得，是指个人因任职或者受雇而取得的工资、薪金、奖金、年终加薪、劳动分红、津贴、补贴以及与任职或者受雇有关的其他所得。

（2）劳务报酬所得，是指个人从事设计、装潢、安装、制图、化验、测试、医疗、法律、会计、咨询、讲学、新闻、广播、审稿、书画、雕刻、影视、录音、录像、演出、表演、广告、展览、技术服务、介绍服务、经纪服务、代办服务以及其他劳务报酬的所得。个人担任董事职务所取得的董事费收入，属于劳务报酬性质，按劳务报酬所得项目征税。

（3）稿酬所得，是指个人因其作品以图书、报刊形式出版、发表而取得的所得。这里所说的作品，包括文学作品、书画作品、摄影作品，以及其他作品。作者去世后，财产继承人取得的遗作稿酬，亦应征收个人所得税。

（4）特许权使用费所得，是指个人提供专利权、商标权、著作权、非专利技术以及其他特许权的使用权取得的所得，不包括稿酬的所得。特许权主要涉及以下四种权利：专利权、商标权、著作权和非专利技术。

（5）经营所得，是指个体工商的生产、经营所得和对企事业单位的承包、承租经营所得。个体工商的生产、经营所得是指个体工商户从事工业、手工业、建筑业、交通运输业、商业、饮食业、服务业、修理业以及其他行业生产、经营取得的所得；企事业单位的承包、承租经营所得，是指个人承包经营、承租经营以及转包、转租取得的所得，还包括个人按月或者按次取得的工资、薪金性质的所得。

（6）利息、股息、红利所得，是指个人拥有债权、股权而取得的利息、股息、红利所得。其中：利息一般是指存款、贷款和债券的利息。股息、红利是指个人拥有股权取得的公司、企业分红，按照一定的比率派发的每股息金，称为股息；根据公司、企业应分配的、超过股息部分的利润，按股派发的红股，称为红利。从 2008 年 10 月 9 日起，对储蓄存款利息所得暂免征收个人所得税。

（7）财产租赁所得，是指个人出租建筑物、土地使用权、机器设备、车船以及其他财产取得的所得。个人取得的财产转租收入，属于该范围。

（8）财产转让所得，是指个人转让有价证券、股权、建筑物、土地使用权、机器设备、车船以及其他财产取得的所得，不含股票转让所得。对个人取得的各项财产转让所得，除股票转让所得外，都要征收个人所得税。

（9）偶然所得，是指个人得奖、中奖、中彩以及其他偶然性质的所得。其中，得奖，是指参加各种有奖竞赛活动，取得名次获得的奖金；中奖、中彩，是指参加各种有奖活动，如有奖销售、有奖储蓄或购买彩票，经过规定程序，抽中、摇中号码而取得的奖金。

上述（1）~（4）所得（以下称综合所得），居民个人按纳税年度合并计算个人所得税，非居民个人按月或者按次分项计算个人所得税；（5）~（9）所得，依照新个人所得税法规定分别计算个人所得税。

4. 税率。

（1）综合所得，适用3%~45%的超额累进税率如表6-1所示。

表6-1　　　　　　　　　　个人所得税税率（综合所得适用）

级数	全年应纳税所得额	税率（%）
1	不超过36 000元的	3
2	超过36 000元~144 000元的部分	10
3	超过144 000元~300 000元的部分	20
4	超过300 000元~420 000元的部分	25
5	超过420 000元~660 000元的部分	30
6	超过660 000元~960 000元的部分	35
7	超过960 000元的部分	45

注：（1）本表所称全年应纳税所得额是指依照新个税法第6条的规定，居民个人取得综合所得以每一纳税年度收入额减除费用6万元以及专项扣除、专项附加扣除和依法确定的其他扣除后的余额。（2）非居民个人取得工资、薪金所得，劳务报酬所得，稿酬所得和特许权使用费所得，依照本表按月换算后计算应纳税额。

（2）经营所得，适用5%~35%的超额累进税率如表6-2所示。

表6-2　　　　　　　　　　个人所得税税率（经营所得适用）

级数	全年应纳税所得额	税率（%）
1	不超过30 000元的	5
2	超过30 000元~90 000元的部分	10
3	超过90 000元~300 000元的部分	20
4	超过300 000元~500 000元的部分	30
5	超过500 000元的部分	35

注：本表所称全年应纳税所得额是指依照新个税法第6条的规定，以每一纳税年度的收入总额减除成本、费用以及损失后的余额。

（3）利息、股息、红利所得，财产租赁所得，财产转让所得和偶然所得，适用比例税率，税率为20%。

5. 应纳税所得额的计算。

（1）居民个人的综合所得，以每一纳税年度的收入额减除费用6万元以及专项扣除、专项附加扣除和依法确定的其他扣除后的余额，为应纳税所得额。

注：该规定中的专项扣除，包括居民个人按照国家规定的范围和标准缴纳的基本养老保险、基本医疗保险、失业保险等社会保险费和住房公积金等；专项附加扣除，包括子女教育、继续教育、大病医疗、住房贷款利息或者住房租金、赡养老人支出。

第一，子女教育。纳税人的子女接受全日制学历教育的相关支出，按照每个子女每月1 000元的标准定额扣除。父母可以选择由其中一方按扣除标准的100%扣除，也可以选择由双方分别按扣除标准的50%扣除，具体扣除方式在一个纳税年度内不能变更。

第二，继续教育。纳税人在中国境内接受学历（学位）继续教育的支出，在学历（学位）教育期间按照每月400元定额扣除。纳税人接受技能人员职业资格继续教育、专业技术人员职业资格继续教育的支出，在取得相关证书的当年，按照3600元定额扣除。

第三，大病医疗。在一个纳税年度内，纳税人发生的与基本医保相关的医药费用支出，扣除医保报销后个人负担累计超过15 000元的部分，由纳税人在办理年度汇算清缴时，在80 000元限额内据实扣除。纳税人发生的医药费用支出可以选择由本人或者其配偶扣除；未成年子女发生的医药费用支出可以选择由其父母一方扣除。

第四，住房贷款利息。纳税人本人或者配偶单独或者共同使用商业银行或者住房公积金个人住房贷款为本人或者其配偶购买中国境内住房，发生的首套住房贷款利息支出，在实际发生贷款利息的年度，按照每月1 000元的标准定额扣除，扣除期限最长不超过240个月。

第五，住房租金。纳税人在主要工作城市没有自有住房而发生的住房租金支出，可以按照主要工作城市的不同分别按1 500元、1 100元、800元标准定额扣除。

第六，赡养老人。纳税人为独生子女的，赡养一位及以上年满60岁以上被赡养人的赡养支出，按照每月2 000元的标准定额扣除；纳税人为非独生子女的，由其与兄弟姐妹分摊每月2 000元的扣除额度，每人分摊的额度不能超过每月1 000元。

（2）非居民个人的工资、薪金所得，以每月收入额减除费用5 000元后的余额为应纳税所得额；劳务报酬所得、稿酬所得、特许权使用费所得，以每次收入额为应纳税所得额。

（3）经营所得，以每一纳税年度的收入总额减除成本、费用以及损失后的余额，为应纳税所得额。

（4）财产租赁所得，每次收入不超过4 000元的，减除费用800元；4 000元以上的，减除20%的费用，其余额为应纳税所得额。

（5）财产转让所得，以转让财产的收入额减除财产原值和合理费用后的余额，为应纳税所得额。

（6）利息、股息、红利所得和偶然所得，以每次收入额为应纳税所得额。

劳务报酬所得、稿酬所得、特许权使用费所得以收入减除20%的费用后的余额为收入额。稿酬所得的收入额减按70%计算。

个人将其所得对教育、扶贫、济困等公益慈善事业进行捐赠，捐赠额未超过纳税人申报的应纳税所得额30%的部分，可以从其应纳税所得额中扣除；国务院规定对公益慈善事业捐赠实行全额税前扣除的，从其规定。

6. 税收优惠。下列各项个人所得，免征个人所得税。

（1）省级人民政府、国务院部委和中国人民解放军军以上单位，以及外国组织、国际组织颁发的科学、教育、技术、文化、卫生、体育、环境保护等方面的奖金。

（2）国债和国家发行的金融债券利息。

（3）按照国家统一规定发给的补贴、津贴。

（4）福利费、抚恤金、救济金。

（5）保险赔款。

（6）军人的转业费、复员费、退役金。

（7）按照国家统一规定发给干部、职工的安家费、退职费、基本养老金或者退休费、离休费、离休生活补助费。

（8）依照有关法律规定应予免税的各国驻华使馆、领事馆的外交代表、领事官员和其他人员的所得。

（9）中国政府参加的国际公约、签订的协议中规定免税的所得。

（10）国务院规定的其他免税所得。

前面第10项免税规定，由国务院报全国人民代表大会常务委员会备案。

有下列情形之一的，可以减征个人所得税，具体幅度和期限，由省、自治区、直辖市人民政府规定，并报同级人民代表大会常务委员会备案：（1）残疾、孤老人员和烈属的所得；（2）因自然灾害遭受重大损失的。

国务院可以规定其他减税情形，报全国人民代表大会常务委员会备案。

7. 纳税申报。有下列情形之一的，纳税人应当依法办理纳税申报：（1）取得综合所得需要办理汇算清缴；（2）取得应税所得没有扣缴义务人；（3）取得应税所得，扣缴义务人未扣缴税款；（4）取得境外所得；（5）因移居境外注销中国户籍；（6）非居民个人在中国境内从两处以上取得工资、薪金所得；（7）国务院规定的其他情形。

扣缴义务人应当按照国家规定办理全员全额扣缴申报，并向纳税人提供其个人所得和已扣缴税款等信息。

四、资源税、土地增值税、城镇土地使用税

（一）资源税

1. 资源税的概念。资源税是对在我国领域及管辖海域从事应税矿产品开采和生产盐（以下简称开采或者生产应税产品）的单位和个人课征的一种税，属于对自然资源占用课税的范畴。

对资源的使用行为征税，是国家以自然资源所有者的身份，对自然资源使用者赋予使用权而取得的一种报酬收入，具有有偿使用资源的性质。

2. 纳税义务人与扣缴义务人。在中华人民共和国领域及管辖海域从事应税

矿产品开采和生产盐的单位和个人，为资源税的纳税人。为便于加强对资源税的征管和保证税款及时、安全入库，堵塞漏洞，在资源税暂行条例和细则中规定以收购未税矿产品的单位作为资源税的扣缴义务人。扣缴义务人主要是对那些税源小、零散、不定期开采，税务机关难以控制，容易发生漏税的单位和个人，在收购其未税矿产品时代扣代缴其应纳的税款。

3. 税目。资源税的税目反映征收资源税的具体范围，是资源税课征对象的具体表现形式。资源条件好的，税额高一些；资源条件差的，税额低一些。在具体设计税目时，采取列举法，即按照各种课税的产品类别分别设置税目，只将原油、天然气、煤炭、金属矿、其他非金属矿5大类，列入了征税范围。在5个税目下面又设有若干子目。具体规定是：

（1）原油：是指开采的天然原油征税；人造石油不征税。

（2）天然气：是指专门开采的天然气和与原油同时开采的天然气征税；煤矿生产的天然气暂不征税。

（3）煤炭：是指对原煤和以未税原煤加工的洗选煤征税；已税原煤加工的洗选煤和其他煤炭制品不征税。

（4）金属矿：是指包含铁矿、金矿、铜矿、铝土矿、铅锌矿、镍矿、锡矿，钨、钼、未列举名称的其他金属矿产品原矿或精矿。

（5）其他非金属矿：是指包含石墨、硅藻土、高岭土、萤石、石灰石、硫铁矿、磷矿、氯化钾、硫酸钾、井矿盐、湖盐、提取地下卤水晒制的盐、煤层（成）气、海盐、稀土及未列举名称的其他非金属矿产品。

对未列举名称的其他金属和非金属矿产品，按照从价计征为主、从量计征为辅的原则，由省级人民政府根据实际情况确定具体税目和适用税率，报财政部和国家税务总局备案。

4. 税率。资源税采取从价定率或者从量定额的办法计征，实施"级差调节"的原则。2016年7月1日全面推进资源税改革后，资源税主要采用比例税率从价计征，实行从量定额计征的项较少。一是对经营分散、多为现金交易且难以控管的黏土、砂石，按照便利征管原则，仍实行每吨或立方米0.1元~5元从量定额计征资源税；二是对未列举名称的其他非金属矿产品（原矿或精矿）按照从价计征为主、从量计征为辅的原则，对其中的部分矿产品实施每吨或立方米不超过 30 元的从量税。

应当分别核算不同税目应税产品的销售额或者销售数量；未分别核算或者不能准确提供不同税目应税产品的销售额或者销售数量的，从高适用税率。

5. 应纳税额的计算。资源税的计税依据为应税产品的销售额或销售量。具体而言，分为从价定率和从量定额征收的计税依据。从而应纳税额的计算也要区分从价与从量。具体方法如下。

从价定率应纳税额的计算：

$$应纳税额 = 销售额 \times 适用税率$$

从量定额应纳税额的计算：

$$应纳税额 = 课税数量 \times 适用的单位税额$$

实行从量定额征收资源税的计税依据是销售数量，不是按开采量或生产量。

收购未税矿产品的扣缴义务人代扣代缴资源税应纳税额的计算：

$$代扣代缴应纳税额 = 收购的未税矿产品数量（对应的价款）$$
$$\times 适用的单位税额（税率）$$

其中，资源税的特殊计税规定如下。

（1）原矿销售额与精矿销售额的换算或折算。为公平原矿与精矿之间的税负，对同一种应税产品，征税对象为精矿的，纳税人销售原矿时，应将原矿销售额换算为精矿销售额缴纳资源税；征税对象为原矿的，纳税人销售自采原矿加工的精矿，应将精矿销售额折算为原矿销售额缴纳资源税。

（2）资源税的"税不重征"规则。纳税人用已纳资源税的应税产品进一步加工应税产品销售的，不再缴纳资源税。纳税人以未税产品和已税产品混合销售或者混合加工为应税产品销售的，应当准确核算已税产品的购进金额，在计算加工后的应税产品销售额时，准予扣减已税产品的购进金额；未分别核算的，一并计算缴纳资源税。

（3）资源税的单一环节征税原则。资源税具有单一环节一次课征的特点，只在开采后出厂销售或移送自用环节纳税，其他批发、零售环节不再纳税。

6. 煤炭资源税的计算方法。煤炭资源税应纳税额按照原煤或者洗选煤计税销售额乘以适用税率计算。

（1）原煤应纳税额＝原煤销售额×适用税率。

（2）洗选煤应纳税额＝洗选煤销售额×折算率×适用税率。

纳税人将其开采的原煤加工为洗选煤销售的，以洗选煤销售额乘以折算率作为应税煤炭销售额计算缴纳资源税。

7. 税收优惠。资源税贯彻普遍征收、级差调节的原则思想，因此规定的减免税项目比较少。

（1）开采原油过程中用于加热、修井的原油，免税。

（2）纳税人开采或者生产应税产品过程中，因意外事故或者自然灾害等原因遭受重大损失的，由省、自治区、直辖市人民政府酌情决定减税或者免税。

（3）铁矿石资源税减按40%征收。

（4）对鼓励利用的低品位矿、废石、尾矿、废渣、废水、废气等提取的矿产品，由省级人民政府根据实际情况确定是否减税或免税，并制定具体办法。

（5）从2007年1月1日起，对地面抽采煤矿瓦斯暂不征收资源税。

（6）自2010年6月1日起，纳税人在新疆开采的原油、天然气，自用于连续生产原油、天然气的，不缴纳资源税；自用于其他方面的，视同销售，依照规定计算缴纳资源税。

8. 出口应税产品不退（免）资源税的规定。资源税规定仅对在中国境内开采或生产应税产品的单位和个人征收，进口的矿产品和盐不征收资源税。由于对进口应税产品不征收资源税，相应地对出口应税产品也不免征或退还已纳资源税。

（二）土地增值税

1. 土地增值税概述。土地增值税是对有偿转让国有土地使用权及地上建筑物和其他附着物产权，取得增值收入的单位和个人征收的一种税。土地增值税有以下特点。

（1）以转让房地产取得的增值额为征税对象。我国的土地增值税将土地、房屋的转让收入合并征收。作为征税对象的增值额，是纳税人转让房地产的收入减除税法规定准予扣除项目金额后的余额。

（2）征税面较广。凡在我国境内转让房地产并取得增值收入的单位和个人，除税法规定免税的外，均应依照税法规定缴纳土地增值税。

（3）采取扣除法和评估法计算增值额。土地增值税在计算时，以纳税人转让房地产取得的收入，减除法定扣除项目金额后的余额作为计税依据。对旧房及建筑物的转让，以及对纳税人转让房地产申报不实、成交价格偏低的，采用评估价格法确定增值额，计征土地增值税。

（4）实行超率累进税率。土地增值税的税率是以转让房地产的增值率高低为依据，按照累进原则设计的，实行分级计税。增值率高的，适用的税率高、多纳税，反之亦然。

（5）实行按次征收。土地增值税发生在房地产转让环节，实行按次征收，每发生一次转让行为，就应根据每次取得的增值额征一次税。其纳税时间和缴纳方法根据房地产转让情况而定。

2. 纳税人、征税对象和税率。

（1）土地增值税的纳税人和征税范围。土地增值税的纳税义务人为转让国有土地使用权、地上的建筑及其附着物（以下简称转让房地产）并取得收入的单位和个人。单位包括各类企业、事业单位、国家机关和社会团体及其他组织。个人包括个体经营者。

土地增值税的征税范围包括：第一，转让国有土地使用权。第二，地上的建筑物及其附着物连同国有土地使用权一并转让。第三，存量房地产的买卖。

（2）税率。根据上述原则，土地增值税实行四级超率累进税率，即以纳税对象的增值率为累进依据，按照超额累进方式计算应纳税额的税率。采用超率累进税率，需要确定以下三项因素：一是纳税对象数额的相对率（土地增值税的增值额与扣除项目金额的比为相对率）；二是把纳税对象的相对率从低到高划分为若干级次；三是按各级次分别规定不同的税率。土地增值税税率表可以清晰地反映这三项因素，如表6-3所示。

表6-3 土地增值税四级超率累进税率

级数	增值额与扣除项目金额的比率	税率（%）	速算扣除系数（%）
1	不超过50%的部分	30	0
2	超过50%～100%的部分	40	5
3	超过100%～200%的部分	50	15
4	超过200%的部分	60	35

从土地增值税税率表中我们可以看到，土地增值税的最低税率为30%，最高税率为60%，税收负担高于企业所得税。实行这样的税率结构和负担水平，一方面可以对正常的房地产开发经营，通过较低税率体现优惠政策；另一方面对取得过高收入，尤其是对炒买炒卖房地产获取暴利的单位和个人，能发挥一定的调节作用。

3. 计税依据。土地增值税的计税依据是转让房地产所取得的增值额。转让房地产的增值额，是转让房地产的收入减除税法规定的扣除项目金额后的余额。因此，土地增值额的大小，取决于房地产转让收入和扣除项目这两大因素。税法中对这两个因素作了较为详尽的规定。

（1）转让收入的确定。税法规定，纳税人转让房地产取得的应税收入，应包括转让房地产的全部价款及有关的经济利益。从形式上看，转让房地产收入包括货币收入、实物收入和其他收入。

（2）扣除项目。在确定房地产转让的增值额和计算应纳土地增值税时，允许从房地产转让收入总额中扣除的项目及其金额，如果从征税对象或税基划分，大致可以分为三类：一是土地使用权人将未建建筑物或其他附着物的土地使用权出售给买受人时，允许从收入额中扣除的项目及其金额；二是纳税人取得土地使用权后，建造商品房，并将建造的商品房连同使用范围内的土地使用权出售给买受人，允许扣除的项目及其金额；三是纳税人出售上述两种情况之外的其他房地产，如出售旧房及建筑物，允许扣除的项目及其金额。

（3）房地产开发成本。房地产开发成本是指纳税人房地产开发项目实际发生的成本，包括土地的征用及拆迁补偿费、前期工程费、建筑安装工程费、基础设施费、公共配套设施费、开发间接费用等。

（4）房地产开发费用。房地产开发费用是指与房地产开发项目有关的销售费用、管理费用和财务费用。根据现行财务会计制度的规定，这三项费用作为期间费用，直接计入当期损益，不按成本核算对象进行分摊。故作为土地增值税扣除项目的房地产开发费用，不按纳税人房地产开发项目实际发生的费用扣除，而按照税法中规定的标准进行扣除。

（5）与转让房地产有关的税金。与转让房地产有关的税金是指在转让房地产时缴纳的城市维护建设税、印花税及教育费附加。

（6）其他扣除项目。对专门从事房地产开发的企业，可按上述（1）、（2）项金额之和，加计20%的扣除额。此条优惠只适用于从事房地产开发的纳税人，除此之外的纳税人不适用。这条规定的目的是抑制炒买炒卖房地产的投机行为，保护正常开发投资者的积极性。

（7）旧房及建筑物的评估价格。纳税人转让旧房的，应按房屋及建筑物的评估价格、取得土地使用权所支付的地价款或出让金、按国家统一规定缴纳的有关费用和转让环节缴纳的税金作为扣除项目金额计征土地增值税。对取得土地使用权时未支付地价款或不能提供已支付的地价款凭据的，在计征土地增值税时不允许扣除。

4. 应纳税额的计算。土地增值税以转让房地产的增值额为税基，依据超率累进税率，计算应纳税额。计算的基本原理和方法是：首先以出售房地产的总收入减除扣除项目金额，求得增值额；再以增值额同扣除项目相比，其比值即为土地增值率；然后，根据土地增值率的高低确定适用税率，用增值额和适用税率相乘，求得应纳税额。计算公式如下。

$$应纳税额 = \sum（每级距的土地增值额 \times 适用税率）$$

但在实际工作中，分步计算比较烦琐，一般可以采用速算扣除法计算。即：计算土地增值税税额，可按增值额乘以适用的税率减去扣除项目金额乘以速算扣除系数的简便方法计算，具体方法如下。

（1）增值额未超过扣除项目金额50%时，计算公式为：土地增值税税额 = 增值额 ×30% 。

（2）增值额超过扣除项目金额50% ，未超过100%时，计算公式为：土地增值税税额 = 增值额 ×40% – 扣除项目金额 ×5% 。

（3）增值额超过扣除项目金额100% ，未超过200%时，计算公式为：土地增值税税额 = 增值额 ×50% – 扣除项目金额 ×15% 。

（4）增值额超过扣除项目金额200%时，计算公式为：土地增值税税额 = 增值额 × 60% − 扣除项目金额 × 35%。

上述公式中的5%、15%、35%分别为2、3、4级的速算扣除系数。

5. 税收优惠。

（1）纳税人建造普通标准住宅出售，增值额未超过扣除项目金额20%的，免征土地增值税。这里所说的"普通标准住宅"，是指按所在地一般民用住宅标准建造的居住用住宅。高级公寓、别墅、度假村等不属于普通标准住宅。

（2）因国家建设需要依法征用、收回的房地产，免征土地增值税。这里所说的"因国家建设需要依法征用、收回的房地产"，是指因城市实施规划、国家建设的需要而被政府批准征用的房产或收回的土地使用权等。

（三）城镇土地使用税

1. 城镇土地使用税概述。城镇土地使用税法是指国家制定的调整城镇土地使用税征收与缴纳权利以及义务关系的法律规范。城镇土地使用税的特点有：对占用或使用土地的行为征税，征税对象是国有土地，实行差别幅度税额。

2. 纳税人。凡在城市、县城、建制镇、工矿区范围内使用土地的单位和个人，为城镇土地使用税的纳税义务人，由于在现实经济生活中，使用土地的情况十分复杂，为确保将土地使用税及时、足额地征收入库，税法根据用地者的不同情况，对纳税人作了如下具体规定：（1）城镇土地使用税由拥有土地使用权的单位或个人缴纳。（2）拥有土地使用权的单位和个人不在土地所在地的，其土地的实际使用人和代管人为纳税义务人。（3）土地使用权未确定或权属纠纷未解决的，其实际使用人为纳税义务人。（4）土地使用权共有的，共有各方都是纳税义务人，由共有各方分别纳税。

上述单位，包括国有企业、集体企业、私营企业、股份制企业、外商投资企业、外国企业以及其他企业和事业单位、社会团体、国家机关、军队以及其他单位；上述个人，包括个体工商户以及其他个人。

3. 征税范围。城镇土地使用税的征税范围包括在城市、县城、建制镇和工矿区内的国家所有和集体所有的土地。对建立在城市、县城、建制镇和工矿区以外的工矿企业则不需要缴纳城镇土地使用税。

4. 适用税率。土地使用税实行定额税率。城镇土地使用税实行分级幅度税额。每平方米土地年税额规定如下：大城市 0.5 元～30 元；中等城市 1.2 元～24 元；小城市 0.9 元～18 元；县城、建制镇、工矿区 0.6 元～12 元。

5. 计税依据。城镇土地使用税以纳税义务人实际占用的土地面积为计税依据。纳税人实际占用的土地面积，是指由省、自治区、直辖市人民政府确定的单位组织测定的土地面积。尚未组织测量，但纳税人持有政府部门核发的土地使用证书的，以证书确认的土地面积为准；尚未核发土地使用证书的，应由纳税人据实申报土地面积，据以纳税。待核发土地使用证以后再作调整。

6. 应纳税额的计算。城镇土地使用税的应纳税额依据纳税人实际占用的土地面积和适用单位税额计算。计算公式如下：

全年应纳税额 = 实际占用应税土地面积(平方米) × 适用税额

单独建造的地下建筑物的税额计算公式：

全年应纳税额 = 证书确认应税土地面积或地下建筑物垂直投影面积（平方米）
× 适用税额 × 50%

如果土地使用权由几方共有的，由共有各方按照各自实际使用的土地面积占总面积的比例，分别计算缴纳土地使用税。

7. 税收优惠。城镇土地使用税的税收优惠包括：法定免缴土地使用税的优惠和省、自治区、直辖市地方税务局确定减免土地使用税的优惠。

（1）国家机关、人民团体、军队自用的土地；

（2）由国家财政部门拨付事业经费的单位自用的土地；

（3）宗教寺庙、公园、名胜古迹自用的土地；

（4）市政街道、广场、绿化地带等公共用地；

（5）直接用于农、林、牧、渔业的生产用地等。

五、房产税、契税、车船税

（一）房产税

1. 房产税的概念。房产税是以房屋为征税对象，按房屋的计税余值或租金收入向房产所有人征收的一种财产税。征收房产税有利于地方政府筹集财政收入也有利于加强房产管理。

2. 房产税的征税范围。房产税的征税对象是房产。所谓房产，是指有屋面和围护结构（有墙或两边有柱），能够遮风避雨，可提供人们在其中生产、学习、工作、娱乐、居住或储藏物资的场所。而且房产不等于建筑物。房地产开发企业建造的商品房，在出售前，不征收房产税；但对出售前房地产开发企业已使用或出租、出借的商品房应按规定征收房产税。房产税的征税范围为：城市、县城、建制镇和工矿区。其中：

（1）城市是指经国务院批准设立的市。城市的征税范围为市区、郊区和市辖县县城，不包括农村。

（2）县城是指未设立建制镇的县人民政府所在地。

（3）建制镇是指经省、自治区、直辖市人民政府批准设立的建制镇。建制镇的征税范围为镇人民政府所在地，不包括所辖的行政村。

（4）工矿区是指工商业比较发达，人口比较集中，符合国务院规定的建制镇标准，但尚未设立镇建制的大中型工矿企业所在地。开征房产税的工矿区须经省、自治区、直辖市人民政府批准。

3. 纳税人。房产税以在征税范围内的房屋产权所有人为纳税人。其中：

（1）产权属国家所有的，由经营管理单位纳税；产权属集体和个人所有的，由集体单位和个人纳税。

（2）产权出典的，由承典人纳税。

（3）产权所有人、承典人不在房屋所在地的，或者产权未确定及租典纠纷未解决的，由房产代管人或者使用人纳税。

（4）无租使用其他房产的问题。纳税单位和个人无租使用房产管理部门、免税单位及纳税单位的房产，应由使用人代为缴纳房产税。

4. 房产税的税率。房产税采用比例税率，根据房产税的计税依据分为两种：依据房产计税余值计税的，税率为 1.2%；依据房产租金收入计税的，税率12%；从 2001 年 1 月 1 日起，对个人按市场价格出租的居民住房，用于居住的，其应缴纳的房产税暂减按 4% 的税率征收。自 2008 年 3 月 1 日起，对个人出租住房，不区分用途，均按 4% 的税率征收房产税。

5. 房产税的计税依据和应纳税额的计算。房产税的计税依据是房产的计税价值或房产的租金收入。按照房产价值征税的，称为从价计征；按照房产租金收入计征的，称为从租计征。

（1）从价计征。《房产税暂行条例》规定，房产税按照房产原值一次减除10%~30%的损耗价值以后的余额计算缴纳。从价计征房产税的情况下，应纳税额的计算公式为：

$$应纳税额 = 应税房产原值 \times (1 - 扣除比例) \times 1.2\%$$

（2）从租计征。房产出租的，以房产租金收入为房产税的计税依据。房产的租金收入，是房屋产权所有人出租房产使用权所取得的报酬，包括货币收入和实物收入。对以劳务或其他形式作为报酬抵付房租收入的，应根据当地同类房产的租金水平，确定一个标准租金额，从租计征。

从租计征房产税的情况下，应纳税额的计算公式为：

$$应纳税额 = 租金收入 \times 12\%（或 4\%）$$

6. 房产税的减免税优惠。依据《房产税暂行条例》及有关规定，目前房产税的减免税优惠主要有：（1）国家机关、人民团体、军队自用的房产免征房产税。（2）国家财政部门拨付事业经费的单位自用的房产免征房产税。（3）宗教寺庙、公园、名胜古迹自用的房产免征房产税等。

（二）契税

1. 契税概念。契税是以中华人民共和国境内转移土地、房屋权属为征税对象，向产权承受人征收的一种财产税。契税是一个古老的税种，最早起源于东晋的"古税"，至今已有1600多年的历史。新中国成立以后颁布的第一个税收法规就是《契税暂行条例》。其基本内容是：凡土地、房屋之买卖、典当、赠与和交换，均应凭土地、房屋的产权证明，在当事人双方订立契约时，由产权承受人缴纳契税。

2. 特点。

（1）契税属于财产转移税。契税以发生转移的不动产，即土地和房屋为征税对象，具有财产转移课税性质。土地、房屋产权未发生转移的，不征契税。

（2）契税由财产承受人缴纳。一般税种都确定销售者为纳税人，即卖方纳税。契税则由承受人纳税，即买方纳税。

3. 征税范围。契税的征税对象是在境内发生土地使用权、房屋所有权权属转移的土地和房屋。具体征税范围包括：国有土地使用权的出让、土地使用权转让及房屋的买卖、赠与、交换。

（1）国有土地使用权出让。是指国家以土地所有者的身份将土地使用权在一定年限内让与土地使用者，并由土地使用者向国家支付土地出让金的行为。

（2）土地使用权转让，包括出售、赠与和交换。是指土地使用者通过出让等形式取得土地使用权后，将土地使用权出售、交换、赠与等再转让的行为（不包括农村集体土地承包经营权的转移）。

（3）房屋买卖。即以货币为媒介，出卖者向购买者过渡房产所有权的交易行为。以下几种特殊情况，视同买卖房屋：以房产抵债或实物交换房屋；以房产作投资或作股权转让；买房拆料或翻建新房，应照章征收契税。

（4）房屋赠与。房屋的赠与是指房屋产权所有人将房屋无偿转让给他人所有。其中，将自己的房屋转交给他人的法人和自然人，称作房屋赠与人，接受他人房屋的法人和自然人，称为受赠人。房屋赠与的前提必须是，产权无纠纷，赠与人和受赠人双方自愿。

（5）房屋交换。房屋交换，是指房屋住户、用户、所有人为了生活工作方便，相互之间交换房屋的使用权的行为。行为的主体有公民、房地产管理机关，以及企事业单位、机关团体。交换的标的性质有公房、私房；标的种类有住宅、店面及办公用房等。行为的内容是：经房屋所有人同意，使用者可以通过变更合同，办理过户手续，交换房屋使用权。

4. 纳税人。契税的纳税义务人是指在中华人民共和国境内转移土地、房屋权属，承受产权的单位和个人。境内是指中华人民共和国实际税收行政管辖范围内。土地、房屋权属是指土地使用权和房屋所有权。单位是指企业单位、事业单位、国家机关、军事单位和社会团体以及其他组织。个人是指个体经营者及其他个人，包括中国公民和外籍人员。

5. 税率。契税实行幅度比例税率，税率幅度为 3% ~ 5%。其中，个人购买 90 平方米及以下普通住房，且该住房属于家庭唯一住房的，契税税率暂统一为

1%（全国一致）。具体执行税率，由省、自治区、直辖市人民政府在规定的幅度内，根据本地区的实际情况确定。

6. 计税依据。契税的计税依据按照土地、房屋交易的不同情况确定如下。

（1）国有土地使用权出让、土地使用权出售、房屋买卖，其计税依据为成交价格。这样规定的好处：一是与城市房地产管理法和有关房地产法规规定的价格、申报制度相一致；二是在现阶段有利于契税的征收管理。

（2）土地使用权赠与、房屋赠与，其计税依据由征收机关参照土地使用权出售、房屋买卖的市场价格核定。这是因为土地使用权赠与、房屋赠与属于特殊的转移形式，无货币支付，在计征税额时只能参照市场上同类土地、房屋价格计算应纳税额。

（3）土地使用权交换、房屋交换，其计税依据是所交换的土地使用权、房屋的价格差额，其中，等价交换免征契税。对于成交价格明显低于市场价格且无正当理由的，或者所交换的土地使用权、房屋的价格差额明显不合理且无正当理由的，由征收机关参照市场价格核定。其目的是为了防止纳税人隐瞒、虚报成交价格。

7. 契税应纳税额的计算。

应纳税额的计算公式为：应纳税额 = 计税依据 × 税率。应纳税额以人民币计算。转移土地、房屋权属以外汇结算的，按照纳税义务发生之日，中国人民银行公布的人民币市场汇率中间价折合成人民币计算。

8. 减免税优惠。

（1）国家机关、事业单位、社会团体、军事单位承受土地、房屋用于办公、教学、医疗、科研和军事设施的，免征契税。

（2）城镇职工按规定第一次购买公有住房的，免征契税。

（3）因不可抗力丧失住房而重新购买住房的，酌情予以减征或者免征契税。

（4）财政部规定的其他减征、免征契税的项目。

（三）车船税

1. 车船税的概念。车船税是以车船为征税对象，向拥有车船的单位和个人征收的一种税。我国对车船课税历史悠久。现行车船税法的基本规范是 2011 年

2 月 25 日，由中华人民共和国十一届全国人民代表大会常务委员会第十九次会议通过《中华人民共和国车船税法》（以下简称《车船税法》），并于 2012 年 1 月 1 日起实施。

2. 车船税的特点。（1）实行分类、分级（项）定额税率。（2）车船税首先划分车辆与船舶，规定它们各自的定额税率。定额税率也称固定税额，是税率的一种特殊形式。

3. 纳税义务人与征税范围。车船税的纳税义务人，是指在中华人民共和国境内的车辆、船舶（以下简称车船）的所有人或者管理人。

车船税的征税范围是指在中华人民共和国境内属于车船税法所附《车船税税目税额表》规定的车辆、船舶。车辆、船舶具体包括：依法应当在车船管理部门登记的机动车辆、船舶和依法不需要在车船管理部门登记、在单位内部场所行驶或者作业的机动车辆和船舶。

4. 适用税目与税额。车船税实行定额税率，即对征税的车船规定单位固定税额。车船税计税单位包括"每辆""整备质量每吨""净吨位每吨""艇身长度每米"。车辆的具体适用税额由省、自治区、直辖市人民政府依照《车船税税目税额表》规定的税额幅度和国务院的规定确定。

车船税确定税额总的原则是：非机动车船的税负轻于机动车船；人力车的税负轻于畜力车；小吨位船舶的税负轻于大船舶。

5. 计税依据及税额的计算。纳税人应该按照纳税地所在的省、自治区、直辖市人民政府确定的具体使用税额缴纳车船税，并且由地方税务机关征收。

购置的新车船，购置当年的应纳税额自纳税义务发生的当月起按月计算。计算公式为：应纳税额 =（年应纳税额/12）× 应纳税月份数；应纳税月份数 = 12 − 纳税义务发生时间（取月份）+1。

6. 车船税的减免优惠。法定减免的有：

（1）捕捞、养殖渔船，是指在渔业船舶管理部门登记为捕捞船或者养殖船的船舶。

（2）军队、武装警察部队专用的车船，是指按照规定在军队、武装警察部队车船管理部门登记，并领取军队、武警牌照的车船。

（3）警用车船，是指公安机关、国家安全机关、监狱、劳动教养管理机关和人民法院、人民检察院领取警用牌照的车辆和执行警务的专用船舶等。

特定减免的有：

（1）经批准临时入境的外国车船和香港特别行政区、澳门特别行政区、台湾地区的车船，不征收车船税。

（2）按照规定缴纳船舶吨税的机动船舶，自《车船税法》实施之日起 5 年内免征车船税。

（3）机场、港口内部行驶或作业的车船，自《车船税法》实施之日起 5 年内免征车船税。

车船税法自 2012 年 1 月 1 日开始实施，按照时间计算，上述两条优惠期截止到 2017 年 1 月 1 日。

六、印花税、车辆购置税、城市维护建设税等

（一）印花税

1. 印花税的概念。印花税是以经济活动和经济交往中书立、领受应税凭证的行为所征收的一种税。因纳税人采用在应税凭证上粘贴印花税票来完成纳税义务，故名印花税。

2. 印花税的特点。

（1）兼有凭证税和行为税性质。印花税是对单位和个人书立、领受的应税凭证征收的一种税，具有凭证税性质。另外，任何一种应税经济凭证反映的都是某种特定的经济行为，因此，对凭证征税实质上是对经济行为的课税。

（2）征税范围广泛。印花税的征税对象包括了经济活动和经济交往中的各种应税凭证，凡书立和领受这些凭证的单位和个人都要缴纳印花税，其征税范围是极其广泛的。随着市场经济的发展和经济法制的逐步健全，依法书立经济凭证的现象将会愈来愈普遍。因此，印花税的征收面将更加广阔。

（3）税率低、负税轻。印花税与其他税种相比较，税率要低得多，其税负较轻，具有广集资金、积少成多的财政效应。

（4）由纳税人自行完成纳税义务。纳税人通过自行计算、购买并粘贴印花税票的方法完成纳税义务，并在印花税票和凭证的骑缝处自行盖戳注销或画销。

这也与其他税种的缴纳方法存在较大区别。

3. 征税范围。我国经济活动中发生的经济凭证种类繁多，数量巨大。现行印花税只对印花税条例列举的凭证征收，没有列举的凭证不征税。列举正式的凭证分为五类，即合同，产权转移书据，营业账簿，权利、许可证照和经财政部门确定征税的其他凭证。具体征税范围如下。

（1）合同。所谓合同，是指根据原《中华人民共和国经济合同法》《中华人民共和国涉外经济合同法》和其他有关合同法规订立的合同。所称具有合同性质的凭证，是指具有合同效力的协议、契约、合约、单据、确认书及其他各种名称的凭证。

（2）产权转移书据。产权转移即财产权利关系的变更行为，表现为产权主体发生变更。产权转移书据是指单位和个人产权的买卖、继承、赠与、交换、分割等产权主体变更过程中，由产权出让人与受让人之间所订立的民事法律文书。

我国印花税税目中的产权转移书据包括财产所有权、版权、商标专用权、专利权、专有技术使用权共5项产权的转移书据。

（3）营业账簿。印花税税目中的营业账簿归属于财务会计账簿，是按照财务会计制度的要求设置的，反映生产经营活动的账册。按照营业账簿反映的内容不同，在税目中分为记载资金的账簿（简称资金账簿）和其他营业账簿两类，以便分别采用按金额计税和按件计税两种计税方法。

（4）权利、许可证照。权利、许可证照是政府授予单位、个人某种法定权利和准予从事特定经济活动的各种证照的统称。包括政府部门发放的房屋产权证、工商营业执照、商标注册证、专利证、土地使用证等。

（5）经财政部门确定征税的其他凭证。

4. 纳税人。印花税纳税人是指在中国境内书立、使用、领受印花税法所列举的凭证并应依法履行纳税义务的单位和个人。包括国内各类企业、事业、机关、团体、部队，以及中外合资企业、合作企业、外资企业、外国公司和其他经济组织及其在华机构等单位和个人。按照征税项目分为：立合同人、立据人、立账簿人、领受人、使用人和各类电子应税凭证的签订人。

5. 计税依据。印花税的计税依据是指各种应税凭证上所记载的计税金额。根据不同征税项目，分别实行从价计征和从量计征两种征收方法。

（1）从价计税情况下计税依据的确定。实行从价计税的凭证，以凭证所载金额为计税依据。其具体规定如下：各类合同以合同上所记载的金额、收入或费用为计税依据；产权转移书据以书据中所载的金额为计税依据；记载资金的营业账簿，以实收资本和资本公积的两项合计金额为计税依据。

（2）从量计税情况下计税依据的确定。实行从量计税的其他营业账簿和权利、许可证照，以计税数量为计税依据。

6. 税率。现行印花税采用比例税率和定额税率两种税率。

（1）比例税率。印花税的比例税率分为五档，即：1‰、0.5‰、0.3‰和0.05‰。按比例税率征收的应税项目包括：各种合同及具有合同性质的凭证、记载资金的账簿和产权转移书据等。

（2）定额税率。其他营业账簿、权利许可证照采取按件规定固定税额。由于这类凭证没有金额记载，规定按件定额征税，可以方便征纳，简化手续。在印花税的 13 个税目中，适应定额税率是权利、许可证照和营业账簿中的其他账簿，单位税额均为 5 元/件。

7. 应纳税额的计算。按比例税率计算应纳税额的方法：应纳税额＝计税金额×适用税率。

8. 税收优惠。根据印花税暂行条例及实施细则和其他有关税法的规定，下列凭证免纳印花税：

（1）应税合同凭证的正本贴花之后，副本、抄本不再贴花（以副本、抄本视为正本使用的除外）。

（2）对无息、贴息贷款合同免税。

（3）对房地产管理部门与个人签订的用于生活居住的租赁合同免税。

（4）对农牧业保险合同免税。

（5）对与高校学生签订的高校学生公寓租赁合同免征印花税等。

（二）车辆购置税

1. 车辆购置税概述。车辆购置税是以在中国境内购置规定车辆为课税对象、在特定的环节向车辆购置者征收的一种税。就其性质而言，属于直接税的范畴。车辆购置税是在原交通部门收取的车辆购置附加费的基础上，通过"费改税"

方式演变而来的。车辆购置税基本保留了原车辆购置附加费的特点。2018 年 12 月 29 日第十三届全国人民代表大会常务委员会第七次会议通过《中华人民共和国车辆购置税法》。

2. 纳税义务人。车辆购置税的纳税义务人，为在中国境内购置汽车、有轨电车、汽车挂车、排气量超过 150 毫升的摩托车的单位和个人。这一表述，界定了车辆购置税的纳税人的范围、应税行为和征税区域等方面的内容。

（1）车辆购置税纳税义务人的具体范围。车辆购置税纳税义务人的范围包括"单位和个人"，"单位"是指国有企业、集体企业、私营企业、股份制企业、外商投资企业、外国企业以及其他企业，事业单位、社会团体、国家机关、部队以及其他单位；"个人"是指个体工商户及其他个人。

（2）车辆购置税的应税行为。车辆购置税的应税行为是指在中华人民共和国境内购置应税车辆的行为。具体行为包括以下几种情况：购买使用行为、进口使用行为、受赠使用行为、自产自用行为、获奖使用行为和除上述以外其他方式取得并使用应税车辆的行为，如拍卖、抵债、走私、罚没等方式取得并自用的应税车辆。

3. 车辆购置税的征税对象。车辆购置税以列举产品（商品）为征税对象，所谓"列举产品"，即指《车辆购置税法》规定的应税车辆，因此，应税车辆是车辆购置税的征税对象。

4. 车辆购置税的征税范围。车辆购置税的征收范围包括汽车、摩托车、有轨电车、汽车挂车。具体范围为：

（1）汽车。（2）排气量超过 150 毫升的摩托车。（3）有轨电车。（4）汽车挂车。

5. 税率与计税依据。我国车辆购置税实行统一比例税率，税率为 10%。

车辆购置税以应税车辆为征税对象，由于应税车辆购置的来源不同，应税行为的发生不同，计税价格的组成也就不一样。因此，车辆购置税计税依据的构成也就不同。

（1）购买自用应税车辆计税依据的确定。纳税人购买自用的应税车辆以计税价格为计税依据。计税价格的组成为纳税人购买应税车辆而支付给销售者的全部价款（不包括增值税税款）。

（2）进口自用应税车辆计税依据的确定。纳税人进口自用的应税车辆以组成计税价格为计税依据。计税价格的计算公式为：

$$组成计税价格 = 关税完税价格 + 关税 + 消费税$$
$$应纳关税 = 关税完税价格 × 关税税率$$
$$应纳消费税 = 组成计税价格 × 消费税税率$$
$$组成计税价格 = (关税完税价格 + 关税) ÷ (1 - 消费税税率)$$

进口自用应税车辆的计税价格，应根据纳税人提供的，经海关审查确认的有关完税证明资料确定（纳税人购买自用或者进口自用应税车辆，申报的应税车辆计税价格明显偏低，又无正当理由的，由税务机关依照《中华人民共和国税收征收管理法》的规定核定其应纳税额）。

（3）其他自用应税车辆计税依据的确定。纳税人自产自用应税车辆的计税价格，按照纳税人生产的同类应税车辆的销售价格确定，不包括增值税税款。纳税人以受赠、获奖或者其他方式取得自用应税车辆的计税价格，按照购置应税车辆时相关凭证载明的价格确定，不包括增值税税款。

6. 税收优惠。我国车辆购置税实行法定减免税。减税免税范围的具体规定是：

（1）依照法律规定应当予以免税的外国驻华使馆、领事馆和国际组织驻华机构及其有关人员自用的车辆；（2）中国人民解放军和中国人民武装警察部队列入装备订货计划的车辆；（3）悬挂应急救援专用号牌的国家综合性消防救援车辆；（4）设有固定装置的非运输专用作业车辆；（5）城市公交企业购置的公共汽电车辆。

纳税人已经缴纳车辆购置税但在办理车辆登记注册手续前，需要办理退还车辆购置税的，由纳税人申请，原代征机构审查后办理退还车辆购置税手续。已经办理了车辆登记注册手续的车辆，不论出于何种原因，均不得退还已缴纳的车辆购置税。

7. 应纳税额的计算。车辆购置税实行从价定率的办法计算应纳税额，应纳税额的计算公式为：

$$应纳税额 = 计税价格 × 税率$$

（三）城市维护建设税

1. 城市维护建设税的概念。城市维护建设税是对从事经营活动，缴纳增值税、消费税的单位和个人征收的一种税。简称为城建税。1985年2月8日国务院正式颁布了《中华人民共和国城市维护建设税暂行条例》（以下简称暂行条例），并于同年的1月1日在全国范围内施行。

2. 城市维护建设税的特点。城建税是一种具有受益性质的行为税，它与其他税收相比较具有以下特点：（1）税款专款专用，具有受益税性质。（2）属于一种附加税。城建税与其他税种不同，它是以纳税人实际缴纳的增值税、消费税税额为计税依据，随"两税"同时附征，其本身没有特定的课税对象，其征管方法也完全比照"两税"的有关规定办理，故其本质上属于一种附加税。（3）根据城建规模设计税率。（4）征收范围较广。

3. 纳税义务人和征税范围。

（1）纳税义务人。城建税的纳税人是在征税范围内从事经营活动，缴纳增值税、消费税的单位和个人。

（2）征税范围。城建税的征税范围比较广。具体包括城市、县城、建制镇，以及税法规定征收"两税"的其他地区。城市、县城、建制镇的范围，应根据行政区划作为划分标准，不能随意扩大或缩小各自行政区域的管辖范围。各类纳税人的进口环节不缴纳城建税。

4. 税率。城建税采用地区差别比例税率。按纳税人所在地的不同，税率分别规定为7%、5%、1%三个档次。不同地区的纳税人，实行不同档次的税率。具体适用范围是：

（1）纳税人所在地为市区的，税率为7%；

（2）纳税人所在地为县城、镇的，税率为5%；

（3）纳税人所在地不在市区、县城或镇的，税率为1%；开采海洋石油资源的中外合作油（气）田所在地在海上，其城建税适用1%的税率。

5. 计税依据及税额的计算。

（1）计税依据。城建税的计税依据是纳税人向税务机关实际缴纳的增值税、消费税之和。以"两税"税额为计税依据，指的是"两税"实纳税额，包括纳税人被税务机关查补的增值税、消费税和纳税人出口货物免抵的增值税。但是不包括加收的滞纳金和罚款，因为滞纳金和罚款是税务机关对纳税人采取的一种经济制裁，不是"两税"的征税。

（2）应纳税额的计算。城建税税额的计算公式：

$$应纳税额 = 纳税人实际缴纳的增值税、消费税税额之和 × 适用税率$$

第二节 纳税申报

一、基本纳税申报表编制

纳税申报表指纳税人履行纳税义务，按期向税务机关申报纳税期应缴税额时应填报的表格。我国《税收征收管理暂行条例》规定，纳税人必须按照规定进行纳税申报，向主管税务机关报送纳税申报表、财务会计报表和有关纳税资料。一般应包括纳税人名称、税种、税目、应纳税项目、适用税率或单位税额、计税依据、应纳税款、税款属期等内容。增值税申报表还有进项税额、销项税额；所得税申报表还有销售收入、销售利润、应纳税所得额、应纳所得税额等。

现在使用的纳税申报表主要有：增值税纳税申报表（分一般纳税人适用和小规模纳税人适用两种）、消费税纳税申报表、企业所得税纳税申报表、个人所得税月份申报表、个人所得税年度报表、个体工商户所得税月份申报表、个体工商户所得税年度申报表、个人承包承租经营所得税年度申报表、固定资产投资方向调节税纳税申报表、城镇土地使用税申报表、车船税纳税申报表、房产税纳税申报表、代收（代扣）代缴税款报告表等 19 种。下面简单介绍几种主要税种的纳税申报表。

1. 增值税纳税申报表包括：主表《增值税纳税申报表（一般纳税人适用）》，如表 6 - 4 所示。共 38 行三部分：销售额、税款计算、税款缴纳。附表（略）。

表6-4

根据国家税收法律法规及增值税相关规定制定本表。纳税人不论有无销售额，均应按税务机关核定的纳税期限填写本表，并向当地税务机关申报。

增值税纳税申报表
（一般纳税人适用）

税款所属时间：自 年 月 日至 年 月 日　　填表日期：年 月 日　　金额单位：元至角分

纳税人识别号		所属行业：	
纳税人名称	法定代表人姓名（公章）	注册地址	生产经营地址
开户银行及账号	登记注册类型		电话号码

项目		栏次	一般项目		即征即退项目	
			本月数	本年累计	本月数	本年累计
销售额	（一）按适用税率计税销售额	1				
	其中：应税货物销售额	2				
	应税劳务销售额	3				
	纳税检查调整的销售额	4				
	（二）按简易办法计税销售额	5				
	其中：纳税检查调整的销售额	6				
	（三）免、抵、退办法出口销售额	7			—	—
	（四）免税销售额	8			—	—
	其中：免税货物销售额	9			—	—
	免税劳务销售额	10			—	—
税款计算	销项税额	11				
	进项税额	12				
	上期留抵税额	13			—	—
	进项税额转出	14				

续表

项 目		栏 次	一般项目		即征即退项目	
			本月数	本年累计	本月数	本年累计
税款计算	免、抵、退应退税额	15			—	—
	按适用税率计算的纳税检查应补缴税额	16			—	—
	应抵扣税额合计	17 = 12 + 13 - 14 - 15 + 16		—		
	实际抵扣税额	18（如17＜11，则为17，否则为11）				
	应纳税额	19 = 11 - 18			—	—
	期末留抵税额	20 = 17 - 18				—
	简易计税办法计算的应纳税额	21				—
	按简易计税办法计算纳税检查应补缴税额	22		—		
	应纳税额减征额	23				
	应纳税额合计	24 = 19 + 21 - 23				
税款缴纳	期初未缴税额（多缴为负数）	25				
	实收出口开具专用缴款书退税额	26			—	
	本期已缴税额	27 = 28 + 29 + 30 + 31				
	①分次预缴税额	28		—		—
	②出口开具专用缴款书预缴税额	29		—		—
	③本期缴纳上期应纳税额	30				
	④本期缴纳欠缴税额	31				
	期末未缴税额（多缴为负数）	32 = 24 + 25 + 26 - 27		—		—
	其中：欠缴税额（≥0）	33 = 25 + 26 - 27				—

续表

项目		栏次	一般项目		即征即退项目	
			本月数	本年累计	本月数	本年累计
税款缴纳	本期应补（退）税额	34 = 24 − 28 − 29	—	—	—	—
	即征即退实际退税额	35	—	—	—	—
	期初未缴查补税额	36			—	—
	本期入库查补税额	37			—	—
	期末未缴查补税额	38 = 16 + 22 + 36 − 37			—	—

授权声明：如果你已委托代理人申报，请填写下列资料：

为代理一切税务事宜，现授权（地址）

为本纳税人的代理申报人，任何与本申报表有关的往来文件，都可寄予此人。

授权人签字：

申报人声明：本纳税申报表是根据国家税收法律法规及相关规定填报的，我确定它是真实的、可靠的、完整的。

声明人签字：

主管税务机关：

接收人：　　　　　　接收日期：

2. 消费税的纳税人应按条例的有关规定及时办理纳税申报，并如实填写纳税申报表。比如《酒类应税消费品消费税纳税申报表》，如表6－5所示。

表6－5　　　　　　　酒类应税消费品消费税纳税申报表

税款所属期：　　年　　月　　日至　　年　　月　　日

纳税人名称（公章）：　　　　纳税人识别号：□□□□□□□□□□□□□□□□□□□

填表日期：　　年　　月　　日　　单位：卷烟万支、雪茄烟支、烟丝千克；金额单位：（列至角分）

项目 / 应税消费品名称	适用税率		销售数量	销售额	应纳税额
	定额税率	比例税率			
卷烟	30元/万支	45%			
卷烟	30元/万支	30%			
雪茄烟	—	25%			
烟丝	—	30%	—	—	
合计	—	—			

本期准予扣除税额：

本期减（免）税额：

期初未缴税额：

本期缴纳前期应纳税额：

本期预缴税额：

本期应补（退）税额：

声明

　　此纳税申报表是根据国家税收法律的规定填报的，我确定它是真实的、可靠的、完整的。

经办人（签章）：

财务负责人（签章）：

联系电话：

（如果你已委托代理人申报，请填写）

授权声明

　　为代理一切税务事宜，现授权

（地址）　　　为

本纳税人的代理申报人，任何与本申报表有关的往来文件，都可寄予此人。

授权人签章：

以下由税务机关填写

受理人（签章）：　　受理日期：　　年　　月　　日　　受理税务机关（章）：

— 239 —

3. 国家税务总局关于发布《中华人民共和国企业所得税年度纳税申报表（A 类，2017 年版）》封面填报说明如表 6 - 6 所示，《中华人民共和国企业所得税年度纳税申报表（A 类）》，如表 6 - 7 所示。

表 6 - 6 　　　　　　中华人民共和国企业所得税年度纳税申报表

（A 类，2017 年版）

税款所属期间：　　年　　月　　日至　　年　　月　　日

纳税人统一社会信用代码：　□□□□□□□□□□□□□□□□□□

（纳税人识别号）

纳税人名称：

金额单位：人民币元（列至角分）

谨声明：此纳税申报表是根据《中华人民共和国企业所得税法》《中华人民共和国企业所得税法实施条例》以及有关税收政策和国家统一会计制度的规定填报的，是真实的、可靠的、完整的。

法定代表人（签章）：　　　　　　　年　　月　　日

纳税人公章：	代理申报中介机构公章：	主管税务机关受理专用章：
会计主管：	经办人： 经办人执业证件号码：	受理人：
填表日期：　年　月　日	代理申报日期：　年　月　日	受理日期：　年　月　日

国家税务总局监制

表 6 - 7 　　　　中华人民共和国企业所得税年度纳税申报表（A 类）

行次	类别	项　目	金额
1	利润总额计算	一、营业收入（填写 A101010 \ 101020 \ 103000）	
2		减：营业成本（填写 A102010 \ 102020 \ 103000）	
3		减：税金及附加	
4		减：销售费用（填写 A104000）	
5		减：管理费用（填写 A104000）	
6		减：财务费用（填写 A104000）	

行次	类别	项　目	金额
7	利润总额计算	减：资产减值损失	
8		加：公允价值变动收益	
9		加：投资收益	
10		二、营业利润（1－2－3－4－5－6－7＋8＋9）	
11		加：营业外收入（填写 A101010＼101020＼103000）	
12		减：营业外支出（填写 A102010＼102020＼103000）	
13		三、利润总额（10＋11－12）	
14	应纳税所得额计算	减：境外所得（填写 A108010）	
15		加：纳税调整增加额（填写 A105000）	
16		减：纳税调整减少额（填写 A105000）	
17		减：免税、减计收入及加计扣除（填写 A107010）	
18		加：境外应税所得抵减境内亏损（填写 A108000）	
19		四、纳税调整后所得（13－14＋15－16－17＋18）	
20		减：所得减免（填写 A107020）	
21		减：弥补以前年度亏损（填写 A106000）	
22		减：抵扣应纳税所得额（填写 A107030）	
23		五、应纳税所得额（19－20－21－22）	
24	应纳税额计算	税率（25%）	
25		六、应纳所得税额（23×24）	
26		减：减免所得税额（填写 A107040）	
27		减：抵免所得税额（填写 A107050）	
28		七、应纳税额（25－26－27）	
29		加：境外所得应纳所得税额（填写 A108000）	
30		减：境外所得抵免所得税额（填写 A108000）	
31		八、实际应纳所得税额（28＋29－30）	
32		减：本年累计实际已缴纳的所得税额	
33		九、本年应补（退）所得税额（31－32）	
34		其中：总机构分摊本年应补（退）所得税额（填写 A109000）	
35		财政集中分配本年应补（退）所得税额（填写 A109000）	
36		总机构主体生产经营部门分摊本年应补（退）所得税额（填写 A109000）	

二、纳税申报

纳税申报是指纳税人按照税法规定的期限和内容向税务机关提交有关纳税事项书面报告的法律行为，是纳税人履行纳税义务、承担法律责任的主要依据，是税务机关税收管理信息的主要来源和税务管理的一项重要制度。

纳税人必须按照规定进行纳税申报，向主管税务机关报送纳税申报表、财务会计报表和有关纳税资料。代征人应当按照规定履行代征、代扣、代缴税款的申报手续。纳税人纳税申报时间和代征人申报代征、代扣、代缴税款时间，由税务机关根据税收法规和纳税人、代征人的具体情况分别确定。

纳税人因有特殊情况，不能按期办理纳税申报，必须报告主管税务机关，酌情准予延期。主管税务机关应当根据情况，暂先核定纳税额，通知纳税人预缴税款，待申报后结算。代征人因有特殊情况，不能按期申报代征、代扣、代缴税款的，应当报告主管税务机关，酌情准予延期。

纳税人发生纳税义务超过 30 日或者超过税务机关核定的纳税期限 15 日，未向税务机关申报纳税的，主管税务机关有权确定其应纳税额，限期缴纳。纳税申报期限和税款缴纳期限的最后一日，如遇公休、假日，可以顺延。

纳税人申报减税、免税，应当向主管税务机关提出书面报告。减税、免税申请获得批准之前，纳税人必须按照规定缴纳税款。

三、所得税汇算清缴

企业所得税按年计征，分月或分期预缴，年终汇缴清算，多退少补。企业所得税的纳税年度，自公历 1 月 1 日起至 12 月 31 日止。企业在一个纳税年度的中间开业，或者由于合并、关闭等原因终止经营活动，使该纳税年度的实际经营期不足 12 个月的，应当以其实际经营期为 1 个纳税年度。企业清算时，应当以清算期间作为 1 个纳税年度。

自年度终了之日起 5 个月内，向税务机关报送年度企业所得税纳税申报表，并汇算清缴，结清应缴应退税款。企业在年度中间终止经营活动的，应当自实际经营终止之日起 60 日内，向税务机关办理当期企业所得税汇算清缴。

目前，汇算清缴时《年度纳税申报表》有两种填报方法：一是到网上申报（优点是有些数据能自动生成）；二是到税务总局官网下载《年度纳税申报表》word 文件，手动填写并打印。《年度纳税申报表》分 A 类和 B 类，一般纳税人填 A 类表，小规模纳税人填 B 类表。

主要参考文献

[1] 财政部会计资格评价中心：《经济法基础》，经济科学出版社 2018 年版。

[2] 中国注册会计师协会：《经济法》，中国财政经济出版社 2018 年版。

[3] 中国注册会计师协会：《会计》，中国财政经济出版社 2018 年版。

[4] 中国注册会计师协会：《税法》，中国财政经济出版社 2018 年版。